本书出版获陕西师范大学历史文化学院重点学科建设经费资助

陕西师范大学区域国别研究丛书

俄国 1864 年 司法改革研究

A STUDY OF RUSSIAN JUDICIAL
REFORM IN 1864

郭响宏　著

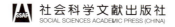
社会科学文献出版社
SOCIAL SCIENCES ACADEMIC PRESS (CHINA)

前　言

　　世界近代历史上，改革与革命是一个热门研究话题，改革是避免了革命，还是引发了革命，不同的国家呈现截然不同的发展图景。比如，1688 年光荣革命之后的英国，随着 18 世纪后期工业化的发展，英国的社会阶级构成发生了重要变化，经济结构和经济地理格局也随之改变。在此背景下，英国原有的议员选举模式、选区分派方式以及选举的财产资格要求，已经无法适应工业化引发的社会变革，于是资产阶级中的激进派、形成中的工人阶级，开始以请愿、示威等方式要求政府进行议会改革。在改革同盟的推动下和宪章运动的压力下，19 世纪英国通过三次议会改革解决了议会民主的问题，完善了君主立宪制。19 世纪英国的改革经验表明，改革解决了发展中的部分问题，逐步完善了国家发展的制度体系。

　　相比而言，19 世纪俄国的发展却呈现了另外一幅景象。1853～1856年克里米亚战争失败后，沙皇政府为解决相对落后的地缘发展困境、严峻的财政赤字以及政权危机的问题，1861 年启动了以废除农奴制为起点的大改革。随着农奴制的废除，沙皇政府为解决农奴解放后农民的管理、贵族地位变化的问题，相继施行了包税制改革、高等教育改革、地方自治改革、司法改革和军事改革等一系列改革，沙皇亚历山大二世统治的时期也被称为大改革的年代。亚历山大二世施行如此较大规模的改革，目的是缓解专制制度的发展危机，减轻克里米亚战争后俄国的地缘压力，但改革在施行过程中所迸发出的能量远远超出了沙皇政府本身可以承受的范围。为有效控制改革的进程，让改革回归到沙皇专制制度设定的轨道上，不再推行进一步的改革，或者延缓改革，或者纠正与沙皇专制制度不相适应的改革措施就成了帝俄晚期俄国发展的基本特征。当然，一个国家的改革历程中，任何一次改革不可能解决所有的问题，改革是为下一次的改革奠定基础，问题的关键不是改革能不能解决所有的问题，而是能不能以改革进一步推动改革，增强以改革解决问题的决心，从而形成改革后制度发展的惯性，改变社会的整体发展面貌。沙皇政府想通过改革来解决问题，但一旦觉得改革威胁到沙皇的专制权力，反改革就会成为政府的必然选择。反改革是针对已有改革而进行的纠正性改革，目的是巩固沙皇的专制权力，因而反改革实质上是为了抑制改革所迸发出的能量。在此背景下，改革与反改革的交错导致社会大众对改革产生挫折感，改革者与其所要实现的目标也渐行渐远，政府的目标与社会大众的期望产生了严重的背离，结果是社会大众开始寻求自我的方式来实现自身的目标，于是改革引发了革命。

列宁指出，1861 年改革引发了 1905 年革命，1905 年革命是 1917 年革命的预演。沙皇旨在解决制度和政权危机的改革，最终却演变成了推翻罗曼诺夫王朝统治的革命，其中原因与细节值得深思。按道理，废除农奴制只是俄国农村社会改革的第一步，改革后农民被束缚在农村公社中，通行证制度的实行进一步限制了农民通过流动来改善自身处境的能力，于是土地和粮食需求成为改革后农民的普遍诉求，这种诉求还因为人口数量的增加而变得异常强烈。要想解决好农村中出现的问题，适应帝俄晚期工业化发展对劳动力的需求，沙皇政府只有通过进一步的农业改革才能释放出农村发展的潜力，为工业发展进一步提供动力。但 20 世纪初斯托雷平推行的改革，一是时间滞后，二是因为各种因素的影响而夭折，农业问题、农民问题依然没有得到根本解决。问题长期得不到解决导致社会的不满情绪日渐增强，最终演变成普遍性的政权危机。

由此来看，改革与革命这一复杂问题是研究帝俄晚期经济社会变革，深入理解 20 世纪初俄国革命背景的重要切入点。但笼统地谈帝俄晚期的改革与革命问题，无法具体到历史细节中来解读从改革走向革命的关键，研究也只是泛泛而谈或思考缺乏深度。为深入研究帝俄晚期的改革与革命这一主题，本书试图以 1864 年司法改革为具体的观测点，系统研究改革的背景、改革者的目标、改革的内容和实施以及改革的影响和评价，以此来解读"改革是如何引发革命的"这一宏大主题。

1864 年，亚历山大二世颁布并实施的司法改革被誉为大改革中最为成功的改革。改革创建了以欧洲司法模式为蓝本的新司法体制。司法独立、审判公开、辩诉原则、陪审团审判和律师制度等全新的制度及理念引入俄国，俄国从此建立了一套可以与欧洲发达国家相媲美的司法制度。但国内学术界对 1864 年司法改革缺乏专题研究，研究的论文也相当少。基于此，本书拟在现有材料的基础上，全面系统地探讨沙皇亚历山大二世推行司法改革的动因、改革的内容、改革的实施及其影响。

本书的基本观点是，1864 年司法改革为帝俄晚期俄国法治国家的建设奠定了基础，推动了俄国司法、经济及社会的转型。具体来讲，1864 年司法改革之前，俄国司法中普遍存在的管理效率低下、腐败等问题成为沙皇政府司法管理体制中的重大弊病。实质上，如何提高俄国的司法管理水平成为历代沙皇追求的一大目标。彼得一世的司法改革、叶卡捷琳娜二世的地方管理体制变革、尼古拉一世时期的法典编撰都是沙皇政府变革俄国司法制度的尝试，但司法体制中存在的弊端直到 1864 年司法改革之前仍然没能得到有效解决。在沙皇亚历山大二世上台之后，农奴制的废除进一步凸显出司法改革的必要性和紧迫性。在自由派官僚的推动下，决意提高俄国司法管理水平的亚历山大二世决定推行司法改革。1864 年，沙皇签署法令，正式开始实施司法改革。

1864 年司法改革的主要创新之处在于，司法权与行政权的相对分离，口头辩诉原则的引入，陪审制的创立，对抗式诉讼模式的确立，律师制度及律师协会的创建，审判公开的实行等。改革创建了乡、县、司法区、省和中央的五级法院建制，完善了检察制度，创立了较为完善的上诉体制，形成了司法部和参政院联合监管下的司法管理体制，改革最大的创新在于陪审制度和律师制度的创立。俄国陪审制是在吸收英、法模式的基础上创建的。陪审团主要通过简单多数原则来裁决，裁决过程受司法宣誓、法官的问题列表制度和社会伦理道德等因素的影响。陪审制的引入是民众参与司法的典型体现，在俄国法制史上有着重要的意义。近代俄国的律师主要分为宣誓律师、实习律师和私人律师。律师是代表当事人维护个人权利的，他们享有言论自由，并由自治的律师协会负责管理。可以说，司法改革创建的律师制度对于维护专制制度下的个人权利有着重要的作用。

司法改革的目标是推动俄国走上法治国家的道路，但司法独立、司法权与行政权的分离对沙皇的专制权力产生了极大的威胁，使司法改革逐渐成为保守派攻击的对象。19 世纪 70 年代以后，随着俄国政治环境的变化，沙皇政府开始采取直接和间接的措施来减小司法改革的影响力，其中最为重要的反改革措施是 1881 年安全法令的颁布和 1889 年地区长官制度的建立。改革逐渐走向了反改革。在反改革的影响之下，司法独立受到专制权力强有力的挑战。直到 1917 年，改革者建立法治国家的目标仍然没有实现。尽管如此，司法改革在推动帝俄晚期社会变革方面起到了非常重要的作用，加快了帝俄晚期经济及社会转型的步伐。

同亚历山大二世实施的其他改革一样，1864 年司法改革的成功也有赖于沙皇专制体制的变革。但沙皇拒绝变革自己手中掌控的专制权力，正因如此，司法改革也不可能实现俄国法制的真正变革。

本书从国内外学术界对司法改革研究现状的梳理入手，探讨了改革的背景、内容、具体的实施及其影响。

第一章：俄国司法体制的历史沿革（9 ~ 19 世纪上半期）。本章主要分析自基辅罗斯建国以来俄国的司法改革以及改革中存在的问题。从俄国司法改革的历史来看，历代沙皇变革俄国司法体制的努力为 1864 年司法改革奠定了坚实的基础。

第二章：1864 年司法改革。本章重点论述司法改革的背景、改革的准备、改革法令的颁布及改革的创新之处。改革前俄国司法体制中存在的严重弊端凸显了司法改革的必要性，农奴制的废除进一步促使沙皇下定决心改革俄国的司法制度。亚历山大二世统治时期，在开明官僚的推动下，俄国正式开始实施在历史上有着重要影响的司法改革。改革的创新之处主要在于司法相对独立、审判公开和口头辩诉等。

第三章：司法改革与帝俄晚期司法体制的变革。本章重点论述改革后俄国的司法体制，包括法院组织体系的变革、检察制度的完善、上诉体制的建立及司法管理体制的创新。

第四章：近代俄国陪审制度的创立及实践。本章从陪审制的起源入手，详细探讨俄国陪审制的引入、陪审团的社会构成、陪审团的裁决方式及影响陪审团裁决的主要因素、帝俄晚期对陪审制的攻击和维护以及陪审制的影响。

第五章：近代俄国律师制度的形成与发展。本章从俄国律师制度的引入开始分析，重点论述对俄国宣誓律师、实习律师及私人律师的管理。同时，律师的职业道德也是本章关注的重点。

第六章：帝俄晚期司法领域的反改革。本章重点论述司法改革的成果是如何被篡改的。沙皇政府主要通过直接和间接的反改革措施破坏司法改革所引入的原则和制度。关键是 1881 年亚历山大三世安全法令的颁布及后来地区长官制度的建立，部分地破坏了司法改革所确立的司法独立原则，巩固了官僚机构的权力。19 世纪 80 年代司法领域的一系列反改革，对改革后的司法体制产生了极其不利的影响。但需要强调的是，司法改革的总体结构没有因此而发生根本性的动摇。

第七章：1864 年司法改革的影响。本章从法制现代化的发展、法治国家的建设和社会法律意识的成长三个方面探讨司法改革的作用及影响。

结语部分主要从现代化整体历史发展的维度分析 1864 年司法改革的影响。笔者认为，对 1864 年司法改革的评价不仅要看改革的制度设计，更要从长时段的角度分析司法改革的实施及其影响，也就是置于改革与革命的大历史命题中来思考。

一个国家法制的变革、法治的建设与这个国家的政治、经济及社会民情密切相关，并受其影响。正因如此，研究司法的变革不仅是法制史的内容，更是以司法为切入点综合研究该国的发展实力、发展困境与不足。基于此，本书力图综合运用历史学、法学和社会学等学科的知识，以 1864 年司法改革为切入点，通过对改革过程及结果的研究，为深入研究俄国 20 世纪初的革命创造条件和基础。

本书无论是材料引用上，还是语言表达上，抑或是问题的认识上，都存在诸多不足，希望得到学界同仁进一步的指导和帮助，为深入研究俄国历史做进一步的探索。

目　录

绪 论

一 选题的意义

沙皇亚历山大二世统治时期是俄国历史上一个重大的转折时代，这是一个工业增长、经济发展和社会进步的时代。正是在这一时期，沙皇亚历山大二世终结了俄国数百年的农奴制度，改革了相对落后的司法体系，完善了教育制度，进行了军事改革，形成了地方和城市自治制度。大改革决定性地将俄国推向了现代化的道路，使俄国进入了向现代工业文明转变的重要阶段。亚历山大二世时代因而成为俄国历史发展的一个分水岭。[①]

1864 年司法改革被誉为俄国 19 世纪六七十年代亚历山大二世大改革中最为成功的改革。[②] 改革实现了行政权与司法权的相对分离，在法律上确立了司法独立的原则。法官终身任职、审判公开、陪审团审判和律师制度的建立，使俄国建立起了以欧洲模式为基础的司法体制。新司法体制的建立为俄国法治国家的建设奠定了坚实的基础，也为帝俄晚期社会和经济的发展创造了良好的条件。然而，同大改革时代其他的重大

[①] *Б. Г. Литвак*, Переворот 1861 года в России: почему не реализовалась рефо-рматорская альтернатива, Москва: Политиздат, 1991; L. Zakharova, "The Reign of Alexander II: A Watershed?" in Dominic Lieven ed., *The Cambridge History of Russia. Volume II*, *Imperial Russia*, *1689 – 1917*, Cambridge University Press, 2006, pp. 593 – 616.

[②] W. G. Wagner, "Tsarist Legal Policies at the End of the Nineteenth Century: A Study in In-consistencies," *The Slavonic and East European Review*, Vol. 14, No. 3 (July 1976), pp. 371 – 394.

改革相比，1864 年司法改革是国内学术界研究较为薄弱的地方。在国内学术界，吉林大学李桂英博士对 1861 年农民改革有专题研究①，邵丽英博士对俄国地方自治改革有专题研究。② 但国内学术界缺乏对 1864 年司法改革的专题研究。关于司法改革的研究散见于与俄国历史及法律有关的论著中。③ 正因为国内学术界研究的薄弱，本书试图在已有文献资料的基础上，深入研究俄国司法改革的背景、改革的主要内容、改革的实行、改革的成就、改革之后的反改革以及改革与帝俄晚期社会转型等相关问题，以弥补国内学术界对这一问题研究的不足。

法律是经济及社会发展到一定阶段的产物，它代表着公平与正义，是现代社会不可或缺的组成要素。19 世纪后半期至 20 世纪初既是俄国社会实现转型的历史时期，也是俄国加速推进现代化的一个关键时期。社会转型必然引起经济关系及社会关系的变化。比如，1861 年农奴制的废除使大批农奴获得了人身自由，原来的主人与农奴在改革之后变成了法律上平等的主体。那么，如何从法律上解决因改革而导致的经济及社会关系的变化问题就成为司法改革的主要内容。司法是政治的一个映像，因而研究 1864 年司法改革不仅有助于我们深化对帝俄晚期社会经济转型的理解，也有助于理解俄国现代化的本质。

苏联解体之后，俄罗斯为适应变化了的政治体制与经济环境，开始重建司法体系，重新引入了陪审团审判、诉讼公开和司法独立等一系列重要的原则和制度。④ 司法改革也成为当代俄罗斯改革进程中的重大主题。苏联解体后，俄罗斯的司法状况与 1864 年之前有许多相似之处，因此当代俄罗斯的司法改革与其说是在苏联司法体制的基础上进行改革，不如说是在帝俄司法改革的原则和理念上重建俄罗斯现代司法体系。比如，俄罗斯司法改革的核心之一——陪审制的引入，其内容及特

---

① 李桂英：《亚历山大二世 1861 年农民改革研究》，博士学位论文，吉林大学，2008。
② 邵丽英：《改良的命运：俄国地方自治改革史》，社会科学文献出版社，2000。
③ 陶惠芬：《俄国近代改革史》，中国社会科学出版社，2007，第 210～213 页；张寿民：《俄罗斯法律发达史》，法律出版社，2000，第 73～82 页。
④ 范纯：《论俄罗斯的司法改革》，《俄罗斯中亚东欧研究》2007 年第 2 期，第 19～24 页。

征与帝俄时期的陪审制有诸多类似之处①，因此，研究帝俄时期的司法改革有助于深化我们对当代俄罗斯司法改革的理解。

中国的社会主义现代化建设正在稳步推进，法治是现代化进程中的一项重要内容。如何在充分吸收国内外司法改革经验的基础上构建契合中国国情和历史文化的司法体制，是当代中国司法改革面临的一大主要任务。比如，人民陪审员制度的完善、刑事诉讼体制的改革等都是中国司法改革的重要内容。帝俄晚期司法改革的经验，司法改革中出现的主要问题等对于推进中国的法制现代化进程有着重要的参考价值，因此，研究俄国1864年司法改革不仅有助于深化历史研究，也有着重大的现实意义。

二 国内外研究状况述评

沙皇亚历山大二世19世纪六七十年代的大改革在俄国历史上有着重要意义，历来引起中外历史学家的重视。俄苏学术界、西方学术界和中国学术界对此进行了诸多的研究和探讨，产生了一批相当有价值的学术成果。作为大改革重要组成部分的司法改革，也成为国内外学术界研究的重点。

1. 俄苏学者的研究状况

1917年十月革命前的历史学家很少注意研究"当代史"，所以如克柳切夫斯基等历史学家的研究并未涉及1861年改革后俄国的历史进程。帝俄晚期著名法学家、律师和法官出版的大批著作虽然多数是描述性的或回忆性的，但这些著作直到今天对于我们研究司法改革仍有着重要的参考价值。

М. А. 菲利波夫在1875年出版的《俄国司法改革》一书中指出，1864年司法改革与农民的解放及解放后如何保障农民的权利有密切关系。作者认为1864年司法改革方案是在西欧司法理念和实践的基础上形成的。② 俄国著名的法律史专家 Г. А. 季安谢耶夫重点研究了司法改革

---

① S. J. Reynolds, "Drawing upon the Past, Jury Trials in Modern Russia," in P. H. Solomon, Jr. eds., *Reforming Justice in Russia, 1864 – 1996: Power, Culture, and the Limits of Legal Order*, New York: M. E. Sharpe Inc., 1997, pp. 374 – 396.

② C. C. Wilson, "Basic Principles of 1862: The Judicial System: A Translation and Commentary," Unpublished Master Paper, University of Minnesota, 1997, p. 6.

的设计者 С. И. 扎鲁德尼和时任司法部大臣 Д. Н. 扎米亚特宁对司法改革的重要贡献。[1] И. В. 格森集中探讨了 1864 年司法改革前俄国的司法体制，改革后俄国司法体制的变化以及 1864 年后司法领域的反改革。[2] И. В. 格森的研究对于深入了解 1864 年前后俄国司法体制的变化有重要的参考价值。М. И. 格列涅特深入研究了改革后独立的司法机构的活动。[3] 主持审判薇拉·查苏利奇案件的法官 А. Ф. 科尼对司法改革的研究，他与其他法学家的书信往来，以及他在法庭上的总结发言等对于研究改革后俄国司法的实际运转情况有重要的参考价值。[4] 1914 年，为纪念 1864 年司法改革实施 50 周年，俄国法学家出版了一批研究专著，从不同的方面阐述了司法改革的创新之处。也有学者将不同时代人们对俄国司法的评论整理出版，为研究司法改革提供了重要的参考文献。[5] 20 世纪初，俄国出版的这些论著对于探讨十月革命前不同时期的学者对司法及司法改革的认识及态度具有重要的参考价值。总体来看，帝俄晚期研究司法改革的学者从不同的角度阐释了 1864 年司法改革的成就及影响，他们大多数人是司法改革的见证者和参与者，因此对于司法改革的实际意义有较深刻的认识，这对于我们深入研究司法改革的影响有重要的参考价值。但正因为他们是时代的见证者，其观点往往带有自己的主观判断，甚至带有自己太多的感情色彩，这无益于从整体上研究司法改革的历史，也无法从长时段的角度考量司法改革的历史意义。尽管革命前的学者对司法改革的认识有时代的局限性，但他们的论著直至今天仍然是我们研究 1864 年司法改革最有价值的参考文献。

---

[1] *Г. А. Джаншиев*, С. И. Зарудный и Судебная Реформа：историко-біографическій эскиз，Тип. Е. Гербек，1889.

Г. А. Джаншиев，Эпоха Великих Реформ：историческия справки，Москва，1905.

[2] *И. В. Гессен*，Судебная Реформа，Кн-во П. П. Гершунина，1905.

[3] *М. Н. Гернет*，Исторія Русской Адвокатуры，Москва，1916.

[4] *А. Ф. Кони*，Собрание Сочинений：в восьми томах，Том. I. II，Москва：Юрид. лит-ра，1966.

[5] *Н. В. Давыдов*，*Н. Н. Полянский*，Судебная Реформа，Том. I. II，Москва：Объединение，1915.

　　十月革命之后，苏联学者主要的研究兴趣集中在社会主义法制上，很少有学者去追溯革命前俄国的司法改革。1969 年，苏联法学家 Б. В. 维连斯基对司法改革的研究，激发了苏联学者研究帝俄时期司法的兴趣。① Б. В. 维连斯基的研究主要集中在 19 世纪上半期的司法改革、农民解放与司法改革之间的关系上。作者对陛下办公厅第二厅变革俄国司法的努力的研究成果有重要的参考价值。Н. Н. 叶菲列莫娃集中研究了 1864 年之前俄国的司法改革和司法部成立之后俄国的司法发展概况。② И. А. 叶莫梁诺娃梳理了 19 世纪俄国法学的发展。③ С. М. 卡赞采夫重点论述了俄国陪审制度。④ М. Г. 克罗季赫集中论述了 1864 年后独立的司法机构与沙皇专制制度之间的关系。⑤ 总体来看，苏联学者对司法改革的研究，受意识形态的影响，一度处于停滞状态，后来虽有发展，但并没有完全超出十月革命前法学家的研究范畴。

　　苏联解体之后，社会科学研究的范式出现了多元化的趋向。新自由主义史学、现代化理论、文明史观和社会经济形态史观相继兴起。十月革命之前俄国历史发展中的许多重大问题成为学者们研究的重点，包括亚历山大二世所推行的大改革。为进一步推动俄罗斯联邦的司法改革，一些学者对帝俄时期的陪审制度、检察制度等做了较为深入的研究，如 С. М. 卡赞采夫对帝俄时期检察制度的研究；⑥ С. В. 博伯托夫等人对陪

---

①　*Б. В. Виленский*，Судебная Реформа и Контрреформа в России，Москва：Приволжское книжное изд-во，1969；*Б. В. Виленский*，*О. И. Чистяков*，Российское Законодательство X-XX веков. Т. 8：Судебная Реформа，Москва：Юрид. лит.，1991.

②　*Н. Н. Ефремова*，Министерство Юстиции Российской Империи，1802 – 1917 гг：историко-правовое исследование，Москва：Наука，1983.

③　*И. А. Емельянова*，Историко-правовая Наука России XIX в：история русского права：методологические и историографические очерки，Казан：Изд-во Казанского университета，1988.

④　*С. М. Казанцев*，Суд присяжных в России：громкие уголовные процессы 1864 – 1917 гг.，Лениздат，1991.

⑤　*М. Г. Коротких*，Самодержавие и Судебная Реформа 1864 года в России，Вестник Ленинградского университета，1989.

⑥　*С. М. Казанцев*，История Царской Прокуратуры，Санкт-Пертбург：Изд-во Санкт-Петербургского университета，1993.

审制度，特别是俄国陪审制历史的研究；① E. A. 斯科利别列夫重点探讨了 19 世纪下半期到 20 世纪初俄国司法的发展。② 当代俄罗斯法学家对 1864 年司法改革的研究，主要是为当代俄罗斯的司法改革提供借鉴，因而在具体研究中难免失之偏颇，很难全面综合地对司法改革进行分析。

2. 西方学者的研究状况

俄苏学者的优势在于对相关研究资料的整理和挖掘，而西方学者的优势在于理论上的创新。

西方学者对 1864 年司法改革的研究起步较晚。1953 年，俄裔美国人 S. 库切诺夫的《最后三位沙皇统治期间的法院、律师和审判》一书成为西方学术界研究帝俄司法改革的奠基之作。③ S. 库切诺夫在综合十月革命前俄国法学家研究成果的基础上，结合自己的亲身实践，对 1864 年司法改革及其影响做了较为中肯的评价。作者认为，1864 年司法改革是俄国已有的法制传统与欧洲的司法模式相结合的产物，改革并不是完全照搬法国的模式，是创新的产物。美国学者理查德·S. 沃特曼的研究主题并不是 1864 年司法改革，但他对 1864 年之前俄国司法体制的变革有较为全面的分析，并对尼古拉一世统治时期上层官僚提出的改革建议进行了较为全面的梳理。④ 理查德·S. 沃特曼的著作对于研究 1864 年司法改革的背景有重要的参考价值。B. L. 列文－斯坦科维奇从社会学的角度对帝俄晚期的司法人员进行了研究。⑤ 法律史学家 W. G. 瓦格纳透过 1864 年之后俄国民法的演变，阐述了 1864 年司法改革的重要性。他的主要研究对象为帝俄晚期民法发展的重要领域——婚姻法及与财产有

---

① *С. В. Боботов*, *Н. Ф. Чистяков*, Суд Присяжных: история и современность, Независимое изд-во "Манускрипт", 1992.

② *Е. А. Скрипилев*, Развитие Русского Права во Второй Половине XIX-начале XX века, Москва: Наука, 1997.

③ S. Kucherov, *Courts, Lawyers and Trials under the Last Three Tsars*, Connecticut: Greenwood Press, 1974.

④ Richard S. Wortman, *The Development of a Russian Legal Consciousness*, Chicago: University of Chicago Press, 1976.

⑤ B. L. Levin-Stankevich, "The Transfer of Legal Technology and Culture: Law Professionals in Tsarist Russia," in H. D. Balzer ed., *Russia's Missing Middle Class: The Professions in Russian History*, New York: M. E. Sharpe Inc., 1996.

关的法律，如农民的财产权等问题。① G. N. 巴特以自己的博士论文为基础，重点从法律史的角度研究了俄国陪审团的审判，特别是陪审员的道德判断如何影响陪审团的裁决这一问题。② 美国密执安大学的 J. 伯班克重点从法律文化的角度论述了 1864 年司法改革的影响。③ 有些学者还探讨了帝俄时期的律师及律师协会。④

自德国学者哈贝马斯重新阐发公民社会的理论之后，研究帝俄历史的西方学者开始关注专制体制下公民社会形成与发展的问题。哈贝马斯将公民社会理论大大推进了一步，认为公民社会是独立于国家的私人领域和公共领域。私人领域指以市场为核心的经济领域，公共领域指社会文化生活领域。⑤ 哈贝马斯特别强调公共领域的价值，认为它正遭受商业化原则和技术政治的侵害，这使人们自主的公共生活越来越萎缩，使人们变得孤独、冷漠。他主张重建非商业化、非政治化的公共领域，让人们在自主交往中重新发现人的意义与价值。哈贝马斯的这种观点在西方影响较大。研究俄国历史的西方学者也受到了这一理论的影响。他们开始关注俄国公民社会的形成与发展，亚历山大二世的大改革被认为是俄国公民社会起步的里程碑。司法改革与俄国公民意识及公民身份的发展之间的关系成为研究的一大主题。⑥

---

① W. G. Wagner, *Marriage, Property, and Law in Late Imperial Russia*, Oxford: Clarendon Press, 1996.

② G. N. Bhat, "The Moralization of Guilt in Late Imperial Russian Trial by Jury: The Early Reform Era," *Law and History Review*, Vol. 15, No. 1 (Spring 1997), pp. 77 – 113.

③ J. Burbank, "A Question of Dignity: Peasant Legal Culture in Late Imperial Russia," *Continuity and Change*, Vol. 10, No. 3 (Fall 1995), pp. 391 – 404.; J. Burbank, *Russian Peasants Go to Court: Legal Culture in the Countryside, 1905 – 1917*, Indiana University Press, 2004.

④ G. D. Cameron, "Law and Lawyers under the Tsars," in *The Soviet Lawyer and His System: A Historical and Bibliographic Study*, Vol. III, University of Michigan, 1978; J. Burbank, "Discipline and Punish in the Moscow Bar Association," *The Russian Review*, Vol. 54, No. 1 (Spring, 1995), pp. 44 – 64.

⑤ 〔德〕哈贝马斯：《公共领域的结构转型》，曹卫东等译，学林出版社，1999，第 32、84 ~ 85 页。

⑥ J. Burbank, "An Imperial Rights Regime: Law and Citizenship in the Russian Empire," *Kritika: Explorations in Russian and Eurasian History*, Vol. 7, No. 3 (Fall 2006), pp. 397 – 431.

美国之外的西方学者对 1864 年司法改革的研究较少，研究涉及的范围也有限。法国学者 F. B. 凯瑟论述了从女皇叶卡捷琳娜二世到 1917 年俄国司法体制的演变，其中包括 1864 年司法改革。① 德国学者自 20 世纪 90 年代以来，对 1864 年司法改革进行了较为深入的研究。②

总体来看，西方学者的研究侧重于从理论出发解构历史，他们主要关注的是司法改革与帝俄晚期的社会变革，改革与俄国公民社会构建之间的关系等主题，因此西方学者只是集中关注像陪审团审判、个人的司法权和改革对农民的影响等内容。西方学者的研究对于拓宽中国学者研究俄国历史的视野有着重要的借鉴意义，但受研究主题的限制，西方学者并未从宏观的角度系统探讨俄国司法改革的历史。

3. 中国学者的研究状况

中国学者对亚历山大二世时代大改革的研究起步较晚，1986 年中国才出版了第一部俄国通史。③ 很长一段历史时期，中国学者对俄国历史的解读未摆脱苏联历史学的影响，对改革等一系列问题主要是从改革的资产阶级性质这个角度来分析的。进入 21 世纪之后，中国学者才开始较为集中地研究亚历山大二世时代的大改革，出版了一批很有分量的著作。④ 但总体上来讲，中国学者在研究亚历山大二世改革时，对司法改革着墨较少，更谈不上有专题类的研究成果问世了。张寿民先生的《俄罗斯法律发达史》一书是国内较有影响的俄国法制史著作。⑤ 但该书只是简单梳理了 1864 年后俄国法院组织、检察制度等的变革，对于改革之后俄国诉讼体制的变革、陪审制的实践、律师制度的具体运作、检察制度

---

① F. B. Kaiser, *Die Russische Justizreform von 1864*, *zur Geschichte der Russischen. Justiz von Katharina II. bis* 1917, Brill, 1972.

② J. Baberowski, *Autokratie und Justiz：zum Verhältnis von Rechtsstaatlichkeit und Rückständigkeit im ausgehenden Zarenreich 1864 – 1914*, Frankfurt am Main：V. Klostermann, 1996.

③ 孙成木等主编《俄国通史简编》（上、下），人民出版社，1986。

④ 刘祖熙：《改革和革命——俄国现代化研究（1861—1917）》，北京大学出版社，2001；曹维安：《俄国史新论——影响俄国历史发展的基本问题》，中国社会科学出版社，2002；王云龙：《现代化的特殊性道路——沙皇俄国最后 60 年社会转型历程解析》，商务印书馆，2004；陶惠芬：《俄国近代改革史》，中国社会科学出版社，2007。

⑤ 张寿民：《俄罗斯法律发达史》，法律出版社，2000。

的权力模式以及 1864 年之后俄国司法体制的变革等问题的分析较为单薄。刘祖熙先生在《改革和革命——俄国现代化研究（1861—1917）》一书中，对 1864 年司法改革后俄国陪审团社会构成的研究较为充分，但对司法改革其他问题的分析不够全面。① 王海军博士在《近代俄国司法改革史》一书中，综合运用俄文档案和研究著作，系统梳理了自基辅罗斯以来俄国审判组织、检察制度、刑罚制度和警察制度等方面的历史演变，对国内学界关注较少的教会司法也有专题论述，是国内较为系统地论述俄国司法改革史的论著。②

　　总体来看，国内外学者对俄国 1864 年司法改革的研究富有成果，得出了一些有意义的结论，这些研究成果为本书开展进一步的研究奠定了坚实的基础。从国内外学者对 1864 年司法改革研究现状的梳理中，我们发现，学者们对 1864 年司法改革中有些问题的分析还略显单薄，主要表现在以下五个方面。

　　1. 司法改革是如何产生的？改革是历史发展的断裂，还是历史连续发展的产物？1864 年司法改革是借鉴欧洲司法的产物，还是欧洲模式与俄国司法传统相结合的结果？

　　2. 俄国陪审制度和律师制度是如何运转的？对俄国来说，这两种创新性的制度给政治及社会发展带来了什么样的影响？

　　3. 司法改革之后亚历山大三世推行的反改革对俄国司法的发展产生了什么样的影响？改革者的愿望为什么没能实现？

　　4. 司法改革对帝俄晚期社会的变革产生了什么样的影响？改革是否促进了沙皇专制统治之下法治国家的形成？司法改革如何影响了人们的法律意识？

　　5. 如何从帝俄晚期整体历史发展的角度，从改革与革命的复杂关系看待 1864 年司法改革？

　　这些问题正是本书所要解决的问题。本书以历史学、法理学、政治学和社会学等学科的研究方法为基础，从改革的发生机制、过程和结果

---

① 刘祖熙：《改革和革命——俄国现代化研究（1861—1917）》，第 198～202 页。
② 王海军：《近代俄国司法改革史》，法律出版社，2016。

等方面入手来梳理俄国司法改革的历史，力图在已有研究成果的基础上
有所创新。

三　基本思路和研究方法

本书通过对 1864 年司法改革的历史背景、内容及影响的分析，探
讨俄国 1864 年司法改革的创新之处及影响，重点研究近代俄国陪审制
度和律师制度的创立及实践，司法改革之后的反改革及改革对帝俄晚期
社会产生的影响。这是本书的基本思路。

从这样的研究思路出发，本书在吸收前人研究成果的基础上，以马
克思主义唯物辩证法和历史唯物主义为指导，坚持史论结合、论从史出
的原则，综合运用历史学、社会学等相关学科的一般原理和研究方法来
解读 1864 年司法改革的缘起、发展及影响，以求教于学术界。具体来
说，本书尝试运用了以下三种研究方法。

1. 侧重史料考证，辅以理论分析。本书从对 1864 年司法改革法令
的分析入手，对陪审制度、律师制度、帝俄晚期司法领域的反改革以及
改革的影响做了研究。同时，从法理学入手，对陪审制等相关制度进行
了理论分析，以期在实证研究的基础上进行深层的思考。

2. 纵向和横向相结合的历史比较研究方法。对 1864 年司法改革
的研究，不仅要研究 1864 年司法改革本身，还要研究改革的创新之
处，因此本书运用纵向对比的方法，通过梳理 1864 年之前俄国司法体
制的变革，着重强调司法改革的创新之处及改革给俄国司法体制带来
的新变化。

同时，为进一步深化对 1864 年司法改革的研究，还必须将俄国司
法体制的变革同欧美的司法体制进行比较，以总结研究俄国司法体制的
特点。比如，在关于俄国陪审制的研究中，我们就要用到这种研究方
法。俄国陪审制受到了英法陪审制度的深刻影响，但与英法体制之间又
存在较大的区别，因此只有通过横向比较才能理解俄国陪审制的特点及
对俄国社会所产生的影响。

3. 多学科研究方法的借鉴。20 世纪 60 年代以来，受法国年鉴学派

等的影响，史学研究出现了多元化的趋向。史学研究的多元化不仅表现为史学研究主题的多元化，还表现为史学研究方法上强调多元的综合。受这种发展趋势的影响，政治学、社会学、经济学、人类学和文化分析等学科或方法也应用到历史研究中，从而大大拓宽了史学研究的范围。俄国史的研究也秉承了这种发展趋势，多学科综合研究越来越成为俄国历史研究的主流。20 世纪 90 年代，俄国学者 И. Д. 科瓦里琴科指出，"必须以综合的、完整统一的态度对待历史认识的对象"，因此，"在研究这样或那样一些历史发展现象的时候，应把各种不同的方法和理论整合起来，只有这样，才可能对这些或那些历史发展的现象进行深入透彻的分析"[①]。著名历史学家 В. В. 索戈林也认为，在研究俄国现代史时，"每一种理论都有认识的可能性，但任何一种理论都不能成为理解俄国现代历史的一套万能工具。理解俄国现代史最重要的手段是广泛运用不同的社会科学方法和概念，特别是社会学和政治学的方法和概念"[②]。基于学术界的这种研究趋势，对俄国司法改革的研究，我们不仅要关注司法改革法令本身，还要认真研究司法改革的实践及其影响和改革之后俄国司法的变革，从历史、政治、法律及社会发展等多个层面解读司法改革。多学科方法的综合将更有助于深化司法改革的研究。

四 逻辑架构

本书除绪论和结语之外，共分为七章，主要从四大模块展开研究。

第一大模块包括第一章和第二章第一节。第一章主要分析了 1864 年司法改革的历史背景。该章论述了从基辅罗斯建国到 1864 年前夕俄国司法体制的变革，重点讨论了 18 世纪俄国司法体制的变革及 19 世纪上半期俄国的法典编撰工作。第二章第一节重点论述了司法改革的缘起，主要从旧司法体制的弊端，农奴制的废除与司法改革之间的关系，

---

① *И. Д. Ковальченко*, "Некоторые вопросы методологии истории," Новая и Новейшая история, 1991, №5.

② *В. В. Согрин*, "Российская история конца XX столетия в контксте всеобщей истории теретическое осмысление," Новая и Новейшая история, 1999, №1.

开明官僚的出现与司法改革的准备三个方面展开论述。

第二大模块包括第二章第二节和第三节、第四、第五章，重点论述了 1864 年司法改革法令的实施及创新之处。除第二章第二节之外，都围绕 1864 年司法改革法令的颁布及创新之处展开讨论。第三章分析了 1864 年司法改革法令实施之后俄国司法体制的变革。第四章和第五章重点论述了 1864 年司法改革最具特点的陪审制度和律师制度的创立及实践。

第三大模块为第六章，着重解决的一个问题是，为什么改革者建立法治国家的目标直到 1917 年二月革命仍没能实现？为解决这个问题，第六章主要围绕着帝俄晚期沙皇政府在司法领域实施的反改革展开，通过实证研究，重点论述了司法反改革的原因及其对俄国司法体制的影响。

第四大模块为第七章，重点解决的问题是，司法改革对帝俄晚期社会的变革产生了什么样的影响？以此为出发点，第七章力图从法制现代化、法治国家建设和社会法律意识的转变三个方面来分析司法改革的影响。

至于 1864 年司法改革的价值和意义，本书结语部分进行了探讨，认为应该将司法改革置于帝俄晚期现代化历史整体发展的维度，以及改革与革命的复杂关系中加以审视，基于历史的长时段来看待司法改革为何无法实现俄国司法体制的真正变革。

五　创新之处与不足

同前人的研究成果相比，本书在以下三个方面进行了尝试性的创新。

首先，基于国内外学术界的相关研究，本书从史论结合的原则出发，对 1864 年司法改革的缘起、发展、成就及影响进行较为全面的梳理，从而在一定程度上弥补了国内学术界对亚历山大二世时代的大改革研究的不足。

其次，在史料运用方面，笔者不仅对国内外学术界对于 1864 年司法改革的研究现状有较为全面的了解，还查阅和引用了大量的原始史料，特别是《1864 年司法改革法令》和《俄罗斯帝国法律汇编》等。对原始史料的查找、对比、甄别和利用将使本书更加系统深入，也会使本书的立论更具说服力。

最后，在研究方法上，本书不单单从法律的发展本身来探讨 1864 年司法改革，还将其置于社会变革和现代化整体历史发展的维度来透视。基于此，本书力求在展示司法改革全貌的基础上对此做出相对客观公正的评价。这是本书研究方法上的尝试性努力。

本书试图在充分挖掘原始史料的基础上，将国外学术界关于 1864 年司法改革的研究成果介绍给国内读者，并尝试结合自己的研究，对俄国 1864 年司法改革的创新之处，俄国陪审制的建立及实践，俄国律师制度的发展演变以及司法改革的影响等一些重要问题提出粗浅的看法，这是笔者在本书撰写过程中追求的主要目的，但因本人的理论水平有限，加上原始史料浩如烟海，研究的广度和深度还不够，本书中仍存在一定的缺憾和不足，特别是对一些问题没有进行深入、细致的研究。例如，对 1864 年司法改革的不足之处分析得不充分。大多数研究者都把注意力放在 1864 年司法改革的创新上。实际上，1864 年司法改革的缺陷是帝俄晚期司法领域反改革影响较大的一个重要因素。此外，对 1864 年司法改革影响的研究，理论高度不够，在宏观和微观研究的结合上还显得不够充分。这些不足，特别是如何在帝俄晚期社会变革的大背景下展开对司法改革的研究，将是未来研究司法改革的主要方向。

第一章

俄国司法体制的历史沿革(9～19 世纪上半期)

为了更深入地研究 1864 年司法改革，有必要先梳理一下 1864 年之前俄国司法改革的历史概貌。

第一节　基辅罗斯和莫斯科国家法律的发展

法律是国家制定或认可的、由国家强制保证实施的、以规定当事人权利和义务为内容的具有普遍约束力的社会规范。法律规范最初来源于习惯法的固定化，后来随着国家权力的不断增大，人们业已形成的规范逐渐发展成为一个国家的法律制度，其内部逻辑结构也更为严谨，因此，法律的制度化是随着国家的发展而逐渐产生的。

古罗斯是以东斯拉夫人为基础建立起来的。与世界上其他的文明发展区域一样，在东斯拉夫人早期的发展过程中，习惯法是各个部落主要应用的法律。9 世纪，东斯拉夫人的诸多部落发展成了公国，其中规模较大的有诺夫哥罗德公国和基辅公国等。882 年，奥列格最终以基辅为中心，建立起了统一的国家——基辅罗斯。这就是俄罗斯历史上最初的统一国家。

在基辅罗斯建国的过程中，为适应社会及经济的发展，国家开始订立相关的规范，以便更加有利于罗斯大公的统治，这就为各种社会规范及全国性法律制度的形成创造了条件。但这一时期主持法律审判的主要是大公和他的亲信，因此罗斯早期的法律以保护大公及贵族的利益为主。基辅罗斯的法律制度可以从其与拜占庭签订的条约中反映出来。条约内容包含有民法、继承法和刑法的规范。① 这些社会规范就成了俄罗斯法律的早期来源。

988年，罗斯受洗对俄国法律的发展产生了重要的影响，东斯拉夫人从此继承了西方的教会法和罗马法的部分内容。② 东正教会在传播和发展罗马法方面发挥了重要的作用。罗马法正是通过东正教深入罗斯社会中的，这种影响之重要性不仅在于它把新的法律准则带进罗斯的律法里，还因为它带来了构成法律意识基础的法律概念与法律定义。

1054年东西教会大分裂之后，俄国与西方的法律发展道路略有不同。在西方，格列高利改革和授职权之争（1075～1122年）催生了西方第一个近代法律体系，即罗马天主教"新教会法"，并且最终导致了王室的、城市的和其他新的世俗法律体系的形成。③ 西方法律的诸多传统，如法治、法权、诉讼双方权利平等等都是在教皇改革时期形成的。11世纪，基辅罗斯受拜占庭法律和东正教教会法的影响，已有的习惯法与来自拜占庭的东正教教会法相结合，最终形成了东斯拉夫人历史上第一部重要的成文法典——《罗斯法典》。④正如俄国著名历史学家克柳切夫斯基指出的，"《罗斯法典》的编撰无不受教会与拜占庭法古文献的影响，《罗斯法典》就在这些文献中回旋"⑤。这样一来，基辅罗斯时期司法体制的主要特征表现为行政权与司法权的统一、神裁法审判的盛行和宗教法庭有重大影响力等。⑥ 这种体制一直延续到16世纪。

《罗斯法典》版本不同，包括《雅罗斯拉夫法典》《雅罗斯拉维奇法典》《莫诺马赫法规》等，内容涉及与国家机构组成、大公权力等有

---

① 张寿民：《俄罗斯法律发达史》，第8页。

② H. J. Berman, *Justice in Russia: An Interpretation of Soviet Law*, Cambridge: Harward University Press, 1950, p. 123.

③ 〔美〕哈罗德·J·伯尔曼：《法律与革命——西方法律传统的形成》，贺卫方等译，中国大百科全书出版社，1993，第2页。

④ S. Kucherov, "Indigenous and Foreign Influence on the Early Russian Legal Heritage," *Slavic Review*, Vol. 31, No. 2（Summer 1972）, pp. 257 - 282.

⑤ 〔俄〕瓦·奥·克柳切夫斯基：《俄国史教程》第一卷，张草纫等译，商务印书馆，1992，第210页。

⑥ H. J. Berman, *Justice in Russia: An Interpretation of Soviet Law*, pp. 127 - 128.

关的公法，也涉及与婚姻、财产、土地关系、债务及刑罚有关的私法。①
不过，基辅罗斯时期法院的组织化、司法人员的职业化尚处于萌芽和起
步阶段，"司法权由个人、村社和国家机关行使，主任有权审理自己的
奴隶和依附他的人，村社有权审理村社成员在村社领域内的犯罪"②。村
社和教会司法在基辅罗斯的司法体系中发挥了重要作用。尽管如此，
《罗斯法典》作为俄国第一部系统的成文法，反映了古代罗斯封建土地
所有制的发展状况，也反映了社会各等级的法律地位及民事关系等较为
丰富的社会关系，对古代罗斯法律的发展有着重要的意义，也是研究古
代罗斯社会经济关系最有价值的文献资料。

　　12 世纪，罗斯进入封建分裂时期，但《罗斯法典》仍然是最重要的
法律文件。蒙古人统治后期，以莫斯科为中心的中央集权制国家开始形
成。随着中央集权制的进一步加强，政治制度和社会经济的变化决定了必
须改变法律规范。1497 年，俄罗斯第一部全国性的法典汇编——《1497
年法典》颁布并开始实施。《1497 年法典》共计 68 条，主要是有关刑
事诉讼方面的规定，也划分了各种法院的权限，强调了书面材料作为法
律证据的意义，制定了对行政和司法机构公职人员滥用权力进行限制和
惩办的细则，规定了适用纠问式诉讼形式的具体案件类别。③《1497 年
法典》的另一个重要内容是对农民自由迁徙权的限制，农民只能在秋天
的两周以内离开原来的地主。④该法典的颁布标志着农民的法律地位发
生了重大变化。《1497 年法典》使当时分散凌乱的法律规范化，削弱了
总督的权力并加强了中央对地方的权力监督，反映了俄罗斯中央集权制
国家形成时期司法集权的特点。

　　俄国第一位沙皇伊凡四世在位期间，他为进一步加强中央集权，实
施了包括特辖制改革在内的一系列改革措施。为限制大贵族的特权，伊
凡四世颁布了《1550 年律书》。《1550 年律书》共 100 条，是对《1497

---

① 参见王钺《罗斯法典译注》，兰州大学出版社，1987。
② 〔俄〕鲍里斯·尼古拉耶维奇·米罗诺夫：《俄国社会史：个性、民主家庭、公民社会
　 及法制国家的形成》（下卷），张广翔等译，山东大学出版社，2006，第 34 页。
③ 张寿民：《俄罗斯法律发达史》，第 27 页。
④ 曹维安：《俄国史新论——影响俄国历史发展的基本问题》，第 166 页。

年法典》的修改完善，补充了新的法律条文，进一步限制了农民的迁徙权。主要内容涉及中央和地方法院的组成及管辖权，明确了司法诉讼程序，划分了叛国罪、密谋罪和叛乱罪等罪行。它的实施加强了沙皇的权力，限制了总督的权力，废除了王公的领地司法权，有利于伊凡四世从司法上进一步加强中央集权。

总体来看，从882年罗斯建国到16世纪沙皇专制制度的初步建立，俄国历史发展经历了由统一到分裂，再到统一的发展过程。在国家发展中不可或缺的立法和司法制度，也在这一过程中体现出中央集权不断加强的趋势，带有浓厚的政治意味，重点在于保护大公及贵族的权益，削弱农民在国家经济和政治生活中的地位，加强中央政府对立法和司法的统一管理，减小地方机构在司法中的主动权。从已颁布的几部法典来看，司法权与行政权都集中在以大公为首的特权阶层手中，民法和刑法、公法和私法没有严格的区分。但这一时期俄国法制的一个重要变化就是神裁法逐渐被废除，有关证据的规定中夏加强调书面证据及证人宣誓后提供的证言，这些都为俄国后来法制的发展奠定了基础。俄国法律正在逐步走向制度化。

第二节　彼得一世时期的司法改革

在彼得一世上台之前，俄国已经有了法律制度上的重大变革。1648年，为消除因大动乱给俄国司法和政治秩序带来的不利影响，沙皇阿列克谢·米哈伊诺维奇（1645~1676年在位）决定编撰新的法律。第二年，沙皇正式颁布了《1649年会议法典》，以法律形式确立了沙皇专制制度的基础——农奴制，建立起了新的国家统治秩序，规范了国家的政治和司法体系。

《1649年会议法典》包括五个部分：国家法、诉讼法、物权法、刑法及补遗部分。[1] 该法典明确区分了刑事犯罪行为和民事违法行为，规定了

---

[1]　张寿民：《俄罗斯法律发达史》，第31页。

可以执行死刑的各种场合，另外还规定了多种残害肢体的刑罚、流放以及剥夺名誉、罚款和没收财产等。同时就封建土地关系、契约等一系列民事关系做出了详细的规定。① 由此可见，这部法典反映了俄罗斯中央集权的进一步强化，代表特权阶层利益的法律制度得到强化。法典以立法的形式确认了农民农奴化，使农民的法律地位大大恶化，标志着俄国农奴制的法律形式最终确立。这样俄国走上了发达的农奴制的道路，中央集权制俄国与农奴制俄国融为一体。② 但法典缺乏调整中央机构的规范。

彼得一世继位以后，为解决俄罗斯司法管理中存在的弊端，如法律的不统一、司法管理机构的混乱等，决心创建以欧洲模式为基础的司法体制。以此为出发点，彼得一世的司法改革主要分为两个部分：一是进一步完善俄国的法律规范；二是效仿欧洲，改革俄国的司法体制。

18 世纪初，沙皇主要通过条例、章程和诏令三种形式对《1649 年会议法典》进行补充完善。1716 年 3 月颁布的《军事条例》是俄罗斯第一部系统完整的军事法典，也是一部刑事和刑事诉讼法典，不仅适用于军人，对"所有地方行政长官"也均具有效力。③ 1720 年又颁布了《海军条例》。该条例主要是规范改革后新行政机构的职能。在彼得一世颁布的法令中，最重要的是 1720 年颁布的《总章程》，它规定了俄国所有政府机构的职能，具有普遍适用性。彼得一世统治时期的多数法律是以沙皇诏令的形式颁布的，比如，1722 年颁布的关于选官制度的《官秩表》。彼得一世统治时期法典编撰最重要的变化是进一步详细规定了刑事犯罪的类型及相应的刑罚措施，也进一步加大了对政治犯罪的处罚力度。如《军事条例》规定，"对一切暴动、骚乱、顽固不化行为均处以绞刑，决不宽恕……"④，这充分说明彼得一世司法改革的目的是通过司法来为自己的其他改革保驾护航，维护良好的社会秩序，有效地镇压反叛力量。

---

① *Под редакцией, М. Н. Тихомиров, П. П. Епифанов.* Соборное уложение 1649 года, Москва, 1961.
② 曹维安：《俄国史新论——影响俄国历史发展的基本问题》，第 171 页。
③ 〔苏〕Б. Б. 卡芬加乌兹、Н. И. 巴甫连科主编《彼得一世的改革》（上册），郭奇格等译，商务印书馆，1997，第 471 页。
④ 〔苏〕Б. Б. 卡芬加乌兹、Н. И. 巴甫连科主编《彼得一世的改革》（上册），第 475 页。

　　彼得一世改革的第二个方面是司法体制的变革。为更有效地执行法律，彼得一世试图将司法与行政分离，但未能取得实质性的进展。在变革司法体系方面，彼得一世的改革措施较为得力。首先，他在废除衙门制管理之后创建了司法委员会，作为第三级司法机关来审理刑事和民事案件，同时司法委员会还是地方法院的高等上诉法院，管理全国的司法事务。司法委员会既是全国法院的最高行政管理机关，也是宫廷法院和初级法院的二审法院。①　其次，他设立了隶属于中央司法委员会的宫廷法院和初级法院。宫廷法院由首席法官、副首席法官和几名陪审员组成，具体负责审理民事和刑事案件。初级法院分为合议制和独任制两种。合议制初级法院由首席法官和陪审员组成，主要设置在大城市。独任制初级法院只有一名法官，主要设置在中小城市。彼得一世死后，宫廷法院和初级法院被废除，各地的总督和省长掌握了审判权。此外，彼得一世还建立了两种专门法院：军事法院和宗教法院。最后，彼得一世于 1711 年设立了参政院。参政院设立的目的是"履行最高立法、行政和司法机关的职能，有时也代表皇帝本人"②。具体来说，根据彼得一世1711 年 3 月颁布的诏令，参政院的职权包括："①要求法庭裁判公正，对不公正的法官要撤销其职务和剥夺一切财产，并追究诽谤者的责任；②监督、审查全国的支出，那些无关紧要的尤其是那些根本不必要的支出必须取消；③尽一切可能搜集金钱，因为金钱是战争的动脉；④培养有知识、有文化的青年成为军官的后备军；⑤审核、修正票据，并指导它们集中放到一个地方；⑥监督、检查各办公厅和各省承包的捐税；⑦督促上交盐税，关系盐的利润；⑧把中国商人作为较好的贸易伙伴；⑨扩大同波斯的交易，努力安抚亚美尼亚人，缓和同他们的关系，对他们以礼相待，以便他们交来更多的猎物。"③　由此可见，参政院是最高上诉法院，也是审理重大案件的一审法院，负责监督和管理国家司法事务，也

①　张寿民：《俄罗斯法律发达史》，第 73 页。

②　〔俄〕O. И. 奇斯佳科夫主编《俄罗斯国家与法的历史》（上卷），徐晓晴译，法律出版社，2014，第 240 页。

③　陶惠芬：《俄国近代改革史》，第 62 页。

对包括财政、军官培训等在内的诸多事务进行监督管理。参政院自彼得一世以来成了沙皇政府的常设性机构，尽管参政院的职能不断发生变化，但其作为最高上诉法院的职能一直保持到 20 世纪初。

彼得一世还是俄国检察制度的奠基者。为同日益猖獗的贪污受贿及官员渎职行为做斗争，彼得一世于 1711 年创建了监察官制度。监察官主要是同各类渎职罪做斗争，比如，根据总监察长 А. Я. 涅斯杰罗夫的告发，西伯利亚省省长马特维·加加林公爵因挪用公款、贪污受贿等被处以绞刑。1722 年，总监察长 А. Я. 涅斯杰罗夫也因被揭发犯有受贿罪和放高利贷罪而被判绞刑。① 但监察官制度对俄国的司法发展并未产生大的影响。1722 年，彼得一世颁布法令，设立以总检察长为首的检察机关。同监察官不同的是，检察官要负责对现行法律的执行情况进行监督，对刑事案件的审理进行监督，对国库财产的使用情况进行监管，对不合法的裁定提出抗诉并要求进行修正，对违反法律的行为提出改正建议。检察官还可以通过参政院总检察长要求暂停执行国家行政机关的决议或决定。② 彼得一世在手谕中提出，"此官吏犹如朕的耳目和一切国务的代理人……"③，检察官因而成了"沙皇的眼睛"。由此可见，彼得一世设立的检察机关，是"作为监督机关设立的，并作为以集中原则为基础的统一体系建立起来的"④。检察机关的设立对于监督法律的实施，同贪污受贿和渎职行为做斗争起到了积极的作用。

此外，彼得一世在 1716 年颁布的《诉讼程序简述》中进一步规范了诉讼程序。彼得一世以前，一般的刑事案件实行控诉式诉讼⑤，只有

---

① 〔苏〕Б. Б. 卡芬加乌兹、Н. И. 巴甫连科主编《彼得一世的改革》（上册），第 479 页。

② 张寿民：《俄罗斯法律发达史》，第 78～79 页。

③ 〔苏〕Б. Б. 卡芬加乌兹、Н. И. 巴甫连科主编《彼得一世的改革》（上册），第 366 页。

④ 〔俄〕Ю. Е. 维诺库罗夫主编《检察监督》（第七版），刘向文译，中国检察出版社，2009，第 28 页。

⑤ 控诉式诉讼又称弹劾式诉讼。主要特征：（1）控诉与审判职能分立，遵循"不告不理"的原则；（2）案件一般均由被害人或法定代理人提出诉讼，由法院直接受理；公众起诉作为私人起诉的一种补充形式；（3）诉讼当事人双方地位平等，对各自的诉讼主张负举证责任；法官只能根据控告的内容和范围进行审理，不主动追究犯罪；在听取原告、被告双方提出的诉讼主张和证据后做出判决。参见崔敏主编《刑事诉讼法教程》，中国人民公安大学出版社，2002，第 14～15 页。

重大的刑事案件才实行纠问式诉讼。彼得一世颁布法令规定，一切案件都实行纠问式诉讼。纠问式诉讼又称"审问式诉讼"。其主要特点是法官集侦查、控诉和审判职能于一身。不论是否有被害人或其他控告，根据职权主动追究犯罪；司法机关负责调查犯罪事实，审判秘密进行；被告的口供是最佳证据。[①] 在这种诉讼模式中，代表政府行使权力的司法机关有着绝对的权力。诉讼当事人没有任何权利。与这种诉讼模式相对应的是法定证据制度[②]的确立。根据法定证据制度，被告的招供被看作"天下最好的证据"[③]。这就为警察刑讯逼供提供了合法依据，刑讯成了法定证据制度的杠杆。证人的证词也是非常重要的证据，但并不是所有证人的证词都有同样的价值。法律规定，男人的证词比女人好，富人比穷人好，有教养的比没教养的好，神职人员比普通人好。[④] 这样一来，谁拥有更多"最好的"证人的证词，他赢得诉讼的可能性就大。同时，警察等提供的调查结论也是非常重要的证据。这种诉讼模式和证据制度到1864年司法改革前夕仍然存在，对俄国司法制度的发展产生了重要的影响，但也是俄国司法后来出现严重腐败现象的症结所在。

彼得一世的司法改革虽然规模宏大，但缺乏坚实的基础。彼得一世死后，他建立起来的许多司法制度被废除了，改革远没有为俄国建立起完善的司法制度。彼得一世的司法改革之所以没有成功，一方面与彼得强化的沙皇专制制度有密切关系。在西欧，君主专制制度形成之前，法律就有了较大发展，因此西欧的君主们强调依法治国的重要性。但俄国沙皇凭借个人专权来进行统治，沙皇是法律的唯一来源，司法制度不过是君主维护个人统治的一种手段而已。这样一来，随意废止法律就成了普遍现象。另一方面，彼得一世在司法改革中更关心如何巩固政府的权

---

① 参见崔敏主编《刑事诉讼法教程》，第16～17页。
② 所谓"法定证据"制度，是指法律就诉讼活动中可以采用的各种证据的证明力做出了明确规定，法官在认定案件事实时必须严格遵守这些规则，没有自由裁量权。16世纪以来，欧洲大陆的许多国家都在司法实践中采用这种制度。参见何家弘《对法定证据制度的再认识与证据采信标准的规范化》，《中国法学》2005年第3期，第144～151页。
③ 〔苏〕Б. Б. 卡芬加乌兹、Н. И. 巴甫连科主编《彼得一世的改革》（上册），第486页。
④ 〔苏〕Б. Б. 卡芬加乌兹、Н. И. 巴甫连科主编《彼得一世的改革》（上册），第486页。

力，因此他的许多改革都与国家权力的加强密切相关。可以说，彼得一世的改革主要涉及的是公法领域，没有为私法的发展创造一种合理的环境。这种理念主导下的司法改革注定是不完整的。尽管如此，他所创建的检察制度及诉讼体制为日后俄国司法的发展奠定了基础，为 18 世纪俄国司法改革指明了总体方向。

第三节　叶卡捷琳娜二世变革俄国司法的努力

女皇叶卡捷琳娜二世上台以后，决心要继承彼得一世未竟的事业，继续在俄国进行政治、经济等方面的改革。叶卡捷琳娜二世司法改革的重要意义在于，为俄国建立起了直到 1864 年司法改革前夕仍在运行的等级式法院体制。

叶卡捷琳娜二世自称是启蒙运动的学生，深受启蒙思想的影响，在为立法委员会制定的《圣谕》中，她大篇地引用启蒙思想家的言论。女皇在给法国思想家达兰贝尔的信中说："为了我的国家利益，我不惜剽窃了孟德斯鸠的著作。"① 受孟德斯鸠思想的影响，女皇虽坚信专制制度的不可动摇性，但为了更加有利于专制制度的发展，她认为俄国应该实行分权。比如，可以将部分中央的权力授予地方官员，还要严格区分不同行政机构及其官员的职责和权力。在司法领域，可以为每一个阶层建立专属的法院。正是在这一思想的主导下，叶卡捷琳娜二世开始了她的司法改革。

1775 年，女皇颁布了《全俄帝国各省管理体制》，撤销了以前的省、州、县三级建制，建立了省、县两级管理体制。全国划分成了 50 个省，每个省有 30 万 ~40 万人，每县有 1 万 ~3 万人。省级管理体制改革之后，原有的司法体制也进行了相应的变革。

根据新的司法体制，全国的法院主要分为三个级别：专为贵族设立

---

① 徐云霞：《叶卡捷琳娜二世的政治思想》，《河南大学学报》（哲学社会科学版）1990年第 1 期，第 84 页。

的县法院；省级民事审判法院、刑事审判法院；参政院。①

县法院由从当地贵族中选举产生的 1 名法官和 2 名陪审员组成，审理与贵族有关的所有民事和刑事案件。县法院除管理司法事务之外，还管理行政事务。② 比如，县法院监督土地买卖，调解有争议的土地所有权纠纷案，监管居民应该承担的各种义务，维持县内的和平与安宁等。县法院还附设有贵族监管法院，由选举产生的贵族负责管理，主要是监管贫穷的寡妇和没落贵族家庭的孩子。当事人如果对县法院的审理结果不服，可以向省级审判法院提出上诉。

在城市，为商人和小市民设立了两种法院：市法院和镇法院。在城市设立市法院，在城镇设立镇法院，其成员由市民选举产生。这些法院审理城市范围内所有的刑事和民事案件。此外，所有的房屋转让和土地买卖都必须在这类法院登记备案。市法院附设有城镇孤儿法院，主要处理与城镇鳏寡孤独有关的案件。城镇孤儿法院由市长主持审理。如果当事人对市法院和镇法院的审理结果不服，可以向省级审判法院提出上诉。

每个省至少要建立一个省级审判法院（根据各省人口规模可以增加数量），分为民事审判法院和刑事审判法院。每一类法院由女皇任命的首席法官，参政院任命的 2 名陪审员和 2 名顾问组成。③ 省级审判法院是县法院、市法院和镇法院的二审法院。

初级裁判所是叶卡捷琳娜二世为国有农民设立的司法机关，人数达到 1 万～3 万的县才可以设立这类法院。法院由政府任命的 1 名法官和 8 名陪审员组成，其中的 4 名陪审员从其他类型的法院中选出，剩下的 4 名从农民中选举产生。初级裁判所主要审理其管辖范围内涉及农民的民事和刑事案件，还负责调解与自由农民土地所有权争端有关的纠纷。当事人如果对初级裁判所的裁决结果不服，可以向高级裁判所提出上诉。高级裁判所是针对国有农民的二审法院，分为民事审判庭和刑事审判

---

① *Н. В. Давыдов, Н. Н. Полянский, Судебная реформа*, Том Ⅰ, с. 218 – 231.

② 张寿民：《俄罗斯法律发达史》，第 73 页。

③ 张寿民：《俄罗斯法律发达史》，第 74 页。

庭，由参政院任命的主审法官与从乡绅、官吏和地方居民中选举产生的 10 名陪审员组成，任期 3 年。如当事人对高级裁判所的裁决不服，可以将案件上诉到参政院。①

此外还在县一级设立初级土地法院，它实质上是负责维持城市及周边地区社会治安的警察机构。其由警察局长，2 名从贵族中选出的陪审员和 2 名从国有农民中选出的陪审员组成。② 在较大的城市，由警察机构负责维持社会治安。

叶卡捷琳娜二世的省级行政改革还表现为在各省创建了感化法院。这类法院既是良心法院，也是仲裁法院，由政府任命的 1 名法官和选举产生的 6 名陪审员组成。其中的 2 名陪审员由省级贵族选举产生，以处理有关贵族的案件；2 名从市民中选举产生，以处理有关商人和小资产阶级的案件；2 名从农民中选举产生，以处理有关国有农民的案件。感化法院一般不审理案件，主要是以调解方式处理民事案件，也审理某些性质特殊的刑事案件。③ 精神病患者的刑事案件，与巫术有关的犯罪，未成年人的刑事犯罪，偶然过失和正当防卫情况下发生的犯罪行为，儿童侮辱父母的犯罪等都属于感化法院审理的特殊性质的犯罪。感化法院的裁决不仅依据法律，还要依据良心。④ 法官要有良知，要公平公正。

参政院是最高上诉法院，由沙皇任命的参政员组成。参政院也是审理有关高级官吏犯罪案件的一审法院。如果参政员就某一案件的裁决未能达成一致，案件将由沙皇来裁决，后来由国务会议对有争议的案件做出终审判决。参政院共分成十个司。第一司处理行政问题，第二、第三、第七、第八司主管民法，第四司负责军事委员会事务，第五、第六司主管刑法。还有负责纹章和地方管理事务的第九司和第十司。⑤ 这十

---

① 张寿民：《俄罗斯法律发达史》，第 74 页。

② J. LeDonne, "The Provincial and Local Police under Catherine the Great, 1775 - 1796," *Canadian-american Slavic Studies*, Vol. IV, No. 3（Fall 1970），p. 516.

③ 〔俄〕瓦·奥·克柳切夫斯基：《俄国史教程》第五卷，刘祖熙等译，商务印书馆，2009，第 105 页。

④ 张寿民：《俄罗斯法律发达史》，第 74 页。

⑤ Richard S. Wortman, *The Development of a Russian Legal Consciousness*, pp. 54 - 56.

个司根据各自管辖的范围处理上诉和撤诉上诉案件，如果所有参政员就某一上诉案件达成一致裁决，则参政院的裁决就是终审判决，不能再提起上诉。如果参政员无法达成一致裁决，则案件交由沙皇裁决，后来由司法委员会召集专业人士做出裁决，结果经由司法大臣批准，最终生效。如果司法大臣不同意专业人士的处理结果，则案件由国务会议做出终审裁决。①

这就是叶卡捷琳娜二世1775年地方政府改革中所创立的司法体制。所有这些法院基本上是以等级为基础而建立起来的，也就是说，贵族、市民和国有农民都有各自的一审和二审法院，其中体现出来的等级性质十分明显。② 参政院是最高的上诉法院。等级式法院体制在俄国正式形成。

为了使改革后的司法机构能有效运转，1775年，叶卡捷琳娜二世的省级行政改革进一步完善了检察制度。彼得一世去世之后，他所创建的检察制度形同虚设，没有实际的权力。叶卡捷琳娜二世登基以后，在恢复检察机构权力的同时，还在省一级建立了地方检察机构。根据新的法令，省级各类法院中都有检察官和司法稽查官。各个省"都设立了检察官一职，他们分属于各个等级的省法院和省公署。省公署的检察官被视为省检察官，其职位高于各等级法院的检察官"③。一般来说，检察官和司法稽查官要在维护政府利益、监督法院是否遵守国家各项法律的同时，负责监督省内各类司法机构的运转情况。法院审理涉及官方利益的案件时，在做出判决之前必须向检察长做出通报并听取检察长的意见。④各省检察长及其下属的主要任务是，维护"沙皇陛下的权力、规章、利益的完好无损"，监督"以使任何人都不能从民众那里征收被禁止的税费"，以及消灭"无处不在的有害的贿赂"。实质上，检察长主要监督各地方法院及政府机构是否遵守法律，审查法院的裁决是否合规合法，制

---

① 〔俄〕鲍里斯·尼古拉耶维奇·米罗诺夫：《俄国社会史：个性、民主家庭、公民社会及法制国家的形成》（下卷），第41页。

② Н. В. Давыдов, Н. Н. Полянский, Судебная реформа, Том. I, с. 218 – 231.

③ 〔俄〕О. И. 奇斯佳科夫主编《俄罗斯国家与法的历史》（上卷），第244页。

④ 张寿民：《俄罗斯法律发达史》，第80页。

止违法行为，维护包括聋哑人、未成年人在内的"需要照料的人"的利益。[1] 叶卡捷琳娜二世所实施的检察机构改革对于完善俄国地方检察制度有着重要意义。

叶卡捷琳娜二世建立起来的这一套司法体制，到 1864 年司法改革前夕一直在运行。与此同时，彼得一世时期已经成型的诉讼模式和证据制度仍然在发挥作用。这种司法体制满足了俄国一少部分人口，即贵族、市民和自由农民的需要，而占俄国人口大多数的农奴被排除在这一体制之外。地主逐渐拥有了对农奴的司法裁决权。17 世纪沙皇政府曾颁布法令来限制地主对农奴的司法裁决权。地主的司法权力仅限于处理轻微的犯罪，地主不能对农奴实施较重的或非法的刑罚。18 世纪，地主对农奴的司法权不仅没有得到限制，反而大大扩展，农奴必须绝对服从地主的管理。[2]到 18 世纪末，占俄国人口多数的农奴实际上没有任何的法律权利。

18 世纪，俄国君主受到那些来自欧洲的，或者那些在欧洲接受过教育的顾问们的深刻影响，想借用当时开明专制的统治模式来加强对俄国的统治。这一时期盛行的警察国家理论肯定影响了叶卡捷琳娜二世。[3]女皇的目标是想让自己管理的社会变得更加有秩序，并能有效地动员全国的人力、物力和财力。要想达到这样的目的，沙皇和行政机构必须积极监督社会的运行，而完善的司法机构将是完成这一任务的一种有效工具。它们并不清楚法律的具体内容意味着什么，也不关心民众能从法律中得到什么，它们关心的是通过这种等级式的司法机构对全国实施有效的统治。叶卡捷琳娜二世力图通过法律来统治，但通过法律来统治并不意味着国家走向了法治，因为沙皇仍然是法律的唯一来源。所有人都要服从沙皇颁布的法律，除了沙皇本人之外。沙皇既可以支持，也可以反

---

① 〔俄〕IO. E. 维诺库罗夫主编《检察监督》，第 28 页。

② J. Blum, *Lord and Peasant in Russia from the Ninth to the Nineteenth Century*, Cambridge University Press, 1967, p. 431.

③ Marc Raeff, "The Well-Ordered Police State and the Development of Modernity in Seventeenth-and Eighteenth-Century Europe," *The American Historical Review*, Vol. 80, No. 5 (1975), pp. 1229 – 1230.

对自己祖先制定的法律。通过法律来统治其实是一个要求所有人服从的概念。正如女皇在《圣谕》中所指出的，沙皇是法律的唯一来源，服从君主一人的律法要比服从多人的律法好。专制的目的不是剥夺民众的自由，而是指导他们的行为，以便其获得最大的好处。[1] 这样一来，女皇依靠法律来统治就变成了绝对服从她的统治，行政权力经常干预司法，许多法官都由行政官员来兼任，这也是俄国司法机构办事拖沓、效力低下的重要原因。19 世纪上半期，针对俄国司法的这种状况，许多官员和法学家或是编撰法典，或是提出司法改革的建议，他们所做的努力或提出的建议成为 1864 年司法改革的重要来源。

第四节　M. 斯佩兰斯基的法典编撰

自《1649 年会议法典》颁布以来，历代沙皇又颁布了一系列的法令和章程，但俄国缺乏一部完整系统的法律。如果没有一套完整的法律，即使设计得再好的司法制度也无法有效运行。加之新颁布的法律经常与已有的法律发生冲突，令法官无所适从，因此，编撰一部完整的、适应时代需要的法律就成了彼得大帝及后来俄国沙皇追求的目标。

彼得一世上台以后，为了编撰一部统一的法律规范，先后成立了三个委员会来负责这项工作。1700 年，第一个法典编撰委员会成立，其主要任务是修订《1649 年会议法典》，将所有与现行法律规范不一致的法律去除。然而，法典编撰委员会编订的《新法令汇编》没有得到沙皇的批准。1714 年又成立了第二个委员会。然而，这个委员会的工作毫无成效，因为这个委员会的工作还没结束，彼得一世便命令参政院依照瑞典的法律来编订新法典。1720 年，第三个委员会又成立了，该委员会同样一无所成。[2]

叶卡捷琳娜二世在完善司法机构建制的同时，也关注法典的编撰。

---

[1]　G. Vernadsky, *A Source Book for Russian History from Early Times to 1917*, Vol. II, Yale University Press, 1972, p. 404.

[2]　〔苏〕Б. Б. 卡芬加乌兹、Н. И. 巴甫连科主编《彼得一世的改革》（上册），第 472 页。

女皇修订法典的目的是将法典内容具体化。她认为模糊的法律条文会给那些应用法律的人留下太多的解释空间，而他们的任务主要是执行君主制定的法律，而不是去解释法律。① 女皇还专门为立法委员会制定了指导原则，即《圣谕》。在《圣谕》中，女皇明确指出了新法典编撰的必要性和具体标准。

　　1767 年 8 月 10 日，由政府的代表、贵族、市民和国有农民的 596 名代表组成的新法典编撰委员会在莫斯科召开了第一次大会。立法委员会分成三个具体的部门，即指导委员会、编撰委员会、分析委员会。指导委员会负责检查各个委员会的具体工作，保证各个委员会遵守《圣谕》中提出的指导原则。编撰委员会负责编撰。分析委员会负责整理各代表提交的建议，并把自己认为有用的建议送达到相应的委员会。②

　　截至 1778 年 12 月 18 日，立法委员会共召开过 203 次会议。但因为成员混杂，参政议政能力差别较大，在关乎国家政治体制等一系列问题上争执不下，立法委员会逐渐被边缘化。俄土战争的爆发只是立法委员会暂停工作的表面原因。1774 年，立法委员会实质上已停止工作。如同彼得一世时期的委员会一样，叶卡捷琳娜二世的立法委员会也未能为俄罗斯帝国编撰出一套现代的法律汇编。

　　女皇的立法委员会没有取得什么成绩就解散了。保罗一世于 1796 年 12 月建立了一个俄罗斯帝国法典编撰委员会，但这一委员会仍然无所作为，保罗一世统治时期编撰法律的尝试以失败而告终。沙皇亚历山大一世上台之后重组了法典编撰委员会，接着进行法典编撰工作。这是自 1700 年以来组建的第十个法典编撰委员会。П. А. 扎瓦多夫斯基担任法典编撰委员会主席，他首先收集整理 1649 年以来俄国所颁布的法律，但这项工作还没有完成，王公洛普欣就取代 П. А. 扎瓦多夫斯基成为委员会主席。洛普欣并不急着收集整理已有的法律，而是确定法典编撰的

---

① B. Dmytryshyn ed.， *Imperial Russia， A Source Book， 1700 – 1917*， Dryden Press， 1990， pp. 75 – 76.

② M. T. Florinsky， *Russia：A History and an Interpretation*， Vol. I， Macmillan Company， 1967， p. 548.

规范和原则，也就是要确定哪些法律应该保留，哪些法律应该废除。洛普欣王公还没有制定出具体的法律规范，又被别的大臣取代。① 在接下来的几年中，委员会的工作没有任何实质性的进展。如何编撰法典的问题一直没有解决。从理论上来讲，委员会应该做以下工作：收集整理所有已颁布的法律，正如 П. А. 扎瓦多夫斯基所尽力做的那样；确定俄国法典编撰的基本原则，然后再编撰出一套全新的法律。但实际上，委员会在这些方面都没有取得实际的成果。

　　然而，1808 年 M. 斯佩兰斯基被任命为全权负责法典编撰工作的司法部副大臣之后，这种情况有了较大的改变。M. 斯佩兰斯基立即将委员会所有的注意力集中在《民法》的编撰上。在很短的时间内，法典编撰取得了重大进展。1809 年 10 月，法典（关于人身权利的法律）的第一部分编订完成。这一部分法典于 1810 年 1 月 1 日提交到国务会议进行讨论。1813 年，法典的第三部分（有关契约的法律）提交国务会议讨论。②

　　M. 斯佩兰斯基以法国《拿破仑民法典》为基础开始俄国的法典编撰工作。具体来说，委员会的工作分为四个阶段。第一，M. 斯佩兰斯基以法国法典为基础编订出总纲，然后让下属将俄国已有的法律归入总纲之中。第二，由负责整理工作的委员会成员将法律归类。第三，M. 斯佩兰斯基本人对每周整理完成的法典加以梳理，并整理成稿。第四，M. 斯佩兰斯基将已经编撰完毕的法典提交国务会议讨论，以最终获得批准。不管 M. 斯佩兰斯基编撰法典的方法多么有效，他有关公民权利的一些法律规定还是引发了保守派的反对。历史学家 H. M. 卡拉姆辛认为 M. 斯佩兰斯基是将外国的司法体制强加到俄国身上，忽视了俄国的法律传统。③ 加上当时俄国国内的反法浪潮，M. 斯佩兰斯基不久就失宠了。1812 年 3 月 17 日，M. 斯佩兰斯基被流放到下诺夫哥罗德，1812 年

---

① Richard S. Wortman, *The Development of a Russian Legal Consciousness*, pp. 39 – 40.

② Marc Raeff, *Michael Speransky: Statesman of Imperial Russia, 1772 – 1839*, Springer, 1957, pp. 55 – 80.

③ D. W. Edwards, "Count Joseph Marie de Maistre and Russian Educational Policy, 1803 – 1828," *Slavic Review*, Vol. 36, No. 1（Spring 1977）, pp. 57 – 62.

9 月又被流放到了彼尔姆。在他被放逐之后，国务会议内部的绝大多数成员认为，法典编撰应该以俄罗斯法律为基础，因此编撰委员会的首要任务是收集整理现存所有的法律。编撰委员会的工作又重新回到了 П. А. 扎瓦多夫斯基的思维模式中。

在 М. 斯佩兰斯基被放逐之后，编撰委员会在整理已有俄罗斯帝国法律方面取得了重大的进步，整理出版了包含有三万项法律条文的 15 卷本的法律汇编。委员会还从 1817 年开始出版《法学杂志》，讨论重大的法学问题。① 学者们的讨论对俄罗斯司法的发展有着重要意义。

尼古拉一世上台之初就表达了编撰法典的强烈愿望。在 1833 年召开的一次国务会议上，他谈到，在他继任沙皇之后，主要任务是完善司法。尼古拉一世统治时期，法典编撰委员会的工作由陛下办公厅第二厅具体负责，М. А. 瓦鲁津斯基担任第二厅主席。事实上，М. 斯佩兰斯基负责法典编撰的具体工作。用尼古拉一世的话来说，М. А. 瓦鲁津斯基的职责是要防止 М. 斯佩兰斯基重蹈 1810 年的覆辙。沙皇最后还是将法典的编撰工作授权给了 М. 斯佩兰斯基，因为除他之外没有人能胜任这一工作。②

为了给编撰法律汇编做准备，第二厅首先按年代顺序收集整理 1649 年以来颁布的所有法律，总数达 53239 条。这项整理工作于 1830 年完成，出版了 40 卷本的《俄罗斯帝国法律大全》。此后《俄罗斯帝国法律大全》经过进一步的补充完善，共出版了 45 卷。

《俄罗斯帝国法律大全》编撰完成之后，М. 斯佩兰斯基要从中挑选出当时仍然有效的法律，编撰出版之后应用到司法的具体实践中。至于如何编订这些法律，М. 斯佩兰斯基认为，法律要处理两大关系，即国家与个人的关系，人与人之间的关系，也就是说，法律主要涉及公法和私法两个领域。在公法领域，М. 斯佩兰斯基收录了俄国已有的与沙皇权力、政府各机构权力、警察权力、个人法律地位有关的法律及与《刑

---

① Marc Raeff, *Michael Speransky: Statesman of Imperial Russia, 1772 – 1839*, pp. 321 – 330.
② Н. К. Шильдер, Император Николаи Первый: его жизнь и царствование, Чарли, 1997, c. 460.

法》有关的内容；在私法领域，他收录了关于家庭关系的法律、财产法以及诉讼具体规则等。①

在这一原则的指导之下，M. 斯佩兰斯基于 1833 年编写完成了《俄罗斯帝国法律汇编》，1835 年分成 15 卷结集出版，共有 4 万多条法律条文。卷 I 是关于皇室权力、王位继承、国务会议以及大臣委员会的法律。卷 II 是关于省级行政管理，总督的权力与职责以及有关地方治理的法律。卷 III 是关于国家公职人员的责任与权利以及他们的养老金的法律。卷 IV 是与服军役有关的法律。卷 V 是税法。卷 VI 是关税法。卷 VII 主要是关于采矿与货币的法律。卷 VIII 是银行管理法。卷 IX 分为两个部分：第一部分与贵族、教士、商人、犹太人和外国人的法律地位有关；第二部分是关于各类农民的法律。卷 X 是民法。卷 XI 分为两个部分：第一部分是关于非东正教徒的法律，还包括教育机构和教育部的法规；第二部分是关于信贷及债务的法律。这部分也包含商业法规以及与工业生产有关的法律。卷 XII 是交通运输法。卷 XIII 是关于食品销售、慈善、公共卫生以及法医学的法律。卷 XIV 是关于警察的法律。卷 XV 是刑法。②

虽然《俄罗斯帝国法律汇编》有不完善的地方，比如涉及《民法》的内容太少，但这部法律汇编仍然是俄国法制发展的一个分水岭，成为俄罗斯帝国境内普遍适用的法律规范。如果没有 M. 斯佩兰斯基所做的法典编撰工作，1864 年司法改革也不可能成功实施。

M. 斯佩兰斯基的《俄罗斯帝国法律汇编》虽有重要意义，却在司法实践中深化了一种"法律至上"原则。按照这种原则，法律本身是"自我完备的"。执行法律的法官只能根据法律条文的字面意思来应用法律，不能解释法律，不能根据习惯法或其他法律规定以外的条例来审理案件。从理论上来讲，法官在判案时只要找出相应的法律条文就可以了，但在实际应用中却出现了问题。如果法官在《俄罗斯帝国法律汇编》中找不到合适的法律条文，他就不能对所审理的案件做出终审判决，而是将有争议的案件提交到如国务会议等这样具有立法权的机构去

①　Marc Raeff, *Michael Speransky: Statesman of Imperial Russia*, 1772 – 1839, pp. 334 – 335.

②　参见张寿民《俄罗斯法律发达史》，第 52~53 页。

解决，在国务会议对此问题做出裁定之后才能具体审理案件。这大大减少了法官的自由裁量权，实质上是沙皇将司法的最终决定权牢牢控制在自己手中，法官也必须绝对服从沙皇的权力。正是有这一影响的存在，许多有争议的案件拖了好多年都无法解决，这成为 1864 年前俄国司法效率低下的一个重要影响因素。

M. 斯佩兰斯基的法典编撰也产生了积极的影响，那就是法典推动了俄国法学教育的发展。19 世纪早期俄国的各类大学没有法学专业，也没有教授法学的俄国教师，因此只能从欧洲其他国家聘请法学教授来俄国讲学。① 尼古拉一世上台之后，为改变俄国缺乏专业法学人才的局面，他下令从莫斯科、圣彼得堡挑选出 6 名年轻的贵族到陛下办公厅第二厅接受法学教育。1829 年，他又挑选了 6 名学生接受教育。在第二厅，来自皇村中学的法学教授 A. П. 库尼岑负责这批学生的教育工作，他们所接受的法学专业教育有罗马法、政治经济学和俄国公法等。在俄国完成规定的学业之后，这批人又被派到德国，由著名法学家 F. K. 萨维尼负责对他们进行再教育。② 学成归国之后，这些人成了俄国第一批专业的法学家，主要分派到一些大学从事法学教育工作。

尼古拉一世之所以推动俄国法学教育的发展，主要是因为沙皇想提高政府决策的执行效率。在沙皇看来，只有那些接受过法学教育的人去从事行政管理和司法管理工作才能实现自己的这一愿望。③ 正是出于这一原因，尼古拉一世于 1826 年在俄国创建了帝国法学院，并颁布大学法令，规定培养法学人才是俄国大学教育的基本职责。④ 这些举措不仅

---

① B. L. Levin-Stankevich, "The Transfer of Legal Technology and Culture: Law Professionals in Tsarist Russia," in H. D. Balzer ed., *Russia's Missing Middle Class: The Professions in Russian History*, p. 225.

② L. Schapiro, *Nationalism and Rationalism in Russian Nineteenth-Century Political Thought*, New Haven: Yale University Press, 1967, p. 6.

③ B. L. Levin-Stankevich, "The Transfer of Legal Technology and Culture: Law Professionals in Tsarist Russia," in H. D. Balzer ed., *Russia's Missing Middle Class: The Professions in Russian History*, p. 226.

④ J. T. Flynn, *The University Reform of Alexander I, 1802 – 1835*, Washington, D. C.: Catholic University of America Press, 1988, pp. 216 – 240.

大大推动了俄国法学教育的发展，也为俄国培养了一批法学专业人才。这些接受过法学教育的人毕业之后进入司法部、参政院及法典编撰委员会工作，成为19世纪四五十年代中央政府各部门中层及以上官僚的主要来源。不过大多数法院仍是原来的状况，法官大多数是没有受过法学教育的行政官员，俄国基层的司法管理水平没有实质性的改变。随着大批法学专业毕业生进入政府机构，政府的管理效率不仅大大提高，还对1864年司法改革产生了极为深远的影响。[①]

M. 斯佩兰斯基的法典编撰为俄国的司法实践提供了完整的法律体系，但叶卡捷琳娜二世所建立的复杂的司法体制仍是俄国司法发展水平低下的主要原因，因此接下来要处理的关键问题是变革俄国的司法体制，以便更有效地执行法律。

第五节　沙皇尼古拉一世变革俄国司法体制的尝试

随着《俄罗斯帝国法律大全》和《俄罗斯帝国法律汇编》的编撰，俄国的司法人员终于有了一套系统而清晰的法律规范。司法中普遍存在的低效率使变革司法体制有了进一步的必要性。尼古拉一世上台之初，就清楚地意识到了俄国法院的弊端。在统治的大多数时间里，他多次要求政府高官就变革司法体制建言献策。尽管这些建议没有真正付诸实施，却为1864年司法改革奠定了基础。

十二月党人起义失败后不久，尼古拉一世便下令组建一个调查委员会，专门负责收集俄国秘密协会的各种资料。[②] 具体来讲，委员会负责收集可以起诉十二月党人的证据。调查结果表明，十二月党人（特别是H. 屠格涅夫、A. 穆拉维约夫、C. П. 特鲁别茨柯依等人）的目标之一

---

① B. L. Levin-Stankevich, "The Transfer of Legal Technology and Culture: Law Professionals in Tsarist Russia," in H. D. Balzer ed., *Russia's Missing Middle Class: The Professions in Russian History*, p. 226.

② A. G. Mazour, *The First Russian Revolution*, 1825: *The Decembrist Movement, Its Origins, Development, and Significance*, Stanford: Stanford University Press, 1961, p. 207.

是在俄国建立一套司法独立、法官独立、有陪审团审判的新司法体制。①

尼古拉一世十分重视十二月党人关于变革俄国司法体制的建议。1826 年底，他命令原调查委员会的一名秘书 А. Д. 博罗夫科夫准备"十二月党人关于国内政治状况言论文摘"。1827 年 2 月 6 日，А. Д. 博罗夫科夫正式将文摘呈递给沙皇，尼古拉一世此后一直保留着这份文摘，经常拿出来做参考。А. Д. 博罗夫科夫在报告中就俄国司法体制中存在的问题进行了详细的分析。他指出，要想解决俄国司法面临的问题，必须制定出"内容清晰明了的法律"，同时要简化"极为复杂的审理程序"②。А. Д. 博罗夫科夫的报告对尼古拉一世影响较大，也促使他下决心要变革俄国的司法体制。

尼古拉一世变革俄国司法体制的努力也与自己对司法体制弊端的认识有密切关系。令尼古拉一世感到震惊的是，司法机构办事效率极其低下。尼古拉一世继位之初，法院中还有 200 多万份没有解决的案件。1842 年，司法部大臣向沙皇呈报说："在帝国的所有办事机关尚未清理的案件还有 3300 万份，其卷宗至少有 3300 万张手写件。"③ 司法体制的低效率是普遍存在的，这大大影响了司法管理的效率。正如俄国著名法学家 В. Д. 斯帕索维奇所描述的：

> 如果那个时候有人问我：法院是什么？法院在哪里？我会无所适从，无言以对。俄国没有执行法律的法院，只有权力无限的警察……案件的审理自始至终都与警察有关。司法诉讼程序只存在于法律文本中，在法庭上，法官席上放着警察提交的调查报告，封面是红色或者绿色的，法官席上坐着身穿制服的男子。这些人也不询问或者亲自审理被告，在阅览报告材料后，将报告又重新发回到警察手中。法院只是徒具虚名。④

---

① S. Kucherov, *Courts, Lawyers and Trials under the Last Three Tsars*, p. 10.
② G. Hosking, *Russia: People and Empire, 1552 – 1917*, Harvard: Harvard University Press, 2001, p. 145.
③ 〔俄〕瓦·奥·克柳切夫斯基：《俄国史教程》第五卷，第 238 页。
④ S. Kucherov, *Courts, Lawyers and Trials under the Last Three Tsars*, p. 9.

针对司法体制中存在的种种弊端，尼古拉一世起初想通过 1826 年 7 月组建的陛下办公厅第三厅的监督来提高司法管理的效率。第三厅实质上是最高警察署，由宪兵司令 A. 本肯道夫兼任主席。然而陛下办公厅第三厅并没有解决俄国司法管理中存在的低效问题。有一个例子很能说明这个问题。有一次，一位宪兵队员被派到某省的二审法院去监督法院的工作，这位宪兵要求法院加快案件的审理速度。他命令主审法官将未审理的案件整理出来，然后他将这些案件分成两堆，一堆案件按维持原判处理，另一堆案件按驳回原判处理。这样，案件很快就审理完毕了，该宪兵队员然后向陛下办公厅第三厅主席报告说案件已经全部审结了。①这根本不是审理案件，而是在做抓阄一类的游戏。

后来陛下办公厅第三厅接到的有关基层法院不公正的申诉书越来越多，他们根本无法解决这些问题，尼古拉一世最后只能借助各类秘密委员会来解决俄国司法体制中存在的问题。

第一个委员会成立于 1826 年 12 月 6 日，其主要职责是收集整理沙皇亚历山大一世以来俄国各界人士提出的司法改革建议，但委员会提交的报告最终被尼古拉一世否决。1830 年 12 月 6 日，委员会宣布解散，没有取得任何成绩。

司法部大臣 Д. В. 达什科夫在 1836 年 10 月 29 日向沙皇提交了一份有关俄国司法体制改革的报告，报告指出必须全面修正《刑法》中有关诉讼程序的所有法律条文。Д. В. 达什科夫认为，现在该是制定出一套新的诉讼规则的时候了。改革内容具体包括刑事侦查模式改革、刑事诉讼程序改革和民事诉讼改革等。沙皇认真审阅报告后指出，应先修改《刑法》，因为《刑法》中的问题特别突出。②

沙皇同意进行改革之后，Д. В. 达什科夫等人首先起草了"侦查法法律草案"。草案分为两个部分：第一部分是关于普通刑事案件的侦查，第二部分主要是与政府官员有关的刑事案件的侦查。具体来说，刑事侦

---

① S. Kucherov, *Courts*, *Lawyers and Trials under the Last Three Tsars*, p. 8.

② *Н. В. Давыдов*, *Н. Н. Полянский*, Судебная Реформа, Том. I, с. 272 - 273.

查分为两部分：前期侦查，即收集相关证据和材料；正式调查，即将已收集的证据材料转化成书面形式并提交给法庭，供法庭使用。司法稽查员及警察继续从事刑事侦查工作，他们在决定是否进行前期侦查和传唤证人上有较大的决定权。如果司法稽查员认为犯罪嫌疑人可能要逃跑，他们无须核实就可以逮捕犯罪嫌疑人，或者发布命令禁止犯罪嫌疑人离开指定区域。如果是较为严重的案件，被监禁的犯罪嫌疑人不能保释。①

这一法律草案最令人瞩目的改革是从法律上确认了犯罪嫌疑人有保持沉默的权利。当犯罪嫌疑人保持沉默时，司法稽查员不能诱骗或迫使其回答问题。② 这一法律草案如果实施，将会大大减少俄国司法侦查中普遍存在的刑讯逼供。但这一草案的设计者们并不打算改革现有的法定证据制度，这使法律草案的影响力大打折扣。因为如果犯罪嫌疑人的供词仍然被看作最好的证据的话，司法侦查中的刑讯逼供就在所难免。

1839 年，这一法律草案提交到国务会议进行讨论，但因为草案内容与现有诉讼模式存在冲突而未能通过。无论如何，这一法律草案的提出本身就说明俄国政府高层，尤其是主管司法的官僚已经认识到了司法体制改革的必要性和紧迫性。

1840 年后，变革俄国司法体制的努力开始朝着两个方向发展。一方面，陛下办公厅第二厅继续收集整理关于改革俄国司法体制的建议。另一方面，政府开始着手制定新《刑法》。

陛下办公厅第二厅完成法典编撰工作后不久，便受命为俄国起草一部新《刑法》，以适应俄罗斯社会发展的需要。与早先法典编撰指导原则不同的是，尼古拉一世提出应制定一部全新的《刑法》，而不只是整合现有法规中有关《刑法》的内容。新《刑法》草案经过国务会议的多次讨论，于 1844 年正式通过。1845 年，沙皇签署命令正式颁布了《刑事与惩罚法典》，这一法典以俄国社会各等级为基础，根据社会地位来决定刑罚的轻重，同罪不同罚，因此新《刑法》的内容变化不大。在诉讼程序上没有引入多少变革，新《刑法》只是将散见于《俄罗斯帝国法

---

① *Н. В. Давыдов，Н. Н. Полянский，Судебная Реформа，Том. I，c. 275.*

② *Н. В. Давыдов，Н. Н. Полянский，Судебная Реформа，Том. I，c. 276.*

律汇编》中与《刑法》有关的内容整合成一套系统有序的法律规范。① 即便如此，尼古拉一世也认为，随着新《刑法》的引入，俄国司法中普遍存在的不平等和不公正现象都将会大大减少。② 那为什么这部《刑法》没有引入刑事诉讼等方面的变革呢？其实尼古拉一世认为全面改革俄国司法体制的必要性不大，改革的主要目的是提高行政管理效率，巩固沙皇专制制度。正因如此，新《刑法》并没有满足大多数俄国人全面改革俄国司法的要求，但新《刑法》的颁布使人们进一步认识到了改革司法体制及诉讼模式的紧迫性。

如何变革诉讼模式则由接替 M. A. 瓦鲁津斯基担任陛下办公厅第二厅主席的 Д. H. 布鲁多夫全面负责。Д. H. 布鲁多夫在全面调研的基础上于 1844 年提出了一系列关于民事和刑事诉讼改革的计划。具体包括：诉讼双方有辩护权；创建独立的律师协会；用对抗式诉讼代替过去的纠问式诉讼；审判公开；废除司法侦查中的刑讯逼供等。此外，Д. H. 布鲁多夫还建议创建一批特殊的警察法院，主要审理与农民和城市中下层平民有关的较为轻微的案件。③ Д. H. 布鲁多夫的建议旨在消除俄国司法中普遍存在的权力滥用现象。但他的建议遭到了时任司法部大臣 B. H. 潘宁的坚决反对。

B. H. 潘宁认为，俄国司法体制的问题主要在于刑事侦查效率低下，导致案件久拖不决。为此他还专门在俄国各省进行了调研。根据调查结论，B. H. 潘宁分析了俄国刑事侦查低效的原因：（1）从事侦查工作的警察数量严重不足；（2）警察的工作负担轻重不一，有些地区警察负担过重，有些地区的警察整天无所事事；（3）受交通等因素的影响，侦查员和验尸官到达犯罪现场的时间相当缓慢，这导致有些重要的证据在侦查员到来之前就被破坏了；（4）部分侦查员在案件侦查时互相推诿，责任心不强，粗心大意；（5）侦查时经常出现重复侦查的情况；（6）侦查

---

① *Б. В. Виленский*，Судебная　Реформа　и　Контрреформа　в　России，Москва：Приволжское книжное изд-во，1969，c. 117.

② *Б. В. Виленский*，Судебная Реформа и Контрреформа в России，c. 118.

③ *Б. В. Виленский*，Судебная Реформа и Контрреформа в России，c. 118.

员在案件侦查时有时会使用非法手段；（7）许多验尸官缺乏必要的医学知识。① 鉴于此，B. H. 潘宁认为变革俄国司法体制的主要方向在于提高刑事侦查效率，反对全面变革俄国的诉讼模式。B. H. 潘宁对这一问题的想法显然过于狭隘。B. H. 潘宁来自俄罗斯一个非常有权势的家族，所以他对改革的阻挠很有影响，这使 Д. H. 布鲁多夫的改革建议很难落实下去。② 此后双方围绕着如何变革俄国司法，长期论战不休。但总体上来看，Д. H. 布鲁多夫的建议比 B. H. 潘宁的主张要深刻得多，Д. H. 布鲁多夫对问题的考虑更长远，思考也更有深度。虽然两个人都绞尽脑汁在为司法改革做准备，但他们的建议最终没有一项落实到司法实践中。19 世纪 50 年代后期，B. H. 潘宁开始积极参与农民改革的事务，很少能顾及司法改革。而 Д. H. 布鲁多夫在 1845 年后也不再担任陛下办公厅第二厅主席，他前往罗马协调处理罗马教皇与俄国在俄国及波兰罗马天主教会地位问题上的分歧。

面对这样一种尴尬的处境，Д. H. 布鲁多夫实质上已经放弃了改革俄国刑事诉讼模式的计划。而 1848 年发生的一件事情又将他推到了俄国司法改革的前沿。尼古拉一世于 1848 年命令他准备一份有关俄国民事诉讼改革的报告。可后来由于与 B. H. 潘宁意见不合，他的民事诉讼改革计划也未能真正贯彻实行。

Д. H. 布鲁多夫的建议虽说中肯，却包含着限制警察权力、律师独立的提法。这些建议有削弱沙皇专制权力的倾向，尼古拉一世根本无法容忍自己的权力被削弱，因此，Д. H. 布鲁多夫的改革建议未能施行也是可以理解的。陛下办公厅第二厅在变革俄国司法体制上的工作没有取得实质性的进展。但 Д. H. 布鲁多夫在这一时期（1843～1852 年）提出的一系列改革司法体制的建议为 1864 年司法改革奠定了基础，有些建议成了司法改革的直接来源。

总体来看，尼古拉一世统治时期为变革司法体制做了一系列的尝试和努力，但并没有取得实质性的进展。原因在于尼古拉一世坚信自己是

---

① Н. В. Давыдов，Н. Н. Полянский，Судебная Реформа，Том. I，с. 277 - 278.

② Richard S. Wortman，*The Development of a Russian Legal Consciousness*，pp. 68 - 69.

法律的制定者，是一切权力的所有者，因此限制专制权力的司法改革建议根本不会得到他的支持。一方面，他经常阻挠改革计划的实施，维持现状。但另一方面，他认为，要进一步巩固王权，加强中央集权，必须进行必要的变革，司法改革被他看作提高官僚管理水平的重要举措。正是在这样一种背景下，尼古拉一世虽然没有施行实质性的变革，可是后来融入1864年司法改革中的诸多建议都是在这一时期提出并加以讨论的，特别是Д. Н. 布鲁多夫提出的司法改革计划。从这个角度上来讲，尼古拉一世时期变革俄国司法体制的尝试为1864年司法改革奠定了基础。

小　结

从对自基辅罗斯以来俄国司法改革的历史梳理来看，俄国历代统治者都能或多或少地进行司法改革。从《罗斯法典》到《俄罗斯帝国法律汇编》，俄国的法律规范不断走向成熟。同时，俄国的司法诉讼模式也由早期的弹劾式诉讼发展到了彼得大帝以来占主导地位的纠问式诉讼。法院组织类型也变得更加复杂，叶卡捷琳娜二世时期建立起来的以等级为基础的法院体系到19世纪上半期一直占主导地位。这充分说明俄国的统治者有改革司法的想法和愿望，但改革的最终目的仍然是加强沙皇专制权力，加强沙皇对全国的有效统治，加强中央对地方和各等级的有效管理。正因如此，1864年以前的司法改革主要以公法改革为主，即主要以如何加强国家权力为主，私法的发展长期得不到重视，也就是说，统治者未对社会各阶层的基本权利予以足够的重视。加之统治者始终强调自己是法律的唯一来源，所以改革主要围绕着法律法规的完善、多重司法体系的建设和法官司法权的限制等方面展开。由此导致的结果是俄国司法管理效率低下，腐败横行。解决这些历史遗留下来的问题将是1864年司法改革的关键。

| 第二章 |

1864 年司法改革

第一节　1864 年司法改革的背景

前文提到，尼古拉一世统治时期，M. 斯佩兰斯基完成了法典的编撰工作，俄国第一次有了系统全面的法律汇编。同时，Д. Н. 布鲁多夫等人提出的司法改革建议为后来的司法改革奠定了基础。但尼古拉一世并没有真正变革俄国的司法体制，俄国司法体制中固有的矛盾与问题进一步累积，变革俄国司法体制的必要性进一步凸显。

一　1864 年之前俄国旧司法体制中存在的弊端

"法庭上人人都是平等的：没有钱，一切都是白搭。""法院的法官就像是池塘里的鱼。""马去起诉狐狸，结果把马鬃和尾巴留在了法院。"① 俄罗斯的这些民间谚语描述了俄罗斯法院中存在的不公正现象。司法腐败成了自冯维津以来俄国文学所描写的重要题材。俄国的诉讼模式成型于彼得一世时期，女皇叶卡捷琳娜二世建立了俄国复杂的司法体制。进入 19 世纪，18 世纪建立起来的这种司法体制虽略有变革，但总体结构没有发生任何大的变化。随着社会经济的进一步发展，这种司法体制的弊端逐渐凸显。具体来讲，俄国旧司法体制的弊端主要表现在以

---

① I. A. Hourwich, "The Russian Judiciary," *Political Science Quarterly*, Vol. 7, No. 4 (1892), p. 674.

下四个方面。

第一，政府经常干预司法，对俄国司法的发展产生了极其不利的影响。

沙皇彼得一世和叶卡捷琳娜二世在进行司法改革时曾试图将行政权与司法权分离，但未能成功。两位沙皇虽然主观上想借鉴欧洲的模式，在俄国建立独立的司法体制，但从本质上来讲，沙皇并不乐意在自己的国家发展出一套独立的司法体制，因为司法独立必然会削弱沙皇的专制权力。理想与现实的矛盾使沙皇在具体的改革过程中，总是想方设法通过限制司法机构和行政机构的权力来控制司法。

拥有强权的总督和省长经常干涉司法。俄国法律明文规定，省级刑事和民事法院的终审判决必须省长签字同意后才能进入司法执行程序。各地选举产生的法官也必须得到总督的批准。总督有权运用行政手段来干预司法，也有权撤销法院的判决。省长能够影响法院的判决，拖延案件的审理或将案件交由其他法院审理。陛下办公厅第三厅成立之后，行政对司法的干预开始变本加厉。陛下办公厅第三厅"试图介入人民的生活，实际上他们干涉一切可以干涉的事情：家庭生活、商业交易、私人争吵、发明项目、见习修士从修道院逃跑等。秘密警察对这一切都感兴趣"①维特在回忆录中比较 1864 年前后俄国司法制度的不同时明确指出："改革前的旧法院依附于行政机关，一旦案件被转入实行旧制度的法院，那么，我们就十分清楚，法院是在按照上面的命令审理案子。"②有些政府高官也认为行政权应该居于优越地位。长期在司法部担任要职的 H. M. 科尔马科夫于 1840 年前后曾被派到内务部大臣兰斯科伊手下工作，在一次谈话中，内务部大臣指出，行政权应高于司法权。为说明自己的观点，兰斯科伊形象地将他右手的两根手指放到左手的一根手指上。③ 十月

① 〔美〕尼古拉·梁赞诺夫斯基、马克·斯坦伯格：《俄罗斯史》，杨烨、卿文辉主译，上海人民出版社，2007，第 302 页。

② 〔俄〕鲍里斯·尼古拉耶维奇·米罗诺夫：《俄国社会史：个性、民主家庭、公民社会及法制国家的形成》（下卷），第 53 页。

③ S. Kutscheroff, "Administration of Justice under Nicholas I of Russia," *The American Slavic and East European Review*, Vol. 7, No. 2 (Summer 1948), p. 137.

革命前，俄国著名法学家 H. B. 达维多夫曾形象地写道："司法权没有独立性，法官在高官显贵的权力和财富面前战战兢兢，卑躬屈膝。虽然除政府任命的司法官员外，法院中还有各等级代表，但他们也不能给司法界的黑暗带来一丝光明。"①

如前所述，俄国法官在审理案件时如遇到法律条文不清楚，或找不到明确法律条文的情况，他们不能自行对案件做出裁决，参政院也没有这样的权力，而是要将案件提交到国务会议进行讨论，国务会议讨论的结果经沙皇批准，就具有了法律效力，这种有争议的案件才最终得到判决。沙皇通过这种机制严格控制着司法，法官没有任何的自由裁量权。与司法有关的问题最后都是通过行政机构来解决的。

与此同时，彼得一世时期确立的证据制度和诉讼模式为行政权力干预司法提供了便利。俄国自彼得大帝以来确立了一种强调书面证据的纠问式诉讼模式。② 在这种诉讼模式的主导之下，隶属于政府行政部门的检察官、司法稽查员和警察有着很大的权力，因为对案件审理有至关重要意义的审前调查都是由这些人负责的。在这种情况下，警察滥用权力是普遍现象。有些警察在漫不经心地调查取证，而犯罪嫌疑人在监狱里受罪。警察把调查结论提交到相应的法院，法院根据警察的调查结论对案件做出裁决。一般情况下，法官都不会和被告见面，也不询问相关情况。在这种体制下，行政权力有着绝对的主导权。由此可见，改革前俄国普遍存在行政干预司法的现象，这严重影响了法院判决的公正性，也不利于俄国司法管理水平的提升。

第二，普遍存在的腐败成为俄国司法的一大顽疾，这严重影响了司法公正，也影响了民众对法律的尊重。

俄国旧司法体制的突出特征之一是腐败。在司法机构，从上到下都存在腐败，贿赂成为俄国人生活中必不可少的习惯性现象。由于法院审理案件的效率低下，许多案件都是久拖不决，这就为行贿受贿打开了方

---

① 〔俄〕鲍里斯·尼古拉耶维奇·米罗诺夫：《俄国社会史：个性、民主家庭、公民社会及法制国家的形成》（下卷），第 43 页。

② Richard S. Wortman, *The Development of a Russian Legal Consciousness*, p. 14.

便之门。有些人为了迅速结案，不得不向法院的秘书和书记员行贿。有些人通过行贿故意拖延案件的审理时间，借机逍遥法外。H. M. 科尔马科夫曾回忆说："司法部大臣 B. H. 潘宁为了给自己的女儿办事，曾托人给圣彼得堡法院的一个小秘书行贿 100 卢布。"① 当然，受贿的有小官吏、法官、检察官和警察，甚至参政院的官员都受贿。"谁不受贿呢？警察局的人、各级政府部门的人和参政院的大法官同样受贿，总督本人也受贿。他们所有的人都是盗贼！"② 十二月党人雷列耶夫在 1821 年给他彼得堡的朋友写信说："在首都，当我们要求人办事时才行贿，但这里，首席贵族、法官、陪审员和秘书甚至抄写员都受贿。"③ "不行贿就别想办成事"成了俄国的一句谚语。腐败无处不在，而且组织有序。尼古拉一世时期的一名高级官吏 A. M. 乌科夫斯基指出，"官员向老百姓索贿，下级官员要向自己的上司进贡，这实际上是一种变相的贿赂。如果他不进贡，上司就会给他穿小鞋"④。这样，上级和下级之间形成了一个腐败利益链，腐败成为俄国司法中存在的普遍现象，不受贿反倒不正常了。

　　腐败的普遍存在与俄国古代供养制的残余有一定的关系，这使普通民众认为求人办事时给人拿点礼物是天经地义的事情。女皇叶卡捷琳娜二世曾指出，"从求你办事的人那里收点钱物与古制相符"⑤。此外，普遍存在的贿赂与司法官员低廉的薪水也有一定的关系。⑥

　　由于腐败的普遍存在，官员的贿赂成为许多文学著作描写的典型。俄国著名文学家果戈理在戏剧《总检察官》中描述了法官阿莫斯·费约诺维奇·略普金 - 贾普金和县长安·安·斯科夫兹尼克 - 德穆汉诺夫斯基之间的一笔交易：

---

① S. Kutscheroff, "Administration of Justice under Nicholas I of Russia," p. 131.

② S. Kutscheroff, "Administration of Justice under Nicholas I of Russia," p. 131.

③ S. Kutscheroff, "Administration of Justice under Nicholas I of Russia," p. 130.

④ S. Kucherov, *Courts, Lawyers and Trials under the Last Three Tsars*, p. 7.

⑤ S. Kutscheroff, "Administration of Justice under Nicholas I of Russia," p. 131.

⑥ S. Kutscheroff, "Administration of Justice under Nicholas I of Russia," p. 131.

法官：哦，安东·安东诺维奇，你认为什么是小过失？有种种不同的过失。我可以公开地对大家说，我受贿，可是我受的是什么贿啊？不过是几条小猎狗。这完全是另外一回事。

县长：不管是小狗还是别的什么，反正受贿就是受贿。

法官：不对，安东·安东诺维奇。譬方说吧，要是有人收下一件价值五百卢布的皮大衣，还给他太太弄到一条被巾。①

腐败对俄国司法产生了极为恶劣的影响。滥用司法权、破坏司法公正是司法腐败的实质，司法腐败在一定程度上蔓延于司法领域并成为俄国司法改革中必须要解决的问题。从俄国司法的运作过程来看，在审前调查、审判等阶段都存在司法腐败现象。司法是主持社会公平与正义的最后一道防线，是社会公平与正义的守护神。司法权的行使不仅是依法解决社会纷争的过程，也是向当事人及公众昭示社会公平与正义准则的过程。公正的司法对社会公平与正义观念的形成及民众对国家法律、国家制度产生坚定的信念有着决定性的影响。而司法腐败却使这一切大受影响，它不仅侵害俄国臣民的基本权利，还使社会丧失对政府的信任感，给社会带来不稳定因素。如果执法人员不能秉公执法甚至执法犯法、贪赃枉法，老百姓就会失去对法律的信任。19 世纪俄国科学院院士 A. A. 尼基坚科曾说："腐败的盛行导致人们缺乏一种荣誉感和正义感。"②

第三，司法管理效率低下，制约了司法管理水平的提升。

1864 年之前，俄国司法中存在的一个突出问题是案件积压率太高。据统计，到 1864 年司法改革前，俄国法院共积压了 16.7 万份案件。在积压的案件中，平均每个案件的积压时间为 4 年。其中，参政院审理的案件积压时间为 4 年半，一审和二审法院通常是 3 年半。从 1830 年到 1864 年，俄国法院案件积压率呈逐年上升的态势。③ 有些案件甚至积压

---

① 《果戈理选集》第二卷，人民文学出版社，满涛译，1984，第 251 页。
② S. Kutscheroff, "Administration of Justice under Nicholas I of Russia," p. 131.
③ 〔俄〕鲍里斯·尼古拉耶维奇·米罗诺夫：《俄国社会史：个性、民主家庭、公民社会及法制国家的形成》（下卷），第 47 页。

了几十年。司法效率的低下大大影响了俄国司法的发展，也为行政权力干预司法和腐败提供了机会。

首先，改革前俄国司法管理效率低下与这一时期实行的法定证据制度有密切关系。按照这种证据制度，所有的证据可以分为"充分证据"和"不充分证据"两种。充分证据主要是犯罪嫌疑人的招供、专家的证言以及两位值得信赖的证人内容一致的证言。而不充分证据包括证人单方面的证词、谣言及其他一些证据。由于法律规定的模糊性，法官在审理案件时，难以确定已有的证据是否完全充分。在这种情况下，法官既不能宣布犯罪嫌疑人有罪，也不能宣布犯罪嫌疑人无罪，案件就这样被拖延了下来，因此有些案件的积压是因为充分证据不足。19 世纪俄国法学家 M. П. 茹宾斯基通过统计研究指出，在这些久拖不决的案件中，只有 12.5% 的案件最终做出了有罪判决，无罪宣判的比重也相当低，大多数人甚至一辈子都是犯罪嫌疑人。[①]

其次，改革前俄国复杂的司法诉讼模式也是导致司法效率低下的一个重要原因。自女皇叶卡捷琳娜二世以来，前文提及的"法律至上"原则影响着俄国司法界。按照这种理论，法官在审理案件时如果遇到法律条文不清楚或法律有遗漏的情况，其不能根据自己的法律常识对案件做出裁决，而是要将案件相关情况提交到参政院，由参政院提交国务会议讨论，最后经沙皇批准，才能对案件做出判决。如果我们再考虑改革前俄国糟糕的交通状况的话，就可以想见这种模式给案件审理带来的影响。19 世纪俄国著名法官、法学家 A. Ф. 科尼对这种诉讼模式的复杂性有过描述。如果诉讼双方中的任何一方对一审法院的判决不服，可以向省级法院提出上诉；如果诉讼一方不服二审法院的裁决，可以上诉到参政院；如果参政院处理上诉的部门无法就案件裁决达成一致，案件将提交到参政院总委员会审理；如果总委员会 2/3 的人未能就案件裁决达成一致意见，案件将移交至司法部顾问委员会审理；司法部顾问委员会提出自己的参考意见后，案件重新发回参政院总委员会审理；如果总委员

---

① S. Kutscheroff, "Administration of Justice under Nicholas I of Russia," p. 137.

会 2/3 的人还是未能达成一致意见，那么案件将转送至国务会议秘书处；如果秘书处无法裁决的话，案件将提交国务会议大会讨论。国务会议大会讨论的结果经沙皇批准才能最终生效。① 在这种复杂的诉讼模式中，要做出终审判决是相当困难的。亚历山大·赫尔岑曾讲述过一个关于维特贝格案件的例子，这个案件拖了十年，刑事法庭确认的各条罪状，被最高法院推翻了；刑事法庭否定的，最高法院却看作罪状；国务会议则认为一切罪状均属事实。皇上"享有君主的最高特权，可以赦罪，也可以减刑"，在判决书上做了批示：流放维亚特卡。②

再次，改革前俄国司法效率低下也与法官专业素质低下有关系。1864 年之前，俄国法官多数是选举产生的，他们缺乏基本的法学知识。有学者指出，大多数法官是文盲或只是识字而已，这种情况在县法院相当普遍。A. Ф. 科尼指出，19 世纪 40 年代早期，作为俄国最高法院的参政院，只有 6 名参政员受过大学教育。③ 据尼古拉一世时期长期在司法部担任要职的 A. M. 科尔马科夫回忆，有一天司法部大臣 B. H. 潘宁来到圣彼得堡的一家地方法院，他发现法院里面只有一名手拿扫帚的男子。B. H. 潘宁问，法官在吗？该男子说法官今天没来。B. H. 潘宁又问，那陪审员呢？他说，我就是啊！B. H. 潘宁看了看这位男子，惊讶地喊道，你？……你？……然后再没说什么就离开了。④ 县法院作为一审法院是整个司法体系中最为重要的机构，而法官素质的低下使秘书成了法院中最重要的成员，法官主要依靠有较多法学知识的秘书来裁决案件。通常情况下，法院秘书根据警察提供的调查资料，将自己认为重要的证据材料摘录出来，并将与这一案件有关的法律条文整理出来，然后根据这些材料拟订一份判决草案，最后将这些材料一并提交到法官席，多数法官不过是在提前拟定好的判决书上签字而已。这种情况不仅为司法腐败创造了条件，也大大降低了司法管理的效率，法院秘书多数情况

① S. Kutscheroff, "Administration of Justice under Nicholas I of Russia," pp. 135 – 136.
② 〔俄〕赫尔岑：《往事与随想》（上册），项星耀译，人民文学出版社，1993，第 307 页。
③ S. Kucherov, *Courts, Lawyers and Trials under the Last Three Tsars*, p. 3.
④ S. Kutscheroff, "Administration of Justice under Nicholas I of Russia," p. 129.

下都忙不过来，这也是人们要向秘书行贿以加快案件审理速度的原因。据统计，久拖不决的案件中有 26% 与一审法院拖延审理有关。①

最后，警察侦查的低效率也是司法效率低下的一个重要原因。②

马拉松式的诉讼过程，旷日持久的司法审判，不仅有损司法机关的公信力，还为影响司法公正的腐败打开了方便之门，使弱者得不到保护，使法律威信大打折扣，使正义迟到甚至缺席。莎士比亚借哈姆雷特之口甚至将"法律之迁延"称作人世间的苦难之一。

第四，审判过程的秘密性使司法不公正大行其道。

司法改革之前，法院的审判是不公开的。"法院是在静悄悄的办公室中审理诉讼案的。"③ 这与俄国当时实行的纠问式诉讼模式有很大关系。如前所述，俄国自彼得一世以来就用纠问式诉讼模式取代弹劾式诉讼模式。纠问式诉讼是"社会控制式"，即将刑事诉讼作为控制社会的一个重要手段或工具。这种模式必然会导致"权大于法"的现象出现，为警察机构等权力机构干预司法审判创造了条件。关键是在纠问式诉讼模式中，审判过程是秘密的，"这种秘密的和书面的司法程序体现了一个原则，即在刑事案件中，确立事实真相是君主及其法官的绝对排他的权力"④。秘密意味着审判的整个过程基本上是封闭的，案件的审理不向社会公开，甚至诉讼当事人也不能参与案件的审理。在这种封闭状态下审理案件，被告人只会沦为诉讼的客体，毫无诉讼权利可言。法院的法官完全根据警察的调查结论做出判决，法官甚至都没见过犯罪嫌疑人。这样，审判过程的秘密性就为司法专横和擅断提供了庇护所，同时也强化了审判的恐怖和威胁作用，易滋生腐败。

同时，在纠问式诉讼模式下，法官集起诉和审判职能于一身，是唯

---

① 〔俄〕鲍里斯·尼古拉耶维奇·米罗诺夫：《俄国社会史：个性、民主家庭、公民社会及法制国家的形成》（下卷），第 48 页。

② 〔俄〕鲍里斯·尼古拉耶维奇·米罗诺夫：《俄国社会史：个性、民主家庭、公民社会及法制国家的形成》（下卷），第 48 页。

③ 〔苏〕涅奇金娜主编《苏联史》（第二卷第二分册），生活·读书·新知三联书店，1959，第 132 页。

④ 〔法〕米歇尔·福柯：《规训与惩罚：监狱的诞生》，刘北成、杨远婴译，生活·读书·新知三联书店，2003，第 39 页。

一在法院享有各种权利的人，被告在诉讼中只是被拷问、被追究的对象，只有供述的义务而无辩护的权利，审判机关可以用强制方法逼其供述。可见，在纠问式诉讼模式中，控、审职能不分，不存在司法辩护。由于缺乏辩护，法官享有全权，加上审判过程的秘密性，司法不公正现象极其普遍。

司法审判程序的秘密性也意味着公众无法监督司法的运行。19 世纪上半期，俄国各类杂志都没有报道过有关同时代司法诉讼的事情，甚至在亚历山大二世上台之后，司法部也严禁各类报刊提及秘密的司法审判过程，司法部大臣 B. H. 潘宁甚至将公开的审判看作会给社会带来不安定因素的颠覆性力量。①

远离公众的监督，缺乏检察机构的约束，没有司法辩护，这一切都会导致法院滥用权力，严重影响司法的公平与效率，这就是 1864 年改革之前俄国的司法状况。秘密的审判程序，法定证据制度的实行，复杂的诉讼程序，行政对司法的干预，低下的司法管理水平，普遍存在的司法腐败等使改革前俄国的司法其实成了一场关于公平与正义的闹剧。正如亚历山大·赫尔岑所言，俄国法院和警察的无法无天、残暴、专横和腐败，真是一言难尽，以致老百姓进了法院，怕的不是依法惩办，而是审讯过程。他们但愿快点被送往西伯利亚——惩罚开始之时也就是折磨告终之日。② 改革前俄国的司法甚至令斯拉夫派代表人物 И. С. 阿克萨克夫得出了这样的结论，"一想起旧式的法院，人就有一种毛骨悚然的感觉"③。

针对这种情况，沙皇尼古拉一世也曾想办法要改善，1833 年在国务会议的一次讲话中，沙皇说道，"我想要抓的主要问题是司法。我年轻的时候，就听说过司法的腐败及缺陷"。后来在调查圣彼得堡的一件案子时，尼古拉一世愤怒地指出，"令我感到耻辱的是，司法的混乱竟然

---

① *И. В. Гессен*，Судебная Реформа，с. 32.

② 〔俄〕赫尔岑：《往事与随想》（上册），第 205 页。

③ S. Kutscheroff, "Administration of Justice under Nicholas I of Russia," p. 135.

出现在我的眼皮子底下"①。虽然对俄国司法的现状深感不满，但尼古拉一世在位期间除了为俄国编撰出了一部完整的法典外，俄国司法体制没有发生任何实质性的变革，而司法中暴露出的问题则愈演愈烈。俄国司法体制中存在的严重弊端，进一步凸显了进行全面改革的必要性和紧迫性。

二 1861 年农奴制的废除与俄国的司法改革

1861 年，沙皇亚历山大二世签署《解放法令》，正式废除了俄国的农奴制度，数千万农奴从此获得了人身自由和小块份地。这一改革在俄国历史上具有伟大的历史意义，被认为是自法国大革命之后世界历史上最伟大的社会运动。农奴制度是沙皇专制制度的基础，而农奴制度的废除必然会改变俄国的政治和经济结构，改革最终引发了一系列连锁反应，俄国开始了历史上一个社会和经济大变革时期。从这个角度来讲，1864 年司法改革与农奴制的废除密切相关。正如 1864 年司法改革的起草者 С. И. 扎鲁德尼所言，"如果没有农民的解放，沙皇也不可能签署 1864 年司法改革法令"②。

首先，农奴制废除后农民法律地位的变化需要司法领域做出相应的调整。在农奴制度下，地主对农奴拥有一切权力，包括司法权。"法律赋予了地主不经过法庭审讯便可以自行把农民送往西伯利亚流放、服苦役或服兵役的权利。地主（或是他们的管家）有权干涉农民的个人生活并占有其财产。地主俨然是'农民的警察局长'。"③ 因此，在改革前俄国的等级法院体系中，政府根本就没有为农奴单独设立法院。随着 1861 年俄国农奴制度的废除，农民获得了解放，他们已不再是地主的私有财产，他们有权离开土地，有权拥有财产，有权以自己的名字进行诉讼、立契等。农奴制的废除赋予解放后的农民以较大的自由权利，这样以农

---

① S. Kutscheroff, "Administration of Justice under Nicholas I of Russia," p. 134.

② S. Kucherov, *Courts, Lawyers and Trials under the Last Three Tsars*, p. 22.

③ 〔俄〕鲍里斯·尼古拉耶维奇·米罗诺夫:《俄国社会史: 个性、民主家庭、公民社会及法制国家的形成》（上卷），第 405 页。

奴制度等为基础的俄国司法体系不可能继续维持下去。因此，农奴制的
废除进一步提出了司法改革的要求，建立更为完善的司法体系迫在眉
睫。正如俄国学者 Г. А. 季安谢耶夫指出的，在农奴制度下，俄国人不
可能有"公民权利"。随着 1861 年农奴制的废除，建立保障人民权利的
独立法院就迅速提上了议事日程。①

其次，农奴制废除后俄国社会经济的变化为司法改革奠定了基础。
1861 年农奴制的废除扫除了俄国资本主义发展的障碍，为俄国经济的发
展奠定了坚实的基础。随着经济的发展，俄国的社会结构也发生了新的
变化，俄国社会中出现了一些新的社会阶层，以工商贵族和富农为主的
资产阶级力量日益壮大，他们要求从法律上保护自身的既得利益；沙皇
政府从调和各阶层利益、稳定社会秩序、促进资本主义发展的角度出发，
也必须进行司法改革。美国学者 W. G. 瓦格纳指出，"1861 年农奴制的废
除，农村劳动力的转移，手工生产的扩大，日渐发展的工业化与城市化，
教育的发展，各专业职业群体的出现等都为司法改革创造了条件"②。

与此同时，随着农奴制的废除，贵族阶层也转变了对司法改革的态
度。1861 年后，由于不再拥有农奴，贵族的经济地位受到了较大的冲
击。在这种情况下，贵族一改过去反对司法改革的态度，转而将司法改
革作为从法律上维护自身权利的基本手段，贵族的支持大大减小了司法
改革的阻力。有学者指出，1861 年后，贵族将公平的司法体制看作保护
他们基本权利的一种手段。法院不再是保证人民服从法律的司法机构，
而是保护他们作为财产所有者利益的重要场所。正因如此，腐败、低效
的旧式法院成了他们批评的主要对象，如何进行有效的司法改革成了农
奴制废除后多数贵族关心的主要问题。③

随着经济的发展，人与人之间的财产关系、婚姻关系、土地占有关系
等都需要新的司法来加以调整。以往沙皇所推行的司法改革着重解决的是
公法的问题，忽视私法关系，现在随着经济的发展和社会的转型，如何协

① Г. А. Джаншиев, Эпоха Великих Реформ: историческия справки, с. 378.
② W. G. Wagner, *Marriage, Property, and Law in Late Imperial Russia*, p. 2.
③ Richard S. Wortman, *The Development of a Russian Legal Consciousness*, p. 254.

调俄国社会中的私法关系成为沙皇政府迫切要解决的问题。

最后，农奴制废除所释放出的一种改革精神，推动了司法改革的发展。农奴制的废除令俄国人信心倍增，无论是开明官僚，还是受过教育的年轻人，都对俄国美好的未来充满希望。王是沙皇政府的改革决心使更多的人为改变俄国的落后局面而努力工作。司法改革正是在这样一种精神氛围中决定并实施的。从这个角度来讲，农奴制度的废除为司法改革的推行提供了精神动力。正如 Г. А. 季安谢耶夫所言，"农奴制废除后，自由和人道的精神在俄罗斯上空徘徊"[1]。

三 开明官僚与 1864 年司法改革的准备

一提起官僚制度，人们自然会想到腐败、官僚形式主义。官僚制也往往会导致低效率与失调，缺乏人文关怀，甚至有人指出官僚制是人类自己制作的"枷锁"。尽管人们经常批评官僚制度，但目前世界上还没有任何一个国家创设出新的能取代官僚制的组织形式。当被官僚形式主义困扰时，我们会产生废除烦琐的法规或摒弃无聊的官僚的想法，但当我们真正要废除官僚制时，却发现无论是那些烦琐的法规还是令人讨厌的官僚都有各自存在的理由，我们能做的只是改善执行政策的机构及其人员。虽然官僚制有太多的缺点，我们讨厌官僚，却离不开官僚。

通过对西方文官制度的历史进行梳理，我们就会发现官僚制已成为许多国家和大型组织的基本组织原则。正如有些学者指出的，官僚制度是一种"在大型组织中对工作进行控制和协调的组织原则"[2]。早在 19 世纪末英国人就认识到"对英国最稳固、最持久、最强大的影响，是众多终身官员的影响"[3]。俄国历代沙皇实际上是靠不断强化的官僚体系来管理国家的。因为国家政策必须依靠官僚来执行，连沙皇尼古拉一世也认识到了这一点，他有一句名言："科长们领导着俄罗斯。"在中央集权

---

① *Г. А. Джаншиев*，Эпоха Великих Реформ：историческия справки，c. 378.

② 〔美〕彼得·布劳、马歇尔·梅耶：《现代社会中的科层制》，马戎等译，学林出版社，2001，第 2 页。

③ 金自宁：《作为中介的官僚和官僚制——从一种特殊的视角考察》，《政治与法律》1998 年第 3 期，第 50 页。

制国家，官僚扮演着必不可少的中介者角色，对执政者来说，官僚是其意志强有力的推行者；对普通民众来说，官僚则是民意的可能表达者，最高统治者一般是通过官僚的报告来了解国家各方面的基本情况。在现代社会，由于社会、经济和政治事务日趋复杂化，官僚在国家管理中所发挥的作用更加突出。

俄国官僚制度是随着俄罗斯中央集权制国家和沙皇专制制度的建立而逐步发展起来的。[①] 19世纪早期，亚历山大一世统治时期部体制的建立标志着俄国官僚制度走向完善。到尼古拉一世统治时期，俄国官僚制度已经发展成一个相对专业化的组织体系，官僚机构内部形成了一套相当正规的任职、选拔规则，官僚制度的等级化、体系化等特征已经成型。与此同时，俄国官僚的教育水平也在不断提高。亚历山大一世规定：凡要求晋升八等文官者，必须持有大学毕业证书或参加相应水平的考试。尼古拉一世除坚持亚历山大一世的政策外，还开办了一些专门的学校，对官吏进行岗前培训或在职培养，有些学校直接成了官僚的输送地，如1811年成立的皇村高级中学。1834年颁布的《文职晋升条例》对不同教育水平晋升期限的规定再次显示出教育的重要性。正是教育的发展和一系列法令的颁布使官僚阶层的文化水平有了较大的提高，这在中上层官吏中表现得尤为明显。如在上层官吏（一至五等）中，1800～1809年，56个官吏中受过高等教育的仅为14%；而到1840～1855年，5个官吏中就有4个人受过高等教育，占80%。[②] 官吏尤其是中上层官吏教育水平的提升大大提高了政府的决策水平和管理能力。

正是在俄国官僚制度的变革过程中，19世纪三四十年代，一批在皇村高级中学、帝国法学院、莫斯科大学及其他一些大学受过正规教育的毕业生进入官僚机构。这些年轻官僚家庭出身虽然比较贫穷，但教育水平较高，对俄国当时的社会状况有较为深入的了解。他们最初被派往基

---

① 郭响宏：《十九世纪早期俄国官僚制度与官僚阶层问题述论》，《陕西教育学院学报》2006年第2期，第58页。

② W. M. Pinter, "The Evolutionof Civil Officaildom, 1775－1855," in W. M. Pinter, D. K. Rowney eds., *Russian Officialdom*: *The Bureaucratization of Russian Society from the Seventeenth to the Twentieth Century*, N. C. : The University of North Carolina Press, 1980, p. 223.

层去详细研究俄国的实际状况，而不是一开始就被溺死在形式主义的海洋中，正是这批人构成了俄国开明官僚的主体。他们中的主要代表人物有 A. 扎布洛茨基、H. 米留金和 C. 扎鲁德尼等。这批人从 19 世纪三四十年代出现以来，经历了从熟悉俄国的社会状况，到壮大自己的势力，进行初步的改革试验，直到最后制定改革的实施方案这样的发展过程。开明官僚成了亚历山大二世实施大改革的中流砥柱。当然，这些人也得到了当时沙皇政府一些高级官吏的提拔和重用，比如国有财产部大臣 П. 基谢廖夫、Д. 布鲁多夫和 Л. 佩罗夫斯基等。这些高级官僚的支持为开明官僚影响大改革的进程创造了条件。其中 C. 扎鲁德尼对俄国司法改革的成功起到了至关重要的作用。

C. 扎鲁德尼出生在一个没落的贵族家庭，童年在农村度过，对农奴生活有比较深入的了解。尽管家庭贫穷，但他父亲认为上学是儿子发展的唯一出路，所以 C. 扎鲁德尼自小就从他父亲那儿学习了法语、意大利语、德语和英语，在离家上学以前就已经能流利地说法语和意大利语。后来 C. 扎鲁德尼进入哈尔科夫大学学习，获得数学学士学位。1842 年，由于未能在布尔科瓦天文台申请到一个职位，他转而进入行政机构，成为司法部办公室的一名秘书。在这种无聊的书记员式的工作中，他证明了自己的能力。不到 6 个月的时间，C. 扎鲁德尼就成了司法部办公室主任的高级助手，加上扎实的专业功底和出众的分析问题的能力，他迅速赢得了"法学专家"的称号。

1843 年，陛下办公厅第二厅主任 Д. 布鲁多夫决定调查俄国民法在现实中的执行情况，并要求司法部大臣 B. H. 潘宁收集司法官员对法律实际执行状况的意见。当官员们的报告送达司法部办公室时，B. H. 潘宁派 C. 扎鲁德尼对这些报告进行整理，然后把主要观点摘录下来并加以归纳，提交给 Д. 布鲁多夫。虽然这是一件琐碎的工作，但他不仅成功地完成了整理工作，还成了一个对俄国民法的弊端有着全面了解的专家。司法部成了 C. 扎鲁德尼补充法律知识的地方，几年后他甚至比法学院的毕业生还精通俄国法律。1847 年，C. 扎鲁德尼接替 M. 赖滕（未来的财政部大臣）担任司法部民法司的司长。同年夏天，他出国治疗眼疾，治病期间他常去当地的城市法庭，扩充自己的法律知识。回国后不久，他就因准备清晰而准确的法律报告而备受司法部大臣 B. H. 潘宁的钟爱，B. H. 潘宁曾说，"如果我再有一次生命的话，我能用 C. 扎鲁德尼的方式提交一份报告或写一份建议，那我一生也没白活"[1]。1849年，C. 扎鲁德尼已成为司法部顾问委员会的高级法律顾问，许多高级官员经常向他咨询相关的法律难题。后来，C. 扎鲁德尼利用他在司法部的有利地位，把一批从法学院毕业并有才能的年轻人征召进他所主管的机构，然后给他们分配一些任务，并敦促他们提出司法改革计划。这些人包括：法学院毕业生 Д. A. 罗辛斯基，他以前是一名省检察官，后来因揭露俄国糟糕的监狱状况和非法的调查方法而名声大振，他还支持审判公开及引入陪审制；K. П. 波别多诺斯采夫[2]也是法学院的毕业生，他主张改革诉讼模式；H. 布茨科夫斯基，以前在司法部和参政院任过职，熟读欧洲的法律，主张给予被告以平等的诉讼权利；A. M. 普拉夫斯基，大学毕业生，以前在国务办公厅任职，主要负责起草司法机构改革草案；A. П. 维林巴赫夫是一名法学教师。[3] 在 1864 年司法改革中，正是这些年轻人发挥了主导作用。

这些人都是受过良好法学教育的大学生，特别熟悉欧洲的法学思想和司法实践。他们不仅尊重法律，也尊重司法机构以及执行法律的法官。他们对于司法的尊重，以及对俄国司法现状的深入了解使他们不可能与现有的体制共处。他们批评法院工作的形式主义、秘密审判及法定证据制度。他们对法官完全按照法律条文来审理案件和行政机构过多干预司法事务感到极为不满。正是在这种背景下，他们开始了变革俄国司

---

① W. B. Lincoln, *In the Vanguard of Reform: Russia's Enlightened Bureaucrats, 1825 – 1861*, DeKalb: Northern Illinois University Press, 1982, p. 63.

② 关于 K. П. 波别多诺斯采夫，这里要做一个简单介绍。K. П. 波别多诺斯采夫（1827 ~ 1905）是亚历山大三世和尼古拉二世统治时期较有影响力的大臣之一。他曾就读于圣彼得堡奥登堡法学院，对俄国民法和司法制度有一定研究。他为 1864 年司法改革计划的制定做出了贡献，后来逐渐变成了一个保守的政治哲学家和官僚。参见 *K. P. Pobedonostsev*, http://www.britannica.com/EBchecked/topic/465622/Konstantin-Petrovich-Pobedonostsev，最后访问时间：2021 年 3 月 20 日。

③ Richard S. Wortman, *The Development of a Russian Legal Consciousness*, p. 258.

法的工作。

总之，这一时期出现在俄国政治舞台上的开明官僚了解当时的社会现状，熟悉俄国的历史和欧洲国家的经验。他们充满希望，相信通过和平、渐进的改革能实现俄罗斯的强大。但问题的关键在于，在俄国这样一个专制的国家，任何改革必须得到沙皇的支持，开明官僚必须寻找有效的途径来影响沙皇的政策走向。在推动沙皇亚历山大二世决定性地走向改革的过程中，沙皇的近亲康斯坦丁·尼古拉耶维奇大公和大公夫人叶莲娜·帕芙罗夫娜发挥了重要的作用。他们两个人支持开明官僚的主张，并通过实际的改革将开明官僚的主张融入国家的决策之中。

康斯坦丁·尼古拉耶维奇生于 1827 年，是沙皇尼古拉一世的次子，亚历山大二世的弟弟。大公自小就开始接受系统的学习和训练，尼古拉一世希望他能在海军方面有所发展，实现他恢复海军强国的梦想。1832年，一位来自波罗的海的德国裔海员 F. 里特凯上尉负责向年仅 4 岁的大公讲授有关海军方面的知识。作为一名优秀的探险家、物理学家和地理学家，最重要的是作为一名尽职尽责的海军上尉，F. 里特凯能够胜任这份工作。他首先培养大公对海军的热情和对俄国的爱。在 F. 里特凯的严格教育监督之下，大公成长为一名有素养的、才华出众的年轻人。他听过俄国许多知名学者的课，科学院院士海因里希·楞次教他数学和物理，诗人茹科夫斯基教他俄语语法和俄罗斯文学，科尔弗伯爵教他统计学和法律。从某种程度上说，尼古拉一世把儿子培养成一名优秀海军将领的目标实现了。1845 年大公就开始调遣海军舰艇，到 1878 年，他在海上总共度过了 1375 个日夜，超过罗曼诺夫王室中的任何一个人。但康斯坦丁·尼古拉耶维奇大公是作为一名政治家和杰出的改革家而不是海军将领载入史册的，被誉为"沙皇家族口的伊索"[1]。他的国务活动影响了亚历山大二世时期的政策走向。

1845 年，康斯坦丁·尼古拉耶维奇大公被任命为帝俄地理协会的名誉主席，这标志着他参与俄国政治的开始，他最终成为一名支持改革的

---

[1] 李桂英：《论亲王康斯坦丁·尼古拉耶维奇在 1861 年改革中的作用》，《长春大学学报》2009 年第 7 期，第 73 页。

政治家而活跃在政治舞台上。但在帝俄地理协会，由于只是名誉主席，大公发挥的作用并不大。直到被任命为海军部委员会主席来修订俄国古老的海军法规时，他才开始把一些开明官僚征召进他领导的委员会，如戈洛夫宁（后来担任教育部大臣）、М. 赖滕（未来的财政部大臣，也是一名皇村高级中学的毕业生）、Д. Н. 扎米亚特宁（后来担任司法部大臣）和 Д. 托尔斯泰（海军部办公厅主任）等。值得注意的是，大公和这些开明官僚在大改革前夕已经组成了所谓的"康斯坦丁圈子"，开始讨论关于大改革的重要问题。大公在海军部首先赋予中层领导以决策权，并给予他们极大的信任。与其他官僚不同的是，大公从不担心这些人有一天会威胁到自己的地位，这给许多处在中层领导岗位上的开明官僚提供了一个锻炼自己能力的机会。同时大公认为，俄国海军部中大部分官员因年龄、体质等问题而不能适应新的形势，所以有必要把大批互相支持和理解的、精力充沛的年轻官员征召进来，以便让他们在提高行政管理效率方面发挥更积极的作用。

在征召大批年轻官僚的同时，大公还展开关于海军法规改革的讨论，并由此进一步扩大到俄国内政改革的问题上。他要求无论是报告还是讨论提要，都要避免形式主义，大公曾写道："我不需要过分的赞誉，而是事实，特别是关于行政管理各个领域缺点的诚实而又有合理分析的报告。"[1] 为进一步扩展他们的观点，海军部出版了《海军手册》。《海军手册》在俄国国内较早地展开了关于公共教育改革、司法改革、废除肉体刑罚和其他重要问题改革的讨论。同时为了改变俄国海军管理混乱的局面，大公决定在海军内部进行司法改革。为此他派一些年轻的开明官僚到欧洲去考察，研究欧洲的海军司法体系和普通法院的运转情况。当 1857 年国务会议讨论司法改革的建议时，他的属下就俄国的司法改革问题提出了具体而切实的建议，对司法改革的准备产生了重要影响。[2] 正是在大公康斯坦丁·尼古拉耶维奇的保护之下，一批开

---

[1]　W. B. Lincoln, *In the Vanguard of Reform: Russia's Enlightened Bureaucrats, 1825 – 1861*, p. 146.

[2]　Richard S. Wortman, *The Development of a Russian Legal Consciousness*, pp. 215, 246.

明官僚在海军法规的改革中得到了实际的锻炼，而且海军部也给他们提供了一个公开讨论有关改革建议的机会。[1] 问题在于，由于大公是沙皇亚历山大二世的弟弟，这种特殊关系使开明官僚的观点很容易通过开明的大公传达到亚历山大二世那儿，从而坚定性格犹豫的亚历山大二世对改革的信心。

叶莲娜·帕芙罗夫娜于 1806 年出生，自小受过系统的教育，1820 年被选定为大公米哈伊尔·帕夫罗维奇（保罗一世的儿子）的未婚妻。当她 1823 年到圣彼得堡时，就曾宣称"在这儿我感到已经在真正的祖国大地上落脚了"[2]。为深入了解这个陌生的国家，在来俄国之前叶莲娜·帕芙罗夫娜就已开始学习卡拉姆辛的《俄罗斯国家史》。她的婚姻是不幸的，由于她丈夫崇尚严格的军营生活，在家里经常虐待她，平时她还常受到皇后玛丽亚·费奥多罗夫娜的批评与讽刺，更令她感到悲伤的是，她的孩子只有一个活到了成年，其他的都夭折了，这都加剧了她生活的苦难。由于生活不幸，她宁愿在阅读、艺术及慈善事业中寻求慰藉，而不愿参与宫廷斗争。叶莲娜·帕芙罗夫娜赞助伟大的艺术家 A. 鲁宾斯坦因出版艺术作品，支持俄国探险家波坦宁到亚洲探险，帮助斯科列比茨基出版关于废除农奴制的著作。不过，大公夫人的兴趣并不局限于此，随着知识面的拓展，她对国家事务和当时困扰俄国知识界的问题产生了浓厚的兴趣。她紧紧追随斯拉夫派和西方派的争论，广泛阅读俄国地理方面的著作，长期向统计学家阿谢尼耶夫学习统计学方面的知识。尼古拉一世将她称作"我们家族圈子中的学者"。正是这种浓厚的兴趣促使大公夫人把许多著名的政治家和学者邀请到她的沙龙中来讨论一些重大的问题。Ⅱ. 基谢廖夫、兰斯科伊、科尔弗伯爵、王公 Д. 奥勃林斯基、尼古拉·米留金、A. 戈洛夫宁、司法部大臣 B. H. 潘宁和陛下

---

① 参见 A. J. Violette，"Judicial Reforms in the Russian Navy during the 'Era of Great Reforms'：The Reform Act of 1867 and the Abolition of Corporal Punishment," *The Slavonic and East European Review*，Vol. 6，No. 4（Winter 1978），pp. 586 – 603。

② W. B. Lincoln，*In the Vanguard of Reform：Russia's Enlightened Bureaucrats*，1825 – 1861，p. 149.

办公厅第二厅主席 Д. 布鲁多夫等都是她沙龙的常客。① 叶莲娜·帕芙罗夫娜同这些官僚讨论俄国正在恶化的形势，不断向他们询问官僚制的本质和他们对于改革的态度，以及行政机构中其他进步年轻人的情况。在此期间，她努力寻求大公康斯坦丁·尼古拉耶维奇的支持与帮助，她要求大公不要把自己的工作局限在海军部，而是要更广泛地参与国家事务。许多开明官僚都把自己关于改革的计划送到大公及其夫人叶莲娜·帕芙罗夫娜那儿，希望这些建议能影响亚历山大二世。据王公 Д. 奥勃林斯基回忆，经他之手送到他们两人那里的计划装了两大箱子。铁路发展、财政改革、司法改革、农奴制及军队改革都是这些计划关注的主题。②

1856 年，大公夫人叶莲娜·帕芙罗夫娜出国疗养。在国外，她不仅同圣彼得堡的开明官僚保持着密切的联系，还利用一切可能的机会讨论俄国当时所面临的问题。更重要的是大公夫人对沙皇亚历山大二世的影响。1857 年，沙皇亚历山大二世在西欧进行了一次短暂的旅行，在访问过程中沙皇同几个人讨论了农民改革问题，其中就有大公夫人叶莲娜·帕芙罗夫娜和 П. 基谢廖夫。再加上对农民事务秘密委员会的不满，沙皇回国后不久就任命开明官僚的支持者、大公康斯坦丁·尼古拉耶维奇担任农民事务秘密委员会主席，开明官僚对改革进程的影响进一步稳固了下来。

这样，到大改革前夕，开明官僚基本找到了变革俄国所需要的手段。他们在"康斯坦丁圈子"和大公夫人的沙龙中对国务问题进行了广泛的讨论，在大公的海军部参与司法改革，在大公夫人的领地上检验关于农奴制改革的计划。这一切，不仅使开明官僚进一步明确了在俄国如何实行改革的总体观念，还使他们具有了开展具体改革工作的初步经验。尤其是通过上述两个皇室成员的影响，开明官僚的改革观念得到了

---

① *А. П. Шестопалов*，"Великая княгиня Елена Павловна，" *Вопросы истории*，2001，№5，с. 76.

② W. B. Lincoln，"The Circle of the Grand Duchess Yelena Pavlovna，1847 – 1861，" *Slavonic and East Europe Review*，Vol. 48，No. 2（Summer 1970），p. 382.

沙皇的认可，这一点最为重要，因为在俄国，很难想象没有专制君主的支持能进行涉及面如此之广的改革。不仅如此，由于俄国贵族一直缺乏必要的主动性，加之开明官僚通过皇室成员对沙皇决策产生的积极影响，沙皇把关于如何进行社会和经济改革的讨论最终限定在官僚机构内部。这样一来，开明官僚在大改革中的领导地位得以确立。正如有些学者指出的，"改革是有知识的、忠心耿耿的所有人共同努力的结果……这些改革者不是革命者，实质上，他们是沙皇亚历山大二世专制权力的拥护者，他们十分清楚拯救俄国的根本方法"①。

　　总体来看，19 世纪上半期俄国司法体制中暴露出的问题凸显了全面改革司法体制的必要性，沙皇尼古拉一世虽然意识到了这一问题，但始终无法下定决心采取决定性的措施。1861 年农奴制废除所引发的链式反应，将司法改革的问题提上了议事日程。而成长于 19 世纪三四十年代的开明官僚势力的不断发展壮大，以及大公康斯坦丁·尼古拉耶维奇和大公夫人叶莲娜·帕芙罗夫娜所做的改革努力，进一步坚定了亚历山大二世进行司法改革的决心。接下来就是如何改革的问题了。

第二节　1864 年司法改革法令的颁布及创新之处

　　1855 年，沙皇亚历山大二世继位时，俄国正经历着克里米亚战争。克里米亚战争的失败使新沙皇面临着如何通过变革改变俄国落后面貌的压力。克里米亚战争结束之后不久，沙皇就提出了要进行包括改革农奴制在内的一系列改革主张。值得一提的是，他曾经两次提到司法问题。亚历山大二世指出，"在上帝的帮助之下，俄国民众的幸福将会实现；法院将体现公正与仁慈……在法律的保护之下，所有人都将享有平等的司法权利"②。这是沙皇要全面进行司法改革的信号，司法改革进入正式

---

① А. В. Павловская, "Александр Ⅱ как реформатор в Англо-Американской историографии," Вестн. Моск. ун-та. Сер. 8. История, №6, 1994, с. 48.

② Полное Собрание Законов Российской Империи（以下简称 ПСЗ）, Том. 31, Но. 30273, Санкт-Петербург, 1857, с. 131 – 132.

准备阶段。

一 沙皇政府内部围绕着司法改革问题展开的讨论

尼古拉一世时期，长期担任陛下办公厅第二厅主席的 Д. 布鲁多夫最先注意到了新沙皇要进行司法改革的动向。为了实现自己的改革主张，他又一次向亚历山大二世提出了司法改革的想法。1857 年 6 月，亚历山大二世命令 Д. 布鲁多夫向国务会议提交一份关于民事诉讼法改革的草案，以供大家讨论。沙皇还命令他提交一份解释自己法律草案的备忘录。Д. 布鲁多夫将自己以前的计划整理成两份文件，提交给了国务会议，这标志着俄国司法改革的正式开始。1857 ~ 1861 年，Д. 布鲁多夫先后提出了十四项司法改革计划，内容主要涉及民事诉讼、刑事诉讼和司法体制改革等，几乎涵盖了司法改革的方方面面。比如，Д. 布鲁多夫提出，改革应简化司法诉讼程序，专门为较为轻微案件的审理设立单独的法院，采取口头辩诉原则等。在刑事诉讼中由法官代替警察行使侦查权力，但继续保留法定证据制度，削减选举产生的法官数量等。Д. 布鲁多夫没有提出关于陪审制的改革建议，因为他认为俄国人民还没有为陪审制做好准备，所以俄国建立陪审制的环境还不成熟。[①] 但直到1862 年，Д. 布鲁多夫的建议仍未得到沙皇的认可，他逐渐失去了沙皇的信任，其建议只是人们讨论的对象，不再作为司法改革的基础。[②] 亚历山大二世之所以不支持 Д. 布鲁多夫，主要是因为国务会议的多数成员未就司法改革达成一致意见。不仅如此，Д. 布鲁多夫提出的许多计划使国务会议内部的分歧进一步扩大，也未能赢得其他大臣的支持，问题变得更加复杂。

对 Д. 布鲁多夫建议的批评主要来自两个方面。一部分人认为改革没有解决俄国司法的实质问题，改革过于保守，缺乏创新。来自海军部的 Д. 奥勃林斯基得到了大公康斯坦丁·尼古拉耶维奇的支持，他认为，Д. 布鲁多夫的改革计划只会使司法体制中存在的问题进一步恶化，也

① *Н. В. Давыдов*，*Н. Н. Полянский*，Судебная Реформа，Том. I，с. 291.

② Richard S. Wortman，*The Development of a Russian Legal Consciousness*，pp. 229 – 230.

就是说，这些建议只会产生表面上的变革，不会对俄国司法的改进产生任何实质性的影响。况且，这些建议模糊不清，根本不具备实施的可能性。①

参政员格里戈尔指出，Д. 布鲁多夫的改革计划过于狭隘。由于他的计划中没有关于审判公开性和辩护原则的规定，所以即使实行他的改革计划，被告仍然没有辩护权利。格里戈尔认为，Д. 布鲁多夫的错误在于没有认识到俄国已经变化了的环境需要对司法体制做重大的调整，因此 Д. 布鲁多夫的改革计划不会给俄国带来实质性的变革。"如果我们不引入对抗式诉讼，那么我们永远不会为改革做好准备；如果我们不建立律师协会，那么我们永远不会有好的律师。""为了彻底变革俄国的司法体制，为了保证司法体系的良好运转，必须要进行全方位的变革。与此同时，改革还要为未来陪审制的引入奠定基础。"②

有人批评 Д. 布鲁多夫过于保守，但也有人认为 Д. 布鲁多夫的改革计划过于激进。司法部大臣 В. Н. 潘宁一直反对 Д. 布鲁多夫关于改革司法体制的建议，在他看来，这些措施过于激进。这些改革一旦引入，会给俄国社会的稳定带来不利影响。③

当然，对 Д. 布鲁多夫改革方案的批评都有几分道理。Д. 布鲁多夫实质上是想在微调的基础上维持现有的体制，其实这使他的改革计划最终陷入困境之中。力主改革的人不赞成他的计划，认为他的改革计划过于保守，而主张维持现状的人也不买他的账。用批评者的话来说，他既是激进的，又是保守的。他提出在民事诉讼中引入口头辩诉，引入非正式的调解制度，却主张在刑事诉讼中继续保留法定证据制度。他一直认为俄国司法的主要问题在于法官素质低下，所以他希望所有的法官都是受过良好法学教育的大学毕业生，这样一来俄国司法管理的整体水平才会有大幅的提升，但他又担心废除法官选举制度会得罪贵族。他提出要简化法院组织，却未能清楚地认识到俄国法院效率低下的真正原因。他

① Richard S. Wortman, *The Development of a Russian Legal Consciousness*, p. 230.

② *Н. В. Давыдов, Н. Н. Полянский*, Судебная Реформа, Том. I, с. 297–298.

③ Richard S. Wortman, *The Development of a Russian Legal Consciousness*, p. 230.

提出在刑事诉讼中扩大被告的权利，并限制警察对司法的干涉，却并没有关于为被告提供辩护机会的内容。正是 Д. 布鲁多夫计划中存在的这些问题，导致国务会议对司法改革的讨论根本无法达成一致意见。一直到 1861 年，讨论依然没有取得实质性的进展。

虽然 Д. 布鲁多夫的改革计划未能得到大家的一致认可，但他提出创建治安法院的计划得到了沙皇的赞同。Д. 布鲁多夫认为，农奴解放即将进行，由此可能导致案件数量增多，所以应该建立治安法院。农奴解放后，农民中间出现各种矛盾冲突后，因为路途遥远，他们不愿意到县城去打官司，建立治安法院的目的就是解决这些人的法律诉求，因此，治安法院审理的都是犯罪情节较轻的案件。此外，治安法院多数可以通过法院调解的方式解决民事纠纷或刑事争端。Д. 布鲁多夫认为调解的方式符合俄国人接受和解的心理。① 亚历山大二世在批阅报告时认为这个主意不错。建立治安法院成为 1864 年司法改革的重要内容。

1861 年俄国农奴制废除之后，Д. 布鲁多夫的计划越来越不被重视。农奴的解放使如何迅速高效地完成司法改革成为一项紧迫的任务。正如内务部大臣 П. 瓦卢耶夫在给沙皇亚历山大二世的报告中所指出的，"为了减少欧俄正在发生的经济革命所产生的影响，必须鼓励创新，推动企业的进一步发展。而发展的主要障碍就是我们法院以及司法诉讼程序中存在的种种问题"②。

在这种情况下，沙皇亚历山大二世在司法改革的问题上做出人事调整，由国务办公厅秘书 В. П. 布特科夫接替 Д. 布鲁多夫全面负责司法改革草案的准备工作。В. П. 布特科夫认为，在进行司法改革草案的起草之前，应该先拟定司法改革的基本原则，这样，司法改革的准备工作才能有序展开。沙皇亚历山大二世也认为，Д. 布鲁多夫计划失败是因为缺乏一个纲领性原则的指导，因此应先制定出总原则，然后再拟定具体的改革草案。③ 1861 年 10 月 23 日，沙皇发布命令，就司法改革的准

---

① *Н. В. Давыдов，Н. Н. Полянский，Судебная Реформа，Том. I，c. 295.*
② *Н. В. Давыдов，Н. Н. Полянский，Судебная Реформа，Том. I，c. 302.*
③ *Н. В. Давыдов，Н. Н. Полянский，Судебная Реформа.，Том. I，c. 304.*

备工作做了明晰的规定。

（1）改革俄国司法体制的所有计划要考虑以前对这一问题的讨论，拟定的计划草案要提交国务会议讨论。关于未来司法体制改革的计划应当包括法院组织、民事诉讼、刑事诉讼以及从现有体制向新体制转变的过渡时期所应采取的措施。司法体制改革计划将是俄国未来司法发展的基本方向。

（2）国务会议就已经拟定的司法改革方案进行讨论，国务办公厅官员负责改革方案的制定，具体工作由国务秘书（В. П. 布特科夫）直接负责，Д. 布鲁多夫负责总监督。

（3）国务会议司法和民事事务联合委员会对改革方案讨论结束之后，讨论结果连同有关官员提出的意见和想法一同送交陛下审查。

（4）在国务会议总会议对这些新司法体制基本原则讨论结束后，陛下办公厅第二厅将以沙皇的批阅意见为基础，综合其他各方面的意见，完善司法改革的基本原则。

（5）在国务会议司法和民事事务联合委员会的监督之下，在第二厅主要成员特别是法学家的协助之下，利用法理学的知识和司法实践经验，国务办公厅秘书将最终确定改革方案。

（6）已经修改过的司法改革草案在国务会议讨论之后，最后提请沙皇陛下审批。①

沙皇所颁布的这一命令对俄国司法改革的进程产生了决定性的影响。沙皇在命令中明确提出改革要在明晰的基本原则的指导下进行，改革基本原则的制定对司法改革的有序推进有着重要的意义。此外，按照这一命令，司法改革的主导权控制在国务秘书 В. П. 布特科夫手中，名义上 В. П. 布特科夫是负责人，其实主要的工作是由他的副手 С. 扎鲁德尼完成的。以 С. 扎鲁德尼为代表的开明官僚真正掌握了司法改革的主导权，沙皇成了支持司法改革的坚强后盾。

同 Д. 布鲁多夫等人相比，В. П. 布特科夫小组的成员多数是对俄国

---

① *Н. В. Давыдов*，*Н. Н. Полянский*，Судебная Реформа，Том. I，с. 304 – 305.

司法有深刻认识的开明官僚。这些人都是大学毕业生，一部分人还受过良好的法学教育。斯托亚诺夫斯基、洛维斯基、К. П. 波别多诺斯采夫和 А. П. 维林巴霍夫都是帝国法学院的毕业生。达涅夫斯基、А. М. 普拉夫斯基、舒宾和 С. 扎鲁德尼是其他大学的毕业生。[①] 这些人除受过良好的教育外，多数在司法部门任过职，有着丰富的司法实践经历。简言之，В. П. 布特科夫小组由一批既熟悉俄国法律传统，又了解西方法学思想的人组成，他们为俄国司法中存在的弊端感到痛苦，对变革俄国司法满怀热情与希望。

1862 年 1 月，沙皇明确指出，司法改革的基本原则必须是"那些被科学所认可的，在欧洲国家已经实践过的，与俄国司法改革的方向相一致的原则"[②]。1862 年 1 ~ 4 月，В. П. 布特科夫小组为未来的司法改革拟订了六项计划，其实就是司法改革的基本原则，具体包括：民事诉讼基本原则；刑事诉讼基本原则；法院设置基本原则；刑事诉讼模式变革；从现有体制向新体制转变的临时措施；新法院建制及人员组成。[③]这些计划充分考虑了新任国务会议司法和民事事务联合委员会主席加加林提出的在司法改革中应用西欧法学理论和司法实践的建议。

1862 年 4 月 9 日，В. П. 布特科夫小组拟订的司法改革基本原则提交国务会议司法和民事事务联合委员会讨论。1862 年 4 ~ 7 月，联合委员会先后召开过 16 次会议来讨论这些基本原则。除了司法改革的基本原则之外，В. П. 布特科夫小组还在每条原则后面附加了较为详细的说明，以便让国务会议的成员更能理解这些原则的内涵。每次讨论结束之后，В. П. 布特科夫小组根据国务会议提出的意见对司法改革的基本原则进行修改完善，修改后的内容将在联合委员会下次会议上进行进一步讨论。最后，根据国务会议讨论的结果，В. П. 布特科夫小组修改完善了民事诉讼、刑事诉讼和法院组织原则，这些原则成了后来司法改革的指导原则。

---

① Richard S. Wortman, *The Development of a Russian Legal Consciousness*, p. 232.

② S. Kucherov, *Courts, Lawyers and Trials under the Last Three Tsars*, p. 23.

③ *Н. В. Давыдов, Н. Н. Полянский*, Судебная Реформа, Том. I, с. 312.

1. 民事诉讼改革的基本原则

根据 1862 年司法改革基本原则计划草案，民事诉讼改革应遵循以下基本原则。（1）司法权必须与行政权相分离。（2）民事诉讼遵循"不诉不理"的原则。（3）审判公开。（4）所有民事案件或在治安法院审理，或在区法院审理。区法院审理的所有民事案件都可以向省级司法合议庭上诉。（5）省级司法合议庭对民事上诉案件做出终审判决。当事人如果对省级司法合议庭的终审裁决不服，可以向参政院提出撤诉上诉。只有当参政院认为基层法院审理案件有程序错误或法律应用不当时，才能撤销终审判决。（6）民事案件或通过正常的法律诉讼程序做出判决，或通过简短的程序进行调解。（7）正常的法律诉讼程序需要诉讼双方在上庭之前交换与案件有关的前期材料。在法庭上，诉讼双方或他们的代理律师可以口头陈述案件内容。（8）在非正式的诉讼中，当诉讼双方来到法院所处的城镇时，他们要交换书面材料。在这八条民事诉讼原则之后附有 149 项详细的解释。[1] 这些解释条款涉及法院的司法审判、审前准备、民事案件审理过程及诉讼费用等。

2. 刑事诉讼改革的基本原则

关于刑事诉讼改革的基本原则，В. П. 布特科夫小组提出首先必须废除法定证据制度，因为这是俄国司法不公存在的主要原因。[2] 刑事诉讼法中的法定证据制度废除之后，法官在判定被告有罪或无罪时只需遵循自己的良知，也就是说，法官在审理刑事案件时，或判定被告有罪，或判定被告无罪释放，法官必须做出明确的裁决。[3] 改革之前，如果法官认为刑事案件证据不足，案件可能会长期拖延下去。

因为法官在刑事案件审理时可以根据自己的良知对案件自由地做出裁决，这样一来法官和检察官的角色必须分离。具体来讲，检察官的职责包括：①直接负责监督案件的侦查工作；②除特殊情况外，检察官有权决定是否对案件展开侦查；③检察官拥有任命司法侦查员的全权；④在刑

---

① *Н. В. Давыдов*, *Н. Н. Полянский*, Судебная Реформа, Том. I, с. 313.

② *Н. В. Давыдов*, *Н. Н. Полянский*, Судебная Реформа, Том. I, с. 313 – 314.

③ *Н. В. Давыдов*, *Н. Н. Полянский*, Судебная Реформа, Том. I, с. 314.

事案件侦查时，警察也要服从检察官；⑤除特殊情况外，法院不能介入司法侦查工作。①同时，В. П. 布特科夫等人认为，检察官应该负责刑事案件的起诉。他们认为，如果法院既负责诉讼，又负责案件的审理，会导致出现司法不公平现象。② 为了将起诉与审理分开，检察官还应拥有以下权力。（1）检察官决定是否起诉犯罪嫌疑人，也可以停止案件的侦查。（2）如果刑事案件犯罪情节严重，由省级刑事合议庭的检察官决定是否对犯罪嫌疑人提出诉讼或中断侦查。③ 检察官一旦决定起诉犯罪嫌疑人，法院要对案件前期侦查的结果进行审查，法官要传唤被告、司法侦查员及其他参与侦查的人。若法官认为起诉理由合理，刑事案件将进入正式司法程序。

В. П. 布特科夫等人在计划中还提出要在刑事案件审理过程中引入陪审制。他们认为，"如果不在刑事案件审判中引入陪审制，刑事诉讼就不可能有实质性的变革"④，也就是说，引入陪审制将更加有助于推进刑事审判的公平。具体来讲，引入陪审制的理由在于：①刑事案件中引入陪审团审判之后，判决有罪或无罪的问题将与具体的量刑分开（被告是有罪还是无罪，由陪审团裁决）；②陪审团参与刑事案件的审理和裁决；③被告和检察官都有权对某些陪审员的参审资格提出质疑。⑤ В. П. 布特科夫等人在计划中并没有阐述如何遴选陪审员等这样的具体问题。显然，他们想让国务会议的成员先接受这种制度，然后再拟订具体的细节。

В. П. 布特科夫等人在计划中还主张在刑事诉讼中引入口头辩诉原则和审判公开原则。他们认为，一个审判公开的法庭才能揭露案件的真相，保护被告的权益，引导法官在认真考量案件的基础上做出公正的判决。⑥ 但他们也指出，如果刑事案件的内容涉及令公众反感或有引起公

① *Н. В. Давыдов*, *Н. Н. Полянский*, Судебная Реформа, Том. I, c. 314.

② *Н. В. Давыдов*, *Н. Н. Полянский*, Судебная Реформа, Том. I, c. 315.

③ *Н. В. Давыдов*, *Н. Н. Полянский*, Судебная Реформа, Том. I, c. 315

④ *Н. В. Давыдов*, *Н. Н. Полянский*, Судебная Реформа, Том. I, c. 316.

⑤ *Н. В. Давыдов*, *Н. Н. Полянский*, Судебная Реформа, Том. I, c. 316.

⑥ *Н. В. Давыдов*, *Н. Н. Полянский*, Судебная Реформа, Том. I, c. 318.

众强烈不满的内容，案件不宜公开审理。

为克服现有司法体制中被告处于无权地位的弊端，В. П. 布特科夫等人提出必须在刑事案件审理过程中提高被告的地位。具体来讲：①被告有权了解起诉自己的证据材料；②被告有权对指控自己的证据材料做口头解释；③被告可以聘请代理律师替自己做司法辩护；④被告有向上一级法院上诉或向参政院提出撤诉上诉的权利。

总体来看，刑事诉讼基本原则确定了法官独立、陪审团审判、口头辩诉、审判公开和保障被告基本权利等原则，这些原则成了刑事诉讼改革的基础。

3. 法院组织的基本原则

民事诉讼和刑事诉讼中确定的这些基本原则，必须在一种合理安排的司法体系中才能发挥它的作用，也就是说，必须变革俄国司法体制以适应新的诉讼原则。关于司法机构组成的原则，В. П. 布特科夫等人提出，新法院的类型和数量"必须以已经确定的诉讼原则为基础"①，而且新的司法体制必须克服旧司法体系中存在的行政干涉司法的弊端。

В. П. 布特科夫等人提出，要在废除旧的等级法院的基础上，建立一个四级司法管理体系，法院的成员也要削减。从基层法院开始，这四级司法管理体系分别是治安法院、区法院、省级司法合议庭和负责受理撤诉上诉的参政院。② 每个县都建立治安法院，负责审理附近地区发生的情节较为轻微的刑事案件和案值不高的民事案件。区法院负责审理情节较为严重的刑事案件和案值较高的民事案件。省级司法合议庭负责审理一个或几个省针对基层法院的上诉，为上诉法院。参政院为撤诉上诉法院。③

除治安法院的法官是选举产生并有一定的任期外，其他法官都是终身任职。除非法官自己犯有刑事案件，否则法官不能被随意罢免，任何

---

① *Н. В. Давыдов，Н. Н. Полянский，Судебная Реформа，Том. I，с. 324.*

② *Н. В. Давыдов，Н. Н. Полянский，Судебная Реформа，Том. I，с. 322.*

③ *Н. В. Давыдов，Н. Н. Полянский，Судебная Реформа，Том. I，с. 323.*

行政机构也不能随意将法官停职。①

1862 年 8 月 27 日，国务会议总委员会对 B. П. 布特科夫等人提出的司法改革基本原则进行了集中讨论。多数成员没有强烈反对这些原则，只就一些具体细节提出了质疑。比如，将陪审团表决中的全体一致原则变成了简单多数原则。9 月 4 日，国务会议总委员会通过了这些基本原则。9 月 29 日，沙皇签署命令正式批准了司法改革基本原则。沙皇亚历山大二世正式批准这些原则标志着俄国司法改革有了明确的方向，接下来就是拟订司法改革的具体方案。基本原则的制定也体现出改革方法上的一大创新，即先制定改革的基本原则，然后具体拟订改革的方案。这种方法上的创新也使司法改革更为成熟，内容更加全面。

二 司法改革法令的颁布

司法改革的基本原则确定之后，根据 C. 扎鲁德尼的建议，基本原则以《政府法律法规汇编》的形式正式公布，以便公众就这些改革原则提出建设性的意见。② 这一举措具有重大的意义，因为 1852 年沙皇政府还禁止公众讨论司法改革的相关问题。当然，公开征求意见也与亚历山大二世上台之后放松书报检查制度有密切关系。不管你来自哪个阶层，不管你出身如何，都可以为司法改革建言献策。但参与的人毕竟有限，大多数人缺乏讨论司法改革所必需的法学知识。经过一个半月的公开讨论，俄国社会各界共提交了 466 条建议，后来分成六卷公开出版（约 3500 页）。③ 但据俄国法学家 И. B. 戈森的研究，这些建议对司法改革计划的制定影响不大。国务会议的讨论、司法部提交的建议以及后来的计划草案中，根本找不到司法改革的制定者们引用公众所提出的司法改革

---

① C. C. Wilson, *Basic Principles of 1862: The Judicial System, a Translation and Commentary*, pp. 102 – 112.

② B. L. Levin-Stankevich, "Historical Development of Law in Russia and the Soviet Union," in J. L. Wieczynski et al. eds., *The Modern Encyclopedia of Russian and Soviet History*, Gulf Breeze: Academic International Press, 1981, p. 77.

③ W. E. Mosse, *Alexander II and the Modernization of Russia*, New York: Collier Books, 1962, p. 74.

建议的内容。①

司法改革草案的拟订工作由隶属于国务办公厅的一个特别委员会负责，В. П. 布特科夫任主席，С. 扎鲁德尼仍然任副主席，成员以拟订司法改革基本原则的人为主。特别委员会分成民事、刑事和司法三个分委员会，Н. А. 布茨科夫斯基、А. М. 普拉夫斯基和 С. 扎鲁德尼分别担任各分委员会的主席，具体负责改革法令的制定。特别委员会只用了 11 个月就完成了司法改革草案的起草工作。1863 年秋天，特别委员会将《审判机关章程》草案、《民事诉讼法》草案和《刑事诉讼法》草案提交给陛下办公厅第二厅及司法部大臣 Д. Н. 扎米亚特宁审阅，并附有 1758 页的解释说明。Д. Н. 扎米亚特宁在法律草案上附加了自己的评论（共计 500 页），并将参政员和检察官提出的意见整理成册之后一并提交给国务会议讨论。为了避免改革草案在国务会议因意见相左而无法取得实质性进展，司法部大臣 Д. Н. 扎米亚特宁提议由特别委员会分委员会的负责人就改革草案向国务会议成员进行口头解释。从 1863 年 12 月开始，国务会议各相关机构和政府相关部门对改革草案进行了认真细致的讨论。由于改革的基本原则已经制定，并得到了沙皇的认可，政府机构对改革草案的讨论只是涉及一些具体的环节，不涉及重大原则的争论。比如，在讨论《民事诉讼法》草案时争论最多的一个问题是大学毕业生能否不经过见习就成为律师。1864 年 10 月 9 日，国务会议总委员会通过了 В. П. 布特科夫等人起草的司法改革草案。

1864 年 11 月 20 日，沙皇颁布法令，正式公布了司法改革法令。在法令中，沙皇指出：

> 我的愿望之一，正如在 1856 年 3 月 19 日所表达的，是"要让公平与真理统治俄国的法庭"。
>
> 从 1856 年起，为满足民众的需要我们提出了各项改革，我们一直在努力通过司法体系的完善来实现这一目标……

---

① S. Kucherov, *Courts, Lawyers and Trials under the Last Three Tsars*, p. 24.

改革方案是在先制定的基本原则指导下完成的，现在经过认真细致的讨论，经过字斟句酌的修改，已经在国务会议通过。

在认真研究了这些草案之后，我们发现，司法改革与我们力图在俄国建立高效、公正、臣民在法律面前人人平等的法院的愿望不谋而合；司法改革还将提升司法机构的权力；改革使得法律有必要的独立性。总体来说，改革将会促进我国人民对法律的尊重，没有对法律的尊重，公众的幸福是不可能的。尊重法律将是我们所有人行动的指导……①

Г. А. 季安谢耶夫写道："年轻人将沙皇这些富有煽动性的话语牢记在心，犹如古罗马人记住了《十二铜表法》一样。"②

1864 年司法改革法令主要包括四个具体法案：《审判机关章程》、《民事诉讼程序条例》、《刑事诉讼程序条例》和《治安法官适用刑罚条例》。这四部法律文件是自尼古拉一世以来俄国各界人士变革俄国司法体制努力的结果。1864 年司法改革法令的颁布有着非常重要的意义，它改变了过去以等级为基础的司法体制，法院向所有人开放，过去的农奴也拥有了私法权利，农民也可以走上正式的法庭去诉讼，这标志着俄国的臣民开始向公民转变，也标志着俄国司法开始由过去维护等级特权和专制王权转向保护人的基本权利，这是人权的胜利，也是俄国司法走向现代化的起点。1864 年司法改革强调保护个人的权利，强调以私法为基础的经济及社会关系的调整，因此对近代俄国社会的转型及俄国现代化的整体推进有着重要的意义。

随着 1861 年农奴的解放，俄国贵族丧失了以前的专断权，他们对新司法体制的建立持一种积极的态度。这样一来，沙皇对改革的支持，开明官僚的积极努力，贵族态度的转变使司法改革的阻力大大减小，从而有利于改革的顺利推进。在一个专制国家体系中，改革的实施主要取决于社会精英对改革的态度。贵族态度的转变对于司法改革的成功推行

---

① S. Kucherov, *Courts*, *Lawyers and Trials under the Last Three Tsars*, p. 26.

② S. Kucherov, *Courts*, *Lawyers and Trials under the Last Three Tsars*, p. 26.

至关重要。相对农奴制废除来讲，司法改革在执行过程中遇到的阻力要小得多。

三　1864 年司法改革的创新

同亚历山大二世时代的大多数改革一样，1864 年司法改革受到了西方法学理论和司法实践的深刻影响，比如，治安法院的创立受到了英国司法模式的影响。但司法改革并不是简单的照搬照抄，而是俄国开明官僚在吸收本国法律传统的基础上，借鉴欧洲司法模式之后创新的结果。

1. 司法权与行政权相对分离是 1864 年司法改革最大的创新之处

在俄国历史上，司法权往往是不独立的，行政干预司法是普遍存在的现象。在古罗斯时期，大公既是统治者，又是最高法官，集司法权与行政权于一身。在大公之下，波雅尔及各级官吏同样既掌握行政权，又负责司法事务。

随着以莫斯科为中心的中央集权制国家的建立，大公及后来的沙皇的权力进一步巩固，司法仍然由行政机构负责管理。比如，在衙门制之下，负责管理喀山、阿斯特拉罕和伏尔加河边远地区的喀山衙门既掌管行政，也负责具体的司法事务。处理外交事务的外务衙门还要协调解决俄罗斯人同外国人之间发生的民事纠纷。① 也就是说，在彼得一世以前，俄国的司法主要由行政机构来负责，政府官员既是行政官员，也是法官。

彼得一世上台之后，为改变俄国法律落后的状况，决心以瑞典模式为基础推行司法改革。1722 年，彼得一世力图通过司法改革实现司法权与行政权的分离，但彼得一世的目标并没有实现，因为省长仍然拥有司法权，负责司法事务的省法官是省长的助手，省长领导下的省政委员会负责全省的司法事务。② 实际上，权力分离的目标直到叶卡捷琳娜二世时期仍然没有实现。女皇的司法改革为俄国建立了一种以等级为基础的司法体系，在这种司法体系下，省长仍拥有干预司法的权力。他负责监

---

① S. Kucherov, *Courts, Lawyers and Trials under the Last Three Tsars*, p. 29.
② 〔苏〕Б. Б. 卡芬加乌兹、Н. И. 巴甫连科主编《彼得一世的改革》（上册），第 385 ~ 386 页。

管全省的司法，刑事判决必须经省长批准才能生效，作为行政官员的省长掌控着司法权。虽然叶卡捷琳娜二世受到了孟德斯鸠思想的影响，但司法改革并没有真正贯彻权力分离的思想。

沙皇亚历山大一世统治时期，M. 斯佩兰斯基想在新编撰的法典中引入司法独立的理念。1809 年，他在法典编撰的导言中写道，司法改革的目的是在不侵犯君主权力的情况下在俄国建立法治政府。要建立法治政府，必须实现权力分离。要有制定法律的机构，要有执行法律的机构。行政权力不能干涉司法。① 在亚历山大一世时期，M. 斯佩兰斯基还未实现自己的理想就被流放了。尼古拉一世统治时期，M. 斯佩兰斯基仍想方设法在新法典编撰过程中体现权力分离的思想。他的同事、国务秘书瓦鲁津斯基于 1826 年 12 月 6 在给沙皇的报告中写道："如果没有司法权与行政权的分离，俄国就不可能实现司法的公正。我们不应该怀疑司法权与行政权分离的必要性。大家普遍认为，如果行政机构有权干涉法官的裁决，如果行政机构有权废止法院的裁决，俄国就不可能有法治，只会有专断。"②

M. 斯佩兰斯基等人的分权建议并未得到沙皇尼古拉一世的认可，《俄罗斯帝国法律汇编》中仍然保留了总督和省长对司法的监督权。省长有权决定刑事诉讼，负责管理刑事案件的前期侦查工作，有权终止司法诉讼。此外，省长还有权批准或推翻一审或二审法院的判决。后来 Д. 布鲁多夫等人在提出的司法改革计划中并未涉及权力分离的内容。

1861 年，В. П. 布特科夫小组提出司法权与行政权分离是司法改革的基本原则。他们认为，如果行政权与司法权集中在一个人手中，那么行政权和司法权都不会得到合理的发展，行政机构干涉司法审判会导致不公正，引起民众的不满。亚历山大二世对开明官僚的这一主张并没有表示反对，权力分离的原则被写入了 1862 年司法改革基本原则，即

---

① D. Christian, "The Political Ideals of Michael Speransky," *The Slavonic and East European Review*, Vol. 54, No. 2 (Summer 1976), pp. 203–204.

② S. Kucherov, *Courts, Lawyers and Trials under the Last Three Tsars*, p. 32.

"司法权与行政权，执行机构和立法机构分离。司法权属于法院"①。国务会议的大多数成员支持这一原则。1864 年颁布的《审判机关章程》第一条重申了"司法权与行政和立法权相分离"的原则，并具体列举了享有司法权的各类法院。因此，除了未改革的教会法院、军事法庭等司法机构之外，在改革后的司法体系中，任何行政机构都不能干涉法院的司法权。《刑事诉讼法》第一条明确规定，任何人都无权对未按照正常法律程序进行调查的犯罪嫌疑人提出诉讼。② 这一规定体现了权力分离的原则。

同时，法官终身任职，不能随意被罢免原则的确立也有助于维护司法独立。亚历山大二世时期的大臣梅谢尔斯基曾在自己的回忆录中举了一个具体的例子来说明法官的独立地位。③ 司法改革实施之后，有一次沙皇亚历山大二世碰巧听到一名参政员在地方自治机构发表极富自由主义色彩的演讲，随后沙皇命令司法部大臣 Д. H. 扎米亚特宁将这名参政员撤职查办。然而当 Д. H. 扎米亚特宁准备派捕这名参政员时，他的下属提醒他，根据新的法令，法官是不能随意被罢免的，参政员自然也不能随意被免职。Д. H. 扎米亚特宁不满地向沙皇报告说，按照新的司法改革法令，这名参政员不能被撤职查办。沙皇听到此惊呼："我真的签署过如此荒唐的文件吗？"④ 虽然行政干涉司法的现象仍然没有根除，但孟德斯鸠的分权学说在俄国司法中第一次得到了体现。

权力相对分离在俄国法制史上有着重要的意义。在俄国历史上，在专制权力与司法权力的斗争中，司法第一次赢得了胜利。正如同时代人评论的，"为了让人们尊重法院的裁决，为了不让政府的压力影响法官的良心，为了让法官相信自己就是正义的化身，必须将司法权与行政权

---

① C. C. Wilson, *Basic Principles of 1862*: *The Judicial System*, *a Translation and Commentary*, pp. 102 – 103.

② Устав уголовнаго судопроизводства, Ho. 1, http://civil. consultant. ru/reprint/books/118/16. html#img17，最后访问时间：2020 年 12 月 5 日。

③ А. Ф. Кони, Избранные Произведения, Том. I, Москва：Госюриздат, 1959, с. 36.

④ S. Kucherov, *Courts*, *Lawyers and Trials under the Last Three Tsars*, p. 35.

分离，任何党派，任何行政机构都不能干涉司法，司法必须独立"①。

2. 口头辩诉

1864 年司法改革用口头辩诉原则取代了过去的法定证据制度。B. П. 布特科夫等人认为，旧体制不利于案件的审理，也会对司法的公正产生不利影响。因为在旧的纠问式诉讼模式中，法定证据有着重要的意义。法官主要根据司法稽查员提供给法庭的书面材料来审理案件，被告无权在法庭上为自己辩护，也不能聘请代理人为自己辩护。法官不会听诉讼双方或被告说什么，没有辩护，也没有个人为自己的命运或权利抗争，只有一堆堆的文件，这种体制成为司法改革前俄国司法腐败和不公正存在的主要原因。

1864 年司法改革引入了口头辩诉原则。在这种体制下，被告可以在法庭上为自己进行辩护，也可以聘请代理律师为自己辩护。在民事诉讼中，口头辩诉和起诉书以及其他文件都是有效的辩护。在案件审理过程中，诉讼双方可以出庭，也可以不出庭提供书面解释材料。如果一方没有到庭，也没有聘请代理律师，法庭的审理也不会因为他的不到庭而偏袒另一方。② 也就是说，在民事诉讼中，书面的证据材料可以作为案件审理的参考，但不能作为判决案件的唯一依据。在刑事诉讼中，证人证言、专家证词以及其他所有的证据都要在法庭上口头陈述。法庭必须认真核对每个细节，在法庭上还要重述审前调查过程中收集的证据材料，法律禁止阅读未到庭证人的证言。如果证人因疾病、死亡和路途遥远等原因不能出庭做证，法院可以公开宣布证人在审前调查时提供的证言，这样做的目的是与法庭上提供的证据进行比对。③

1864 年司法改革引入口头辩诉的目的，首先是维护当事人的合法权利，诉讼主体都拥有平等的权利。检察官、原被告双方和辩护律师都可以在法庭上提出问题，当庭询问证人某些问题，也可以对某些证据的合理性提出质疑，在这种情况下，做伪证的可能性极小，案件的审理也会

---

① S. Kucherov, *Courts, Lawyers and Trials under the Last Three Tsars*, p. 35.
② S. Kucherov, *Courts, Lawyers and Trials under the Last Three Tsars*, p. 37.
③ S. Kucherov, *Courts, Lawyers and Trials under the Last Three Tsars*, p. 37.

更接近真相。诉讼当事人平等的原则是诉讼民主的重要体现，也是保障人权的基本条件，没有诉讼主体的平等，法律面前人人平等就变成了一句空话。

与口头辩论原则相适应的是"内心确信"原则的引入。根据 1864 年俄国《刑事诉讼法》第 804 条的规定，陪审员和法官以证据为基础，根据自己内心的认知判定被告有罪还是无罪。[①] 这其实就是法国等国刑事诉讼中普遍流行的自由心证原则。按照这种原则，证据是否有效，取决于法官的自由判断。法律没有为陪审员判定案件设置具体的约束条件。从法理的角度来讲，内心确信原则对查明案件的事实真相有重要的价值。[②]

口头辩诉原则的引入更有利于保护当事人的合法权利，也更有利于推进司法公正，对于法制民主化、科学化的发展有着重要的意义。

3. 审判公开

审判活动实行公开原则是司法走向现代化的一项重要内容，是司法民主的表现之一。18 世纪意大利著名法学家贝卡里亚在《论犯罪与刑罚》一书中指出，审判应当公开，犯罪的证据应当公开，以便社会舆论能够制止暴力和欲望。[③]

在司法改革之前，司法审判是秘密进行的，不仅不对当事人开放，也不对社会开放，秘密审判导致司法腐败。鉴于此，B. П. 布特科夫等人在 1862 年司法改革基本原则中提出，刑事审判的公开将有助于揭开案件的真相，保护被告的权益，也会迫使法宫认真审理案件，这样才能做出令民众信服的判决。[④] 而反对推行审判公开的人认为，审判公开毫无意义，因为出席法庭审判的大多数人并不完全明白案件审理的过程，

---

① Устав уголовнаго судопроизводства，Ho. 804，http://civil. consultant. ru/reprint/books/118/324. html，最后访问时间：2020 年 11 月 15 日。

② 宋世杰等：《外国刑事诉讼法比较研究》，中国法制出版社，2006，第 47 页。

③ 〔意〕贝卡里亚：《论犯罪与刑罚》，黄风译，中国法制出版社，2002，第 23 页。

④ C. C. Wilson，*Basic Principles of 1862：The Judicial System*，*a Translation and Commentary*，pp. 102 – 103.

民众对法官施加影响的能力有限。① 甚至有人认为，审判公开会将法院变成一个教唆犯罪的场所，对民众的道德产生极其不利的影响。支持改革的人用"绝对确定的原则"来回应对改革的批评。按照这一原则，犯罪是与惩罚联系在一起的，因此公开审理会让民众认识到犯罪是不划算的。米歇尔·福柯后来解释说，根据这一原则，法律审判程序就不应该保密，"被定罪或者宣告无罪的理由应公之于众，应使任何人都能认识到判刑的理由"②。换句话说，审判公开有助于人民尊重法律，认识到法律的权威性，对降低犯罪的发生率有重要影响，改革最后引入了司法审判公开原则。正如国务会议所总结的，"法庭审判中的公开性是法院公正的最佳保障，是人民信任法院的先决条件之一"③。

审判公开原则的推行也与当时亚历山大二世实行的较为宽松的书报检查制度有一定的关系。在新制度下，各种书报杂志可以公开讨论过去禁止讨论的问题，包括司法问题。④ 1862 年司法改革基本原则公布之后，改革者还专门听取了社会各阶层的意见，这种公开性的氛围也有助于审判公开原则的实施。

1864 年之后，审判公开既包括诉讼各方，原被告、检察官、律师和证人都可以参与案件的审理过程，也意味着公众可以旁听案件的审理过程。在英美，审前调查阶段在一定程度上是公开的，但与英美诉讼模式不同的是，在俄国，诉讼当事人及其代理律师都无权过问案件的调查情况，也无法知道案件调查的具体内容。同时，法律还规定，下列案件不宜进行公开审理：①渎神，针对宗教或神圣物品的犯罪；②与违反伦理道德有关的犯罪；③与女性荣誉和贞洁有关的犯罪；④与不道德行为有关的犯罪，违背人伦的犯罪以及拉皮条一类的犯罪。⑤ 至于法官是否应该公开说明自己做出裁决的理由本身是有争议的。有学者认为，如果法

---

① S. Kucherov, *Courts, Lawyers and Trials under the Last Three Tsars*, p. 40.

② 〔法〕米歇尔·福柯：《规训与惩罚：监狱的诞生》，第 107 页。

③ S. Kucherov, *Courts, Lawyers and Trials under the Last Three Tsars*, p. 39.

④ W. B. Lincoln, *The Great Reforms: Autocracy, Bureaucracy, and the Politics of Change in Imperial Russia*, Dekalb: Northern Illinois University Press, 1990, pp. 121 – 125.

⑤ S. Kucherov, *Courts, Lawyers and Trials under the Last Three Tsars*, p. 40.

官不公开说明自己这么做的理由的话，司法审判的公开是不全面的。有人甚至指出，法官对自己的裁定做出解释将会大大提高法官的责任意识，也会让公众理解和尊重法官。① 但德国法学家耶林指出，"法官不公开解释自己做出裁定的原因是保障法官独立最重要的措施之一"②。1864年《刑事诉讼法》第 677 条规定，陪审团投票表决要秘密进行。国务会议认为，给被告投反对票的陪审员必须受到保护，以免受到被告或被告亲属的报复，陪审员不应该带着这种担心会受到报复的心理去投票。③ "俄国没有任何必要将每个陪审员是如何投票的公开出去，俄国本来就有许多因担心报复而无法做出公正裁决的例子。"④

司法审判公开成为 1864 年司法改革中最引人注目的创新之一，也受到了俄国社会各阶层人士的欢迎，甚至那些反对司法改革的人也认为审判公开有着重要意义。1876 年，В. П. 卡特科夫在《俄罗斯公报》上谈到审判公开时指出，审判公开"有助于将法院审判的内容公开化，会让每个人有意识地参与到维护国家司法的进程中；没有审判公开，一切都不可能有发展前景；没有审判公开，司法会被腐蚀；没有审判公开，权力会被滥用"⑤。

总之，1864 年司法改革为审判公开打开了大门，这对提高司法管理水平，防止司法腐败和专断，推进司法民主有着重要的意义。审判公开也有助于提高法官的责任意识，对司法公正有积极的影响。

4. 民事和刑事诉讼中对抗式诉讼原则的确立

民事诉讼中对抗式诉讼原则是以诉讼双方的辩论为基础的。在法庭审理案件时，诉讼双方为了证明自己理由的正当性，在法庭上展开激烈辩论，以争取获得有利于自己的判决结果。诉讼双方有权向法庭提供证据，可以询问自己认为合适的证人，有权提出自己的法律诉求，也有权

---

① S. Kucherov, *Courts, Lawyers and Trials under the Last Three Tsars*, p. 39.

② S. Kucherov, *Courts, Lawyers and Trials under the Last Three Tsars*, p. 39.

③ Устав уголовнаго судопроизводства, Но. 677, http://civil. consultant. ru/reprint/books/118/276. html，最后访问时间：2020 年 11 月 25 日。

④ S. Kucherov, *Courts, Lawyers and Trials under the Last Three Tsars*, p. 40.

⑤ S. Kucherov, *Courts, Lawyers and Trials under the Last Three Tsars*, p. 40.

放弃已经提出的民事法律要求。同时民事诉讼依托的是"不诉不理"原则，也就是说，只有当诉讼一方提出诉讼请求时，法院才考虑受理民事案件，因此，法院必须根据诉讼双方提交的相关证据材料做出判决。《民事诉讼法》第 367 条规定："在民事案件中，法院不负责搜集证据材料，法院的裁决以诉讼双方提供的证据材料为基础。"① 进一步说，法院不能在诉讼双方提出的要求之外对案件做出裁决。当然，法官为了澄清案件的事实，要向诉讼双方提出一些问题，如果认为双方提供的证据有矛盾，法院或法院任命的专家可以去当地调查案件的相关情况。法官如果认为双方提供的证据不充分，可以要求双方提供更多的证据材料。最后，法官根据诉讼双方的辩论及他们提交的书面材料，对案件做出判决。

与民事诉讼不同的是，刑事诉讼实行的是混合诉讼模式。在审前调查中，纠问式诉讼模式占主导，因为审判调查由检察官监督，由新设立的司法侦查员具体负责，调查阶段不允许犯罪嫌疑人参与，犯罪嫌疑人的代理律师不能参与审前调查，也不能过问调查的具体过程。但在刑事案件审判阶段，法院采取的是对抗式诉讼模式。在刑事案件审理过程中，原被告双方及其代理律师，以及检察官都可以就司法调查员提供的证据、证人证言以及与犯罪有关的法律问题等展开激烈的辩论，他们在法庭上有平等的权利。

同民事诉讼相比，刑事诉讼中法官和检察官拥有更多的自主权。大多数刑事案件涉及公众的利益，因此法院不能只考虑原被告双方的利益，即使在被告不想提出诉讼的情况下，检察官也可以对案件提出公诉，刑事诉讼不支持"不诉不理"的原则。②

虽说刑事诉讼前期侦查还是采取纠问式诉讼原则，法官和检察官也有较大的权力，但总体上来说，被告及辩护律师的权利和公诉人的权利没有多大的区别。被告甚至有一个特权：可以最后一个做总结发言。因

---

① Устав гражданского судопроизводства, Ho. 367, http://civil. consultant. ru/reprint/books/115/252. html#img253, 最后访问时间：2020 年 11 月 25 日。

② S. Kucherov, *Courts, Lawyers and Trials under the Last Three Tsars*, pp. 41 – 42.

此，我们有理由认为，在刑事诉讼中，对抗式诉讼原则起主导作用。

对抗式诉讼模式既有助于司法审判的透明、公正，也有利于揭开案件的真相，更有助于促进司法公正，正因如此，它成为英美法学中的主要诉讼模式。2001 年颁布的《俄罗斯联邦刑事诉讼法典》再次引入了对抗式诉讼模式，这足以说明这种模式有着广泛的影响力。[①]

当然，1864 年司法改革最大的创新之处是陪审制度和律师制度的创建，这些内容我们将在后面的章节中做专题研究，在此不再赘述。

总体来看，司法独立、权力分离、陪审团审判、职业律师制度、口头辩诉和审判公开原则及对抗式诉讼原则等是 1864 年司法改革的重要内容，也是改革最重要的创新之处，这些原则和制度的引入对于保障人的基本权利，推进法制的现代化、民主化发展都有着重要的意义。

小　结

沙皇亚历山大二世继位之时，18 世纪以来俄国司法体制中积聚的问题因克里米亚战争的失败而进一步凸显，1861 年农奴制度的废除彰显出司法改革的必要性和紧迫性。亚历山大二世意识到了俄国存在的这一突出问题，适时地启动了司法改革。司法改革是在沙皇的支持之下由一批开明官僚计划并实施的。1864 年司法改革是在吸收欧洲法学理论和司法实践的基础上，结合俄国本身的司法传统之后创新的结果。司法改革在俄国历史上首次实现了司法权与行政权的相对分离，为俄国引入了一整套现代的司法原则与制度，为俄国法制现代化的发展奠定了坚实的基础。

---

① 　陈卫东、张月满：《对抗式诉讼模式研究》，《中国法学》2009 年第 5 期，第 85 页。

| 第三章 |

司法改革与帝俄晚期司法体制的变革

1866 年 4 月，圣彼得堡区法院正式建立，这标志着司法改革进入正式实施阶段。1864 年司法改革在很大程度上改变了俄国自 18 世纪以来形成的司法体制，标志着俄国司法发展进入一个新的时代。那么，改革为俄国司法体制的变革带来了哪些新的变化呢？本章主要阐述 1864 年后俄国司法体制的变革。

第一节　改革后俄国的法院组织体系

1864 年颁布的《审判机关章程》废除了俄国长期存在的以等级为基础设立的法院，简化了法院组织体系，提高了审判效率。具体来讲，改革后的法院组织主要包括五个层级：乡法院、治安法院、区法院、省级司法合议庭和参政院撤诉法院。

一　乡法院

乡法院虽然不是 1864 年司法改革的产物，但它作为俄国乡村最重要的司法机构，这里有必要做简单介绍。

1861 年农奴制废除后，为更好地管理农民，沙皇政府在俄国各地建立了乡法院。严格地讲，乡法院就是农民法院。法官是选举出的地地道道的农民，任期一年。乡法院由 4 ~ 12 名法官组成，至少要有 3 名法官出席每两周一次的司法会议。法院的诉讼是口头进行的，法官主要是推动双方达成和解。乡法院审理案值不超过 100 卢布（动产或不动产）的农民之间的诉讼。① 超过 100 卢布的所有民事案件及除份地之外的有关财产纠纷的所有案件，由治安法院或区法院来审理。治安法院和区法院审理的民事案件与案件的案值有很大关系。罚款不超过 3 卢布，或不超过 7 天拘役的刑事犯罪也属于乡法院的审理范围，当然被告必须是农民。② 乡法院有权判处罪犯为社会工作 6 天，或罚款 3 卢布以下，或处以 7 天以内的拘留，或处以 20 棍以下的肉刑。③ 至于乡法院管理范围内其他阶层的人，则由治安法院或区法院来审理。

乡法院的裁定不能提出上诉。因为除刑事案件外，乡法院的大多数裁定都是依据当地的习惯法做出的。这样，按照成文法来审理案件的普通法院无法处理乡法院根据习惯法做出的裁定。当然，如果一个农民不信任乡法院，他可以将案件起诉到治安法院。虽然按规定这个案件属于乡法院的审理范围。

在乡村，除乡法院外，还存在一种非正式的长者法院，这种法院在俄国自农村公社诞生以来就存在，长者通常是选举产生的或是德高望重的人。由于农民认为长者法院"审理案件更迅速、更公正"，而乡法院"办事拖延，存在收受贿赂的现象"④，因而他们通常会选择更适应自身生活的长者法院审理轻微的民事或刑事案件。20 世纪初，随着农民法律意识一定程度的转变，农民诉讼时越来越把乡法院作为第一选择。

二　治安法院

根据《审判机关章程》，治安法院有权审理情节较为轻微的刑事案件，如盗窃、森林失火等。治安法院还有权审理案值不超过 300 卢布的

---

① 〔苏〕札伊翁契可夫斯基：《俄国农奴制度的废除》，叔明译，生活·读书·新知三联书店，1957，第 134 页。

② *Л. А. Плеханова*，Реформы Александр Ⅱ，Москва：Юридическая литература，1998，c. 60.

③ 〔苏〕札伊翁契可夫斯基：《俄国农奴制度的废除》，第 134 页。

④ 〔俄〕鲍里斯·尼古拉耶维奇·米罗诺夫：《俄国社会史：个性、民主家庭、公民社会及法制国家的形成》（下卷），第 62～63 页。

民事案件（1889 年后变成了不超过 500 卢布）。可以说，治安法院审理的是超出乡法院管理范围的，但又不属于区法院审理的民事和刑事案件。

治安法院法官由选举产生，任期三年，每个法院只有一名法官。法官由县地方自治机构选出，莫斯科和圣彼得堡的治安法官由市政会议选举产生，经参政院批准才能正式上任。治安法官在所在地区的行政机构领取薪水，在该地区行使司法权。法律规定，治安法官必然满足以下条件：①当地常住居民；②年龄在 25 岁以上，70 岁以下；③受过初等或高中教育，或通过了相应水平的考试，或在司法机关有三年工作经验；④候选人或他的父母或他的妻子至少要拥有 400 俄亩的土地，如果没有土地，他或他的家人所拥有的固定资产，农村地区不少于 15000 卢布，首都不少于 6000 卢布，其他城市不少于 3000 卢布。[1] 按照法律规定，下列人员不能担任治安法官：①正在被调查的犯罪嫌疑人；②受过刑罚的贵族或教士；③长期欠债的债务人。[2] 治安法院建立之后，各级地方自治机构发现很难找到完全符合治安法官任职资格的候选人，许多地区后来只能降低治安法官的任职条件。治安法官享有法官的所有特权，在三年任期内没有合理的理由，治安法官不能被随意撤职。

在治安法院，除治安法官外，还设有荣誉治安法官。荣誉治安法官与治安法官拥有一样的权力，但只有在诉讼当事人要求荣誉治安法官参与的情况下其才能参与案件的审理。如果治安法官有事不能到庭，那么荣誉治安法官也可以代替治安法官审理案件。[3] 与治安法官不同的是，荣誉治安法官没有薪水，他们多数是当地的大地主，也"没有专门负责的地段，在调解法官缺席时顶替之"[4]。

---

① Учреждения судебных установлений, Но. 19, http://civil. consultant. ru/reprint/books/121/97. html#img98，最后访问时间：2020 年 11 月 15 日。

② Учреждения судебных установлений, Но. 21, http://civil. consultant. ru/reprint/books/121/106. html，最后访问时间：2020 年 11 月 25 日。

③ Учреждения судебных установлений, Но. 46 – 50, http://civil. consultant. ru/reprint/books/121/124. html#img125，时间：2020 年 11 月 25 日。

④ 〔俄〕О. И. 奇斯佳科夫主编《俄罗斯国家与法的历史》（上卷），第 297 页。

根据《治安法官适用刑罚条例》，在刑事案件审理过程中，治安法院适用的处罚包括：①警告、谴责和训斥；②处以最高不超过 300 卢布的罚款；③处以最长不超过三个月的拘役，不超过一年的监禁。[①] 如果刑罚超过以上范围，案件就不属于治安法院的审理范围。在民事案件审理过程中，治安法院的处罚包括：①涉及个人财产等的民事案件，赔偿金额最高不超过 500 卢布；②造成人身伤害的民事赔偿最高不超过 500 卢布。[②]

治安法院的诉讼程序比较简单。民事诉讼由诉讼一方口头或书面提出，诉讼一方提出自己的诉讼要求并提供相关的证据材料后，治安法官尽量先促成双方庭外和解，并提出自己的和解建议。如果诉讼双方接受庭外和解，那么案件就自动了结。如果他们拒绝庭外和解，那么治安法官将审理案件并做出裁决。民事诉讼的当事人可以避开治安法官，将诉讼等提交荣誉治安法官进行仲裁。荣誉治安法官的仲裁是终审裁决，对诉讼双方都有法律约束力。荣誉治安法官的仲裁不能上诉，诉讼双方也不能在荣誉治安法官做出仲裁之后将同一案件在治安法院提出诉讼。荣誉治安法官和治安法官在审理案件时的主要区别是，治安法官审理案件时要遵守《民法》的相关规定，而荣誉治安法官多是从自己的良心和平等原则出发来审理案件，荣誉治安法官审理案件的方式很简单，主要是调解。

治安法院的刑事诉讼程序比较简单。受害者、警察都可以提出刑事诉讼。如果亲眼看见了犯罪经过，治安法官也可以提出刑事诉讼。警察负责调查案件，并将调查结论提交给治安法官。[③] 治安法官根据警察的调查及相关证据对案件做出裁决。

治安法院的上诉机构是治安法官大会。每个县都有治安法官大会，在圣彼得堡和莫斯科还不止一个。大会成员来自该地区所有的治安法官，全

---

①　Устав о наказаниях, налагаемых мировыми судьями, Ho. 1, http://civil. consultant. ru/reprint/books/331/7. html，最后访问时间：2020 年 11 月 15 日。

②　Устав о наказаниях, налагаемых мировыми судьями, Ho. 29, http://civil. consultant. ru/reprint/books/331/35. html#img36，最后访问时间：2020 年 11 月 25 日。

③　А. Ф. Кони, Собрание Сочинений, Том. I, Москва: Юрид. Лит, 1966, c. 309 - 311.

体成员推举一名治安法官或荣誉治安法官担任主席，任期三年。治安法官大会通常每个月召开一次，如果上诉的案件较多，可以根据具体情况确定开会时间，召开治安法官大会的唯一目的是处理针对治安法院裁决的上诉。① 如果当事人不服治安法官大会的裁决，可以向参政院提出撤诉上诉。治安法院审理的案件一般不会转移到其他地方法院审理。

1866 年，在十个省市最先成立了治安法院，分别是圣彼得堡、诺夫哥罗德、普斯科夫、莫斯科、弗拉基米尔、卡努加、梁赞、特维尔、图拉和雅罗斯拉夫尔。1867 年，哈尔科夫省成立了治安法院。1869 年，敖德萨、波尔塔瓦和尼日哥罗德等地也成立了治安法院。1870 年，斯摩棱斯克、喀山、科斯特罗马、萨马拉、朋扎、萨拉托夫和坦波夫等省成立了治安法院。1871 年，在乌克兰及西部边境省份成立了治安法院。②

以英国治安法院模式为基础建立治安法院的目的，很清楚地体现在国务会议的讨论中："治安法院的职责是解决大多数人日常生活中每天可能发生的摩擦或者冲突，大多数老百姓缺乏必备的法律知识，难以忍受形式主义，只尊重平等，他们平常都很忙，因而老百姓需要一种能公正解决他们日常生活中出现的这些争端的渠道。治安法院就是为了满足老百姓的这种需求而建立的。"③ 从改革后治安法院的实际运转来看，治安法院获得了成功。政府的统计资料显示，在莫斯科，治安法院审理的案件数量成倍地增长。平均来讲，每个治安法院每年审理的案件数量将近 1000 份。④ 在圣彼得堡及其他省份的大型城镇，治安法院审理的案件数量也有较大规模的增长。1866 年 9 月，司法部大臣 Д. Н. 扎米亚特宁在给沙皇的报告中写道，"治安法院因其简单的程序，审判的公开性，以及没有过去那些法院烦琐的形式而赢得了普遍的信任"⑤。

治安法官在日常司法实践中很快赢得了老百姓的尊重。人们发现，这

---

① *А. Ф. Кони*，Собрание Сочинений，Том. I，с. 501.

② *А. Ф. Кони*，Собрание Сочинений，Том. I，с. 324.

③ S. Kucherov，*Courts, Lawyers and Trials under the Last Three Tsars*，p. 89.

④ D. M. Wallace，*Russia*，Kessinger Publishing，2004，http://www. enotes. com/russia-text/chapter-xxxiii——new-law-courts，最后访问时间：2020 年 12 月 15 日。

⑤ S. Kucherov，*Courts, Lawyers and Trials under the Last Three Tsars*，p. 88.

些法官平易近人，不搞官僚形式主义。治安法官的努力赢得了人们对法院的信任，因为在改革之前，有权势的人可以通过各种手段使自己免于处罚。但在治安法院，人人都是平等的，许多农民将治安法院看作古代家长制模式的体现，他们有任何的不满都愿意求助于治安法官，希望治安法官能缓解他们的痛苦。有时候他们也会找治安法官解决那些不属于治安法院审理的家庭琐事。① 沙皇政府以较小的代价（付给治安法官的薪水较少）赢得了社会大众对法律的尊重。② 各地的犯罪率也有一定程度的下降。

三 区法院

治安法院是特殊类型的法院，其审理案件的范围相当有限。根据1864 年司法改革法令，大多数案件由普通法院来审理。区法院按司法区单独划分，与省、县行政区划不同。1864 年司法改革之后建立了 106 个区法院。区法院是普通法院中的一审法院，超出治安法院审理范围，又不属于未进行改革的法院（军事法庭、商业法院和教会法院）审理的案件都归区法院审理，因而多数犯罪案件都属于区法院的审理范围，区法院也成了多数案件的一审法院。

区法院的法官是经司法部大臣推荐、由沙皇任命的。要获准推荐成为区法院法官有一定的条件限制。首先，此人必须是大学法律系或专业的法学院毕业的大学生，未受过正规法学教育的人不能担任法官。其次，其在司法机构有三年工作经历。有过十年工作经历的律师也有被推荐担任法官的资格。③ 法官一旦被沙皇任命，将终身任职，除非因犯有重大刑事案件而被法院判刑或被法院暂停工作。④ 任何行政机构都不能将法官撤职，由于法官任职条件的变化，俄国出现了一批受过专业教育

---

① D. M. Wallace, *Russia*, http://www.enotes.com/russia-text/chapter-xxxiii—new-law-courts, 最后访问时间：2020 年 12 月 15 日。

② *А. Ф. Кони*, *Собрание Сочинений*, Том. I, с. 303 - 308.

③ *Учреждения судебных установлений*, Но. 202, http://civil.consultant.ru/reprint/books/121/192.html#img193，最后访问时间：2021 年 1 月 15 日。

④ *Учреждения судебных установлений*, Но. 243, http://civil.consultant.ru/reprint/books/121/229.html，最后访问时间：2021 年 1 月 15 日。

的、尽心尽责的职业法官，这对于提高司法管理效率、降低腐败频率和扩大司法改革的影响力有着重要的意义。有学者指出，"以前经常受贿、泯灭良知、被人民大众和舆论所不齿的法官现在由那些将自己的司法职业看作伟大荣誉的人担任……这些人创造了更伟大的传统"①。用 A. Ф. 科尼的话来讲，"法院的新法官都认为司法改革是一项杰作。他们对未来充满信心，不怕牺牲，毫不畏惧地将自己的青春献给了法官这一职业"②。有些学者还对俄国、德国、意大利和奥地利的法官薪水进行了比较研究，结果发现俄国法官在薪水方面是位居前列的。③ 这些大学毕业生对法律的认识，他们的职业荣誉感以及较高的薪水较为成功地避免了旧司法体制中普遍存在的腐败。И. С. 阿克萨克夫写道："存在了几百年的旧式法庭中的腐败却在新法庭引入后突然消失了，犹如突然被刀切过一样……中间没有任何过渡，前一天法庭上到处是冷漠，无知及无耻的贿赂，而今天似乎这一切都没有存在过一样！"④ 这样，1864 年司法改革为俄国的法官创造了 "一种在欧洲独一无二的地位"⑤。高素质的法官队伍为俄国司法的良性发展奠定了坚实的基础。

每个区法院有一名院长，一名副院长，他们既主持审理案件，也负责法官的日常管理。区法院既负责审理民事案件，也负责审理刑事案件，如果案件累积较多，为加快案件审理速度，法院可以分成民事和刑事两个庭来审理案件。与治安法院不同的是，法官席最少要由三名法官组成，其中一人为主审法官，法官席在裁决案件时，需要集体讨论决定具体的刑罚，法院的监守或执行官负责执行法院的裁决。除法官之外，法院还有检察官，检察官是独立的，不受法院的领导，检察官之下有助理检察官和司法侦查员。检察官的主要职责是监督法院的工作，也负责在刑事案件中起诉被告。助理检察官帮助检察官整理材料，传唤证人等。检察官是司法部任命的，都是正规大学法学专业的毕业生。除了学

① S. Kucherov, *Courts, Lawyers and Trials under the Last Three Tsars*, p. 92.

② S. Kucherov, *Courts, Lawyers and Trials under the Last Three Tsars*, p. 95.

③ S. Kucherov, *Courts, Lawyers and Trials under the Last Three Tsars*, p. 93.

④ S. Kucherov, *Courts, Lawyers and Trials under the Last Three Tsars*, p. 92.

⑤ S. Kucherov, *Courts, Lawyers and Trials under the Last Three Tsars*, p. 94.

历上的要求外，要成为助理检察官必须要有四年检察工作经历，要成为检察官必须要有六年检察工作经历。① 除此之外，法院还有秘书、公证员、书记员和抄写员等。

司法侦查员是 1864 年司法改革新创建的一个角色。司法侦查员是从区法院成员中挑选出来的，必须要有四年司法工作经历，对司法调查过程相当了解，并接受检察官的领导。司法侦查员主要负责刑事案件中的审前调查，即现场勘察犯罪发生地的有关情况，询问证人，审问被告。司法侦查员既要调查能证明被告有罪的证据，也要调查对被告有利的证据。② 调查结束之后，司法侦查员将与案件事实和被告有关的情况整理成完整的报告并提交给检察官，检察官以司法侦查员的报告为基础起草起诉书。与检察官不同的是，司法侦查员有时是自己所在区法院的法官，如果法院没有召集到法律规定的三名法官组成法官席的话，那么司法侦查员可以充当法官的角色。但他们不能对自己参与前期调查的案件做出裁决。一般来说，司法侦查员的职责是为要起诉的刑事案件做审前侦查。如果有必要的话，司法侦查员可以要求警察或军队协助自己做调查。司法侦查员要对自己的调查行为负责。为了侦查案件，司法侦查员可以采取除法律禁止之外一切必需的手段。如同法官和检察官一样，司法侦查员也必须是接受过正规法学教育的毕业生。司法侦查员也是司法部任命的，除非有严重失职或犯罪行为，否则也不能随意被免职。③ 司法侦查员的创建削弱了警察在审前调查中的地位，对俄国司法的变革有着重要意义。

检察官根据司法侦查员的调查结果确定该类案件是否需要陪审团的参与。一般而言，所有与剥夺生命权和财产权有关的犯罪都要通过陪审团来审判，陪审团仅限于审理刑事案件。④ 对于那些需要陪审团参与的

---

① Учреждения судебных установлений, Но. 135, http://civil. consultant. ru/reprint/books/ 121/157. html，最后访问时间：2020 年 12 月 15 日。

② Устав уголовнаго судопроизводства, Но. 265, http://civil. consultant. ru/reprint/books/ 118/152. html，最后访问时间：2020 年 11 月 25 日。

③ Устав уголовнаго судопроизводства, Но. 510 – 528, http://civil. consultant. ru/reprint/ books/118/219. html#img220，最后访问时间：2020 年 12 月 15 日。

④ Устав уголовнаго судопроизводства, Но. 529 – 542, http://civil. consultant. ru/reprint/ books/118/235. html#img236，最后访问时间：2020 年 11 月 25 日。

案件，检察官必须将起诉书送交省级司法合议庭来审查，省级司法合议庭行政会议将开会讨论该案件是否应该起诉。省级司法合议庭行政会议将根据检察官提供的材料考虑对被告的起诉理由是否充分，以及调查程序是否合理，如果认为起诉理由充分、程序合理，那么合议庭将下发起诉状。获得省级司法合议庭可以起诉的批复之后，区法院将确定开庭日期。法庭开庭审理案件时，首先要宣读起诉书。如果被告认罪，案件发生时的情况已经调查清楚，主审法官将直接让检察官和辩护律师做总结性陈述。如果被告没钱请辩护律师的话，法院将指派一个公共辩护律师为其辩护，然后陪审团综合各种情况判定被告有罪还是无罪，法官根据陪审团的裁决具体量刑。如果被告不承认自己的犯罪行为，法院要全面审查证据，询问专家和证人，然后才做出裁决。①

如果案件审理不需要陪审团参与，那么检察官起草的起诉书直接提交给区法院法官，区法院确定开庭审理的日期，对案件做出裁决。这里要强调的是，有陪审团参与的司法判决是终审判决，不能提出上诉，但可以向参政院提出撤诉上诉。没有陪审团参与的司法判决，可以向上一级法院提出上诉。

区法院在审理民事案件时，原告要向法院提供相关证据并支付必要的费用。② 在开庭审理案件之前，被告要提交一份针对原告指控的书面答复。在两周内双方就对方的指控做出书面回复，然后法院确定开庭日期。区法院将具体开庭日期通知原被告双方，并要求双方按时到庭，庭审时，法官将会根据双方提供的书面资料来陈述案件，接着是诉讼双方的口头辩论。辩论结束之后，法官席将根据诉讼双方提交的相关证据做出裁决（与刑事审判不同的是，法院不主动收集相关证据）。诉讼中的任何一方如果不服区法院的判决，可以将案件上诉到上一级法院。

---

① Устав уголовнаго судопроиводства，Ho. 543 – 750，http://civil. consultant. ru/reprint/books/118/235. html#img236，最后访问时间：2020 年 12 月 15 日。

② Устав гражданского судопроизводства，Ho. 839，http://civil. consultant. ru/reprint/books/115/454. html，最后访问时间：2020 年 12 月 15 日。

四　省级司法合议庭

省级司法合议庭是区法院的上诉法院。如果诉讼双方对没有陪审团参与审判的区法院的判决不服，可以向省级司法合议庭提出上诉。1864年司法改革之后，并不是每个省都设立省级司法合议庭，到1914年俄国共设有14个省级司法合议庭。[1] 多数省级司法合议庭管辖几个省份，如1866年成立的圣彼得堡司法合议庭，其管理范围包括圣彼得堡、诺夫哥罗德和普斯科夫。哈尔科夫司法合议庭管理哈尔科夫、库尔斯克、奥尔洛夫、沃罗涅茨、波尔塔瓦以及叶卡捷琳斯拉夫和坦波夫省的部分地区。1864年司法改革的设计者之所以不以行政区划来设置司法管理区，主要是为了避免出现旧体制下省长干预司法的弊端。

如同区法院一样，省级司法合议庭是一个集体决策的法院，每个法官席由五名法官组成，其中一名担任主审法官。法官席集体对案件做出裁决。省级司法合议庭主席从那些在省级司法合议庭有过三年检察官工作经历，或在区法院有过三年院长或副院长工作经历的人中选出，最终由沙皇任命。省级司法合议庭由民事合议庭和刑事合议庭两部分组成，每个庭都有主席、副主席及法官，省级司法合议庭也有类似于区法院的检察官和秘书，而且人数较多，省级司法合议庭的检察官必须要有八年检察官工作经历。

省级司法合议庭主要受理针对区法院裁决的上诉。然而，除了负责受理上诉外，省级司法合议庭还是某些特殊案件的一审法院，这些特殊案件包括"针对政府机构和官员的犯罪、谋杀罪以及妨碍政府官员执行公务罪"[2]。1872年以后，多数涉及政府官员的政治案件由省级司法合议庭有等级代表参加的法庭来审理，即法官同等级代表一起来审理政治案件。

有等级代表参加的法庭由5名法官和4名等级代表组成，这4名代表分别是省首席贵族、地区首席贵族、市长和从乡一级选出的长者，他

---

[1]　*А. Ф. Кони*，Собрание Сочинений，Том. I，с. 507.

[2]　*Б. В. Виленский*，Росское закондательство X-XX веков，Том 8，Москва，1991，с. 139.

们是贵族、市民和农民的代表。① 来自省级司法合议庭的 5 名法官和 4 名来自各阶层的代表共同裁定被告是否有罪及刑罚问题。这类法院的审理范围包括针对政府机构和官员的犯罪、谋杀罪以及妨碍政府官员执行公务罪。② 这类法院的设立并不是要恢复叶卡捷琳娜二世时期以来俄国的等级法院，也不是简单模仿德国古老的陪审制法院。叶卡捷琳娜二世时期的等级法院只与某一个阶级有关，而在德国古老的陪审制法院中，陪审员并不是从每个阶级中选举产生的，同德国古老的陪审制法院相同的是，这些来自各阶层的代表完全听从于职业法官的意见，实质上专业法官控制着这类法院。

一般的刑事诉讼规则同样适用于这类法院。被告在这类法院中享有与普通法院中一样的权利。但这类法院在俄国大众中的名声并不好，因为 19 世纪七八十年代许多政治案件都是在这类法院审理的。

此外，省级司法合议庭行政会议还要负责审查区法院提交的关于陪审团审理案件的起诉书。省级司法合议庭负责对自己辖区内的区法院进行监督，还负责监管俄国的律师协会。③

省级司法合议庭的判决是终审判决。如果当事人对省级司法合议庭的判决不服，只可以向参政院撤诉法院提出撤诉上诉。

五　参政院撤诉法院

1864 年司法改革之后，俄国的最高法院是参政院撤诉法院。其权限包括监督全国各类法院，处理所有针对上诉法院判决的上诉以及针对有陪审团参与的区法院判决的上诉。参政院撤诉法院主要裁决与法律条文和法律程序有关的问题，并不解决与案件事实有关的问题，也就是说，参政院撤诉法院并不审理案件内容，它主要判定基层法院审理案件时有没有诉讼程序上的错误，法律应用是否得当，并对有争议、有矛盾及有

---

① S. Kucherov, *Courts, Lawyers and Trials under the Last Three Tsars*, pp. 86 – 87.

② Устав уголовнаго судопроизводства, Но. 201, http://civil. consultant. ru/reprint/books/118/127. html#img128，最后访问时间：2020 年 12 月 15.

③ "Tsarist Legal Policies at the End of the Nineteenth Century: A Study in Inconsistencies," *The Slavonic and East European Review*, Vol. 14, No. 3（July 1976），pp. 376 – 377.

遗漏的法律条文做出解释和说明。

参政院撤诉法院由民事法院和刑事法院组成。每一类法院由参政员（法官）、检察官、助理检察官、秘书长和秘书组成。后来随着上诉案件数量的上升，参政员的数量也有所增加。① 参政院撤诉法院通过投票来裁定案件，遵从少数服从多数的原则。诉讼当事人可以向参政院撤诉法院提出撤诉上诉，检察官也可以提出抗诉上诉。② 撤诉上诉书包括所要上诉案件终审裁定的副本，法庭审理中已确证的有关证据，撤诉上诉理由，诉讼双方的相关资料，以及向有关法院支付诉讼费用的凭据。③ 参政院撤诉法院在接到诉讼当事人的上诉申请后，秘书先进行登记，然后提交给秘书长，秘书长整理相关资料后将案件提交给主管参政员。主管参政员确定案件审理的具体日期，并予以公示。案件审理之时，诉讼双方可以不出庭，也可以出庭口头表达自己的想法，甚至那些正在被监禁的人也可以到庭。出席参政院撤诉法院审判的旅途费用由本人承担。④

主管参政员要向参与审理案件的其他参政员通报与案件有关的资料：①对与上诉案件有关的情况予以说明；②宣读基层法院的判决书；③上诉书中提到的撤诉理由；④相关的法律法规；⑤参政院撤诉法院以前就同类案件所做的裁定，也就是判例。主管参政员对这些情况做出说明之后，检察官或其副手要做总结发言。如果诉讼双方到场的话，他们可以陈述自己的观点，随后开始法庭讨论。⑤ 最后根据法官席讨论的结果，主管参政员宣布撤诉裁定。这份裁定后来要公示。如果参政院撤诉

---

① Учреждения судебных установлений, Ho. 118 – 119, http://civil. consultant. ru/reprint/books/121/152. html#img153, 最后访问时间：2020 年 12 月 15 日。

② Учреждения судебных установлений, Ho. 259, http://civil. consultant. ru/reprint/books/121/242. html#img243, 最后访问时间：2020 年 12 月 15 日。

③ Устав уголовнаго судопроизводства, Ho. 177. Устав гражданского судопроизводства, Ho. 190, http://civil. consultant. ru/reprint/books/118/122. html, http://civil. consultant. ru/reprint/books/115/149. html, 最后访问时间：2020 年 12 月 15 日。

④ Устав уголовнаго судопроизводства, Ho. 917, http://civil. consultant. ru/reprint/books/118/362. html#img363, 最后访问时间：2020 年 12 月 25 日。

⑤ Устав гражданского судопроизводства, Ho. 798 – 800, Устав углвнаго судопроизводства, Ho. 919, http://civil. consultant. ru/reprint/books/115/415. html, http://civil. consultant. ru/reprint/books/118/362. html, 最后访问时间：2021 年 2 月 15 日。

法院认为撤诉上诉理由不充分，将维持原判。参政院撤诉法院的裁定是终审判决，不能再提出进一步的上诉。①

但参政院撤诉法院的裁定并不是针对案件的判决，而是一份裁定。如果参政院撤诉法院推翻了基层法院的判决，案件要发回重审。重审法院有义务遵从参政院撤诉法院的裁定，并参考相关的法律条文对案件进行审理，然后做出终审裁定。② 此次裁定不能再次上诉到参政院撤诉法院，除非是重审法院违反了审判程序，或者有不同的法律问题出现，也就是说，只有上诉法院才能做出终审裁定。

参政院撤诉法院还负责解释相关法律。1864 年司法改革之前，法官不能根据法律条文的字面意思来审理案件，不能解释法律。如果在审理案件时遇到法律条文有矛盾或有遗漏的地方，案件将提交到参政院撤诉法院，若参政院撤诉法院也无权解决这一问题，最后必须由国务会议做出裁决并经沙皇批准才能生效。通过这种机制，沙皇牢牢控制了司法权和立法权。1864 年司法改革法令规定，参政院的法官有权解释法律。《刑事诉讼法》和《民事诉讼法》的相关条款都指出，每个法官必须处理其所审理的每一份案件。即使在法律规定不完整、模糊甚至矛盾的，或者完全没有相关法律的情况下，法官也必须依据法律常识对案件做出裁决。③ 改革后的基层法院在遇到法律条文不清晰的案件时，要对案件做出裁决，没有义务在做出裁决之前将法律条文本身的问题提交到上级法院裁决。参政院撤诉法院要对法律条文本身的问题加以修正，基层法院在审理案件时要遵从参政院撤诉法院的裁定。但裁定不是立法，而是作为具有法律约束力的判例。参政院撤诉法院解释法律的权力成功地将行政机构解释法律的权力排除在外，促进了俄国法律的发展。

---

① J. S. Curtiss, *Essays in Russian and Soviet History*, New York: Columbia University Press, 1965, pp. 113 – 117.

② Устав уголовнаго судопроизводства, No. 932, http://civil. consultant. ru/reprint/books/118/365. html, 最后访问时间：2020 年 11 月 15 日。

③ Устав гражданского судопроизводства, No. 9, 10, Устав уголовнаго судопроизводства, No. 12, 13, http://civil. consultant. ru/reprint/books/115/70. html http://civil. consultant. ru/reprint/books/118/17. html, 最后访问时间：2020 年 11 月 15 日。

参政院撤诉法院还负有对基层法院法官进行纪律监督的职责。由参政院第一厅参政员组成的特别法院，负责审理针对法官的民事和刑事案件。1885 年参政院撤诉法院组建了特别纪律法庭，来处理法官的渎职或失职行为。

这样看来，参政院撤诉法院拥有对诉讼程序的评判权和解释法律的权力，以及对法官进行纪律监督的权力。关键是参政院独立于俄国的行政机构，因而参政院拥有较大的权力有利于保障司法独立。

1864 年司法改革后所建立的司法组织体系（见表 3 – 1），保证了司法权与行政权的相对分离。案件的审理主要由一审法院和处理上诉的二审法院完成，这大大提高了司法效率，司法成本更加低廉。同时，这种体制将国务会议等与法律无关的机构排除在司法体制之外，参政院撤诉法院的权力得到了进一步加强。俄国司法正在向现代化、科学化和专业化的方向发展。

然而，1864 年司法改革并不是改革了所有的法院，法院组织是在各地逐步建立起来的。从 1866 年 4 月圣彼得堡第一家新法院建立以来，直到 1904 年整个俄罗斯帝国才建立起了新的司法体制。每个地区在司法改革引入之前，仍然沿用旧司法体制。随着改革的深入发展，作为上诉法院的参政院的职能在不断下降，而作为撤诉法院的参政院的职能在不断提升。

此外，改革后俄国继续保留了教会法院、军事法庭等旧式法院。1867 年，军事法院也进行了改革，被告的权利有了一定程度的保障，如被告有权聘请律师等。军事法院也建立了一审和二审法院两级建制（见表 3 –2）。①

表 3 – 1　1964 年司法改革后俄国的法院组织体系

一审法院	二审法院	撤诉上诉法院
治安法院	治安法官大会	参政院撤诉法院
区法院（民事诉讼，没有陪审团参与的刑事诉讼）	省级司法合议庭	参政院撤诉法院

---

① 　S. Kucherov, *Courts, Lawyers and Trials under the Last Three Tsars*, pp. 50, 203, 230 – 235.

续表

一审法院	二审法院	撤诉上诉法院
区法院（有陪审团参与的刑事诉讼）	无	参政院撤诉法院
省级司法合议庭（无等级代表参加审理的刑事案件）	参政院刑事撤诉庭	参政院民事和刑事撤诉法院联合总委员会
省级司法合议庭（有等级代表参加审理的刑事案件）	无	参政院刑事撤诉庭；参政院民事和刑事撤诉法院联合总委员会
参政院刑事撤诉庭（审理高级官员的刑事犯罪）	参政院民事和刑事撤诉法院联合总委员会	无
参政院特别法官席（有等级代表参加审理的刑事案件）	无	参政院民事和刑事撤诉法院联合委员会

资料来源：S. Kucherov, *Courts, Lawyers and Trials under the Last Three Tsars*, pp. 49 - 51。

表 3 - 2　1864 年后俄国未被改革的法院组织体系

一审法院	二审法院	三审法院
军团法院 巡回军事法院	a. 军事法院　巡回军事法院 无	总军事法院 总军事法院
主教法院 宗教监督法院	b. 教会法院　宗教监督法院 无	圣公会 圣公会
	乡法院	

资料来源：S. Kucherov, *Courts, Lawyers and Trials under the Last Three Tsars*, pp. 49 - 51。

第二节　改革后俄国的检察制度

　　20 世纪 90 年代，苏联解体之后，俄罗斯法学家围绕着俄国历史上检察制度的变革进行了较为深入的研讨。有人认为，检察机构的主要职责是在刑事案件中负责起诉工作。[1] 也有人认为，检察机构除负责刑事起诉外，还要负责监督各级政府机构。[2] 但争论的双方在讨论中都引用 1864 年检察制度的改革来论述自己的观点。实际上，讨论关系到如何认

---

[1]　S. M. Kazantsev, "The Judicial Reform of 1864 and the Procuracy," in *Reforming Justice in Russia, 1864 - 1996: Power, Culture, and the Limits of Legal Order*, p. 44.

[2]　S. M. Kazantsev, "The Judicial Reform of 1864 and the Procuracy," p. 45.

识 1864 年检察制度改革的实质，也就是说，关于检察制度如何定位直到今天还没有完全一致的看法。为进一步理解俄罗斯当代的检察制度，我们有必要进一步探讨对俄国检察制度发展有重大影响的 1864 年检察制度的改革。

一　1864 年之前俄国检察制度的演变

沙皇彼得一世在俄国历史上第一次创建了检察制度。为同沙皇政府机构中频繁出现的渎职犯罪和贪污受贿行为做斗争，沙皇彼得一世于 1711 年颁布法令建立了监察制度。监察官不仅要揭露政府官员的违法行为，还可以直接向参政院对官员提出起诉。这种制度虽然遭到了多数权臣的反对，但因为有沙皇的支持，这一制度得以继续发展。监察官也没有辜负沙皇的期望，在抑制职务犯罪方面发挥了重要的作用。[1] 但因为监察机构是非正式的机构，监察官秘密从事活动，因而在推动俄国司法发展方面意义不大。

后来彼得一世也意识到了监察制度存在的诸多问题。更为严重的是，自身同渎职犯罪做斗争的监察官也滥用职权，贪污受贿，连总监察官 А. Я. 涅斯捷罗夫也因贪污受贿罪而被判处死刑。鉴于此，彼得大帝决心改革监察机构。1722 年 4 月 27 日，彼得一世颁布了关于总检察长职务的法令，正式用检察制度取代过去的监察机制。根据这一法令，在商业法院、宫廷法院及教会机构都设立了检察官。检察官的主要职责包括：监督法院活动，对违反法律的行为提出改正建议，对不合法的裁定提出抗诉并要求予以取消或修改，对已实施逮捕的刑事犯的审理进行监督，对国库资金的流向进行监督。检察官也可以通过参政院总检察长迫使国家行政机关的决议或决定暂停执行。[2] 因此，按照 1722 年法令，检察机关主要是维护法律，监督法律的执行。

彼得一世创建的检察制度主要是从法国借鉴而来的。在这种制度之下，检察机关是一个统一的整体，各级检察长都听命于参政院的总检察

---

① 〔苏〕Б. Б. 卡芬加乌兹、Н. И. 巴甫连科主编《彼得一世的改革》（上册），第 479 页。

② 张寿民：《俄罗斯法律发达史》，第 78~79 页。

长。但俄国与法国不同的是，在法国，检察官服从法律，维护国王的利益；而在俄国，检察官服从沙皇，维护法律。实际上，俄国检察官监督司法机构执行法律的职责也是从法国借鉴而来的，但法国的检察官隶属于司法机构，而在俄国，检察官隶属于行政机构。

如同瑞典的巡视官一样，俄国参政院总检察长监督法令的执行。在瑞典，检察官监督司法机构，总检察长和巡视官都隶属于参政院各部大臣。俄国的检察官除监督法令的执行之外，还要负责监督国库，协助沙皇监督各级官吏。

这样，在彼得一世时期，俄国建立起了真正的检察制度。这种制度是沙皇在综合法国的检察制度、瑞典的巡视官制度以及瑞士和德国的检察官制度之后，结合俄国的传统而创建的一种全新的制度。[①] 这种制度虽受到了欧洲模式的深刻影响，但更多的是彼得一世的创新。

彼得一世去世之后，继位的叶卡捷琳娜一世曾想继续推行彼得一世的检察制度，并于 1726 年颁布了《关于监察职责》的法令，力图从法律上确认检察官的各种权力。但由于贵族的反对，法令根本没有实施。在叶卡捷琳娜一世统治时期，俄国检察机构的权力被严重削弱。彼得一世时期著名的总检察长 П. И. 雅戈任斯基也被调离岗位，被任命为俄国驻波兰大使，检察机构的人员也被大大削减。1727 年，隶属于检察机构的检察官被废除，此后宫廷法院及其他法院的检察官都被免职，商业法院的检察官最后也被免职。到安娜·伊万诺夫娜统治时期（1730～1740年），俄国的检察制度已经名存实亡，不起任何作用。

1741 年，伊丽莎白·彼得罗芙娜继位之后，俄国的检察制度才得以全面恢复。根据 1741 年伊丽莎白颁布的法令，彼得一世时期建立的检察制度得以重新恢复。检察官的人数大大增加，他们在国家机构中所扮演的角色也日渐重要。

但总体来讲，18 世纪上半期，检察官对俄国司法的监督作用仍有限，因为检察机构只是监管政府管理的形式和程序。更为重要的是，关

[①]　S. M. Kazantsev, "The Judicial Reform of 1864 and the Procuracy," p. 47.

于检察官的角色定位没有明确的法律规定，加上检察机构因为反腐而招致的不满，导致检察机构没有发挥其应有的作用，检察机构成了政府中可有可无的组织。

女皇叶卡捷琳娜二世上台之后，检察机构的监督职能不仅全面恢复，还有了进一步的发展。检察机构的权力扩展与 1763 年参政院改革及 1775 年省级管理体制改革密切相关。根据 1763 年参政院改革法令，参政院总检察长不仅可以参加法典的编撰工作，还负责监督全国的行政机构。1767 年，检察官还获得了参与犯罪侦查工作的权力。[①] 总检察长承担了后来内务部和司法部的部分职责。1780 年，监督政府财政支出也属于总检察长的权责范围，此后总检察长还相继负责监督"货币流通"，负责保护移民，监管邮政机构，监管参政院各办公机构等。[②] 这样，经过 1763 年参政院改革，参政院总检察长的权力有了较大程度的提升。

1775 年省级管理体制改革进一步推动了俄国检察制度的发展，使检察制度的结构及功能发生了重大改变。1775 年女皇颁布的《关于检察官和司法稽查官的职责》除创建省检察官一职外，还创建了司法稽查官这一新官职。司法稽查官是检察官的助手。根据新的法令，省检察官要向总督报告法院执行法律的情况、命令执行情况及警察侦查案件的相关情况。法院在审理涉及政府利益的案件时，在做出判决之前要向检察官通报有关情况并听取检察官的意见。[③] 检察官还可以代表政府对刑事案件提出诉讼。但因为这一时期俄国司法中纠问式诉讼模式的盛行及法定证据制度的采用，检察官在刑事诉讼中所起的作用不大。

保罗一世统治时期（1796～1801 年），总检察长的权力进一步提升。这一时期，总检察长可以决定军队的人员组成、物资和技术装备，还可以就政府的财政问题向沙皇建言献策。在行政管理上，参政院检察机构相当于后来的内务部，可以监督总督，在应对犯罪、饥荒等灾难上协调中央和地方机构。总检察长还负责向沙皇汇报有关农民起义的情况。在

---

① 张寿民：《俄罗斯法律发达史》，第 80 页。

② S. M. Kazantsev, "The Judicial Reform of 1864 and the Procuracy," p. 48.

③ 张寿民：《俄罗斯法律发达史》，第 80 页。

保罗一世统治时期，总检察长相当于政府的"首席部大臣"①。然而，总检察长在保罗一世统治时期所获得的这些权力都是临时性的，多数不是法律规定的，而是沙皇保罗一世临时授予的。还有一点需要强调的是，保罗一世统治时期检察机关在地方机构中的监督作用有所下降。

1802 年，随着部门制政府的建立，总检察长以及检察制度的角色发生了大的改变。总检察长隶属于新设立的司法部，参政院也失去了监督政府机构的权力，逐渐演变成一个监督法律执行情况的机构。1835 年编订完成的《俄罗斯帝国法律大全》并没有改变检察机构的角色定位。由于检察官不再负责监督政府机构，所以 19 世纪上半期的检察机构主要是一个司法监督机构。这种状况一直持续到 1864 年司法改革前夕。

总体来看，1864 年之前俄国的检察制度并不完善，效率并不高。这主要是因为自彼得一世统治以来，历代沙皇关于检察机构没有一个明确的角色定位，检察官的权力也是摇摆不定，时而扩大，时而缩小，这种政策上的摇摆不定限制了检察机构发挥作用的能力。正因如此，到尼古拉一世统治时期，同其他政府机构一样，检察机构效率低下，存在腐败现象，并未对俄国司法的发展起到积极作用。

二　改革后的俄国检察制度

克服俄国检察机构普遍存在的低效问题也是 1864 年检察制度改革的主要内容。此外，检察制度改革也与司法改革者力图在俄国司法中引入对抗式诉讼、创建律师制度有密切关系。

1857 年陛下第二厅起草的《民事诉讼法》草案首次提出了改革检察制度的问题，但这份法律草案没有提出明确的检察制度改革计划。1859～1861 年，В. П. 布特科夫领导下的一批开明官僚提出了关于诉讼制度改革的诸多计划，包括审判公开、被告有权进行辩护、无罪推定、审前调查制度改革、创建律师协会及重组检察机构等。他们改革的目标是减小检察机构的监督权，扩大检察官在刑事案件审判中的公诉权。

---

① 　S. M. Kazantsev, "The Judicial Reform of 1864 and the Procuracy," p. 50.

1862 年沙皇颁布的《司法改革基本原则》提出要在每个法院创设检察官，如果需要的话，还可以设立助理检察官。作为总检察长的司法部大臣，在检察官的帮助下行使最高监督权，但其活动主要限于司法领域。① 具体来讲，检察官的权力包括：（1）监督法律的执行情况；（2）对违法行为提出诉讼；（3）在民事和刑事诉讼中，向法院提供审前调查的结果；（4）任命司法侦查员；（5）决定是否对案件进行侦查。② 检察机构不再监督政府其他部门，但仍有权监督监狱等机构。简言之，根据《司法改革基本原则》，改革后的检察机构主要负责在刑事诉讼中提出公诉，检察官主要扮演公诉人的角色。此外，检察机构执行下级服从上级检察长的原则，检察官独立做出决定，检察长不能随意被罢免等也是《司法改革基本原则》确定下来的改革方向。③

《司法改革基本原则》颁布之后，社会各界围绕着司法改革问题展开了讨论。大多数人并不反对改革检察制度，但有人提出不应该废除检察机构监督政府其他部门的职能。这种想法当时并没有产生多大的影响力。但改革实施之后，不断有人提出要恢复检察机构对行政机构的监督权。А. Ф. 科尼在 1896 年甚至指出，"废除检察机构监督各级政府部门的权力是司法改革的一大错误"④。

在有关检察制度改革的讨论过程中，有人提出要扩大检察机构的权力，有人主张要限制检察机构的权力。俄国著名法学家 В. Д. 斯帕索维奇公开表达了对检察机构监督法院的不满："因为由司法部负责管理的检察官只是一名行政官员，因为检察官有义务监督法院执行法律的情况，因此，法院也最终受制于司法部。法院通过法律来维护社会的正常发展秩序，按道理来说，只有法官可以监督法院，高级法院可以监督基层法院；如果检察官来监督法律的保卫者，那么谁来监督检察官呢？"⑤

---

① S. Kucherov, *Courts, Lawyers and Trials under the Last Three Tsars*, p. 95.
② C. C. Wilson, *Basic Principles of 1862: The Judicial System: A Translation and Commentary*, pp. 102 – 117.
③ 张寿民：《俄罗斯法律发达史》，第 81 页。
④ *А. Ф. Кони*, Собрание Сочинений, Том. V, Москва, 1968, с. 7.
⑤ S. M. Kazantsev, "The Judicial Reform of 1864 and the Procuracy," p. 54.

В. Д. 斯帕索维奇的观点并没有被其他参与讨论的人接受，但多数人还是担心检察官的专权会影响司法公平。

《司法改革基本原则》颁布之后，沙皇政府成立了特别委员会来起草改革法令，1864 年，司法改革法令正式颁布。按照 1864 年颁布的有关法律规定，兼任司法部大臣的总检察长负责管理全国的检察机构和参政院总检察长办公厅，用新创建的助理检察官取代了过去的省级和地区的司法稽查官，所有的检察官和助理检察官都是经司法部大臣推荐，由沙皇任命的。检察官必须满足学历和司法工作经验两方面的要求，但与法官不同的是，检察官并不是终身任职，司法部大臣可以随时将某一位不称职的检察官免职。

司法改革法令规定，公诉是检察机构的主要职能，检察官是所有刑事案件的公诉人，在法庭上将代表政府和法律负责对犯罪嫌疑人提出公诉。[1] 检察官有权针对法院的判决向上一级法院提出抗诉，还负责监督法院刑事判决的执行。[2] 同时，法律还规定，检察官必须监督司法侦查员的工作，所有刑事案件的调查都在检察官监督下进行，有时候检察官还亲自参与案件的前期调查，可以要求警察来协助调查案件。司法侦查员既要执行检察官或助理检察官的命令，也要记录他们下达的有关侦查命令。司法改革法令还规定，检察官有权命令司法侦查员对已经调查完毕的案件进行补充侦查。[3] 预审结束后，检察官将做出关于被告人的调查结论，以起诉书的形式将调查结论呈送法庭。司法改革大大改变了检察官在刑事审判中的角色：检察官成了一名活跃的公诉人，也是负责案件起诉的关键人物，而不只是监督官。

在刑事审判中，检察官对法院还有一定的职责，比如，"①监督法律被遵守的准确性和统一性；②揭露并向法院追诉一切破坏秩序的行为；③必要时向法院递交坚定结论"[4]。由此可见，检察官具体监督法律

---

[1] Учреждения судебных установлений, Hо. 135, 2, http://civil. consultant. ru/reprint/ books/121/157. html, 最后访问时间：2020 年 11 月 15 日。

[2] 张寿民：《俄罗斯法律发达史》，第 81 页。

[3] S. M. Kazantsev, "The Judicial Reform of 1864 and the Procuracy," p. 56.

[4] О. И. 奇斯佳科夫主编《俄罗斯国家与法的历史》，第 298 页。

的执行情况以及法院的具体运转情况，保证司法程序的合规合法。

1864 年司法改革对检察官参与民事案件审理做了明确的限制。在民事诉讼中，检察机构的主要任务是向法院提出建议，然后确保法院的裁定符合法律规定。实际上，检察官在民事案件中没能有效发挥这一作用，因为检察官主要负责刑事案件的起诉，所以大多数检察官并不了解《民法》和《民事诉讼法》。这样看来，检察官参与民事诉讼是多余的。

19 世纪后半期，检察机构在起诉政治犯罪中发挥了极其重要的作用。在审前调查阶段，检察官监督从事调查的机构，也直接负责起诉，检察机构不仅纠正不合法的搜查、逮捕及起诉，也在针对政治犯罪的审理中起着重要的作用。在调查过程中，检察机构和警察一起从事调查工作。根据《刑事诉讼法》第 1034 条规定，针对政府犯罪的起诉由省级司法合议庭的检察官负责，所有的官员都要向其报告有关情况。[①] 由于检察机构在 19 世纪 70 年代之后经常参与政治审判，所以在革命者眼中，检察机构的名声并不是很好，甚至苏联时期的有些学者认为帝俄晚期的检察机构变成了一个镇压机构。这并不完全符合历史事实，1864 年后俄国涌现出了一批有公平与正义感的检察官，他们作为法院的公诉人赢得了律师和被告的认可，也赢得了民众的尊重。如 А. Ф. 科尼、М. Ф. 格罗姆尼茨基、Н. В. 穆拉维约夫、С. А. 安德列耶夫斯基和 В. И. 茹科夫斯基等人都是检察官的杰出代表。正如 А. Ф. 科尼所说："新上任的检察官执着冷静，没有对被告的仇恨，认真起草起诉书，尽量避免歪曲事实，最后，也是最重要的是，他们完全没有那种表达上的矫揉造作，也没有官僚机构中的形式主义或者那些虚妄的语言。"[②] 检察官要以法律的名义揭露犯罪，因此，检察官的所有行为不应该是定罪，而是不管被告有罪还是无罪，都应该去揭露事实的真相。确实，检察官是以公诉人的角色出现在法院的，但其必须在法庭审理中提出诉讼，这样做不是为了不惜一

---

① Устав уголовнаго судопроизводства, Но. 1043, http://civil. consultant. ru/reprint/books/118/424. html#img425，最后访问时间：2020 年 12 月 15 日。

② S. M. Kazantsev, "The Judicial Reform of 1864 and the Procuracy," p. 57.

切代价给被告定罪，而是要阐明起诉的理由和原因，这样也使被告有机会为自己辩护。如果检察官的起诉理由被被告或被告的辩护律师驳回的话，说明检察官的起诉是站不住脚的，检察官必须传唤所有的证人，提供证人证言或其他证据才有可能最终揭开案件的真相。① 简言之，检察官从某种程度上成了司法审判中"代表公众说话的法官"。

总体来看，1864 年司法改革后俄国检察制度的发展是卓有成效的，司法改革创建了一种近乎理想的检察制度。在这种制度下，检察官代表的是公平与正义，而不只是一定要让被告获刑，这同 19 世纪上半期低效、权力有限的检察机构形成了鲜明对比。随着 1864 年司法改革的推行，律师制度、对抗式诉讼模式的引入，审判公开原则的推行，检察制度也完成了一次彻底的变革。检察机构变成了一个负责刑事起诉和审前调查的机构，在刑事审判中有着极高的权威性，检察官因而成了改革后刑事审判中的关键性角色。苏联法学家进而指出，"沙俄检察机关的任务变成不是监督地方政权机关的活动，而是参加刑事诉讼：提起刑事诉讼，监督罪行侦查、支持在法院中的论罪并有时参加民事诉讼"②。因此，检察制度的成熟对于俄国司法体制的完善有着重要的意义。

第三节　改革后俄国的上诉体制

上诉体制是司法体制的重要组成部分，体现着司法制度的成熟与否，也是保障被告基本权利的重要组成部分，有多种司法职能。

1864 年司法改革之前俄国的上诉体制极为复杂，诸如国务会议、大臣委员会等行政机构也参与处理民事或刑事上诉，行政干预上诉对司法本身的发展产生了不利的影响。同时每一级上诉法院要对上诉案件的事实、所适用的法律等问题全面审理，从而导致案件久拖不决，有些案件甚至要等

---

① Устав уголовнаго судопроизводства, Но. 573, http://civil. consultant. ru/reprint/books/118/248. html, 最后访问时间：2020 年 11 月 15 日。

② 〔苏〕高尔谢宁：《苏联的检察制度》，陈汉章译，新华书店，1949，第 21～22 页。

上几十年才能有最终的结果。旧司法体制下的上诉模式使司法诉讼变得极为复杂，严重影响了司法管理效率。1864 年司法改革从根本上改变了这种复杂的诉讼体制，简化了上诉程序，从而大大提高了司法管理效率。

一 改革后俄国的普通上诉体制

1864 年司法改革后的上诉体制包括两类：一类是受理针对一审法院判决上诉的二审法院；另一类是受理针对终审判决撤诉上诉的参政院撤诉法院。无论是刑事案件还是民事案件，如果诉讼一方不服一审法院的判决，都可以向上一级法院提出上诉。1864 年《审判机关章程》规定了各类一审法院的上诉法院，即二审法院。比如，治安法院的二审法院是治安法官大会，区法院的二审法院是省级司法合议庭，无等级代表参加的省级司法合议庭的上诉法院是参政院刑事撤诉庭。但有陪审团参与的区法院没有二审法院。① 二审法院的裁定是终审判决，具有法律效力。如果诉讼双方没有异议，二审法院的司法判决将立即执行。

当然，一审法院做出的大多数判决都不会被上诉，诉讼双方多数情况下会接受一审法院的裁定。如果当事人要上诉的话，按照法律规定，诉讼双方都可以在一审法院裁定公布之后 24 小时内提出上诉要求。如果诉讼双方没有提出上诉要求，那么一审法院的判决就正式生效。② 一旦判决正式生效，接下来就可以执行具体的判决。在民事诉讼中，一审法院的裁决是在裁决公布之后马上开始执行。如果民事诉讼双方提出上诉，上诉法院推翻了一审法院的裁定，那么上诉中的原告可以要求上诉法院判定被告返还因一审法院的裁决而被赔偿的财产，也可以要求法院恢复自己原来的财产。③ 在刑事诉讼中，一审法院公布的判决只有在 24

① Устав уголовнаго судопроизводства, Но. 854. Устав гражданского судопроизводства, Но. 184, http://civil. consultant. ru/reprint/books/118/345. html # img346, http://civil. consultant. ru/reprint/books/115/142. html#img143, 最后访问时间：2021 年 1 月 25 日。

② Устав уголовнаго судопроизводства, Но. 173, 181, http://civil. consultant. ru/reprint/books/118/117. html, 最后访问时间：2021 年 1 月 25 日。

③ Устав гражданского судопроизводства, Но. 184, http://civil. consultant. ru/reprint/books/118/124. html, 最后访问时间：2021 年 1 月 25 日。

小时提出上诉期满后才能执行。如果刑事案件的判决被提出上诉的话，法院暂缓执行判决，直到上诉法院做出终审判决为止。①

在民事诉讼中，一审法院公布判决后的一个月都是上诉期；而在刑事诉讼中，如果诉讼当事人在 24 小时内告知一审法院自己要提出上诉，那么要求上诉的当事人就准备向二审法院提出正式上诉。一审法院公布判决后的两周时间都是上诉期。② 在此期间诉讼当事人提出上诉都有效。

受理上诉的二审法院在接到诉讼当事人的上诉书后，要对案件重新审理并做出终审判决。上诉书必须包括上诉的具体理由，上诉理由可以是与案件事实有关的问题，也可以是与案件所适用法律条文有关的问题。与案件事实有关的问题包括一审法院未采纳的某些证据，或一审法院采纳了某位专家的证言，却没有采纳另一位专家的证言；与所适用法律条文有关的问题包括一审法院对法律条文不合理的解释，或法院在审理案件过程中剥夺了被告所享有的充分的诉讼权利。③ 总之，诉讼当事人提出的上诉理由要让二审法院确信上诉是有根据的。

二审法院要对提出上诉的案件重新审理，包括重新审查与案件有关的所有证据，重新听取证人的证言，并审查与案件有关的其他材料。然而，在上诉过程中，诉讼当事人不能再提出新的指控或要求，也不能要求法院补充侦查有关证据。④

然后二审法院根据审理结果重新裁定案件。二审法院的裁定一经发布，将是终审判决。二审法院可能会维持原判，也可能会推翻一审法院的判决，重新判决案件。在民事诉讼中，二审法院的判决将立即执行。

---

① Устав уголовнаго судопроизводства, Ho. 181, http://civil. consultant. ru/reprint/books/ 118/123. html，最后访问时间：2021 年 1 月 25 日。

② Устав гражданского судопроизводства, Ho. 839, Устав уголовнаго судопроизводства, Ho. 181, http://civil. consultant. ru/reprint/books/115/439. html # img440, http://civil. consultant. ru/reprint/books/118/123. html，最后访问时间：2021 年 1 月 25 日。

③ Устав гражданского судопроизводства, Ho. 839, Устав уголовнаго судопроизводства, Ho. 181, http://civil. consultant. ru/reprint/books/115/439. html # img440, http://civil. consultant. ru/reprint/books/118/123. html，最后访问时间：2021 年 1 月 25 日。

④ Устав гражданского судопроизводства, Ho. 163, Устав уголовнаго судопроизводства, Ho. 181, 182, http://civil. consultant. ru/reprint/books/115/131. html # img132, http:// civil. consultant. ru/reprint/books/118/123. html，最后访问时间：2021 年 1 月 25 日。

在刑事诉讼中，只有在检察官和诉讼当事人都无意提出撤诉上诉的时候，二审法院的判决才能正式执行。

根据1864年司法改革法令的相关规定，改革后的法院体系中只有一审法院和二审法院才能对案件进行全面审理，也就是说，只有这两类法院有权审查与案件事实有关的问题，因此，二审法院的裁定将是终审判决。这与改革前俄国的上诉体制形成了鲜明的对比，改革前每一类受理上诉的法院都要对案件的有关事实重新审理。

二　改革后俄国的撤诉上诉体制

1864年司法改革之后，除了受理上诉的二审法院外，还有受理诉讼当事人撤诉上诉的参政院民事和刑事撤诉法院。二审法院做出终审判决之后，如果诉讼当事人认为二审法院在审理案件的过程中侵犯了自己的基本权利，或诉讼当事人认为终审判决中有法律应用不当的情况，其可以向参政院民事和刑事撤诉法院提出撤诉上诉。撤诉上诉构成了司法改革后俄国的另一类上诉体制。

撤诉上诉同普通的上诉存在诸多差别。首先，撤诉上诉的理由仅限于与法律有关的问题。参政院撤诉法院不审理与案件事实有关的问题，因为改革者认为，一审和二审法院已经将与案件事实有关的问题审理清楚，也就没必要再纠缠与案件事实有关的问题了。其次，参政院撤诉法院不对案件做出新的判决。参政院撤诉法院只审查二审法院在案件审理中法律应用是否得当，以及上诉人提出的撤诉理由是否充分。最后，参政院撤诉法院的裁定并不能最终解决诉讼双方的争端，撤诉裁定只涉及法院的审理程序是否得当，法律运用是否合理。而二审法院必须要做出终审判决。

根据1864年司法改革法令的规定，只有二审法院的终审判决才可以提出撤诉上诉。① 因为有陪审团参与的区法院没有上诉法院，有陪审

---

① Устав гражданского судопроизводства, Ho. 792, Устав уголовнаго судопроизводства, Ho. 103, 173, http://civil. consultant. ru/reprint/books/115/406. html # img407, http://civil. consultant. ru/reprint/books/118/101. html, http://civil. consultant. ru/reprint/books/118/117. html, 最后访问时间：2021年1月25日。

团参与的法院做出的判决也是终审判决，所以诉讼当事人可以将陪审团的裁决向参政院撤诉法院提出撤诉上诉。如果诉讼双方对一审法院的判决没有异议，放弃他们的上诉权利，那么他们此后就不能再向参政院撤诉法院提出上诉。如果诉讼当事人想提出撤诉上诉，其必须走完一审法院和二审法院的程序，也就是说，只有二审法院的判决才能被提出撤诉上诉，当然有陪审团参与的区法院的判决是例外。① 还有一种特殊情况就是治安法院的裁定。前文已经谈到，治安法院审理情节较为轻微的刑事案件或案值不大的民事案件。如果治安法院审理的是不超过 30 卢布的民事案件，或那些对被告处以警告、谴责、不超过 15 卢布的罚款和拘押不超过三天的刑事案件，治安法院的判决是终审判决。这类案件不能上诉到治安法院的二审法院——治安法官大会，但可以直接上诉到撤诉法院要求撤诉。② 这类案件的撤诉法院并不是参政院撤诉法院，省级司法合议庭负责受理针对这类案件的撤诉上诉。

民事或刑事诉讼中的任何一方都可以向参政院撤诉法院提出撤诉上诉。除了诉讼当事人可以向参政院撤诉法院提出撤诉上诉外，第三方如果能证明二审法院的判决结果影响了他们的利益，其虽不是诉讼当事人，但也可以提出撤诉上诉。与诉讼无直接关系的第三方提出的上诉叫作第三方上诉。检察官也可以提出撤诉上诉，检察官的撤诉上诉叫作抗诉。

诉讼当事人只有向参政院撤诉法院递交撤诉上诉书，后者才能受理上诉。撤诉上诉书必须通过二审法院才能送达参政院民事或刑事撤诉法院，撤诉上诉书要说明撤诉的具体理由和参政院撤诉法院要考虑的具体问题。1864 年司法改革法令规定的关于撤诉上诉理由包括：第一，二审法院在审理案件时违背了法律的一般精神，或法院对法律的适用有不当

① Устав уголовнаго судопроиводства, Но. 124, 854, http://civil. consultant. ru/reprint/ books/118/106. html, http://civil. consultant. ru/reprint/books/118/346. html, 最后访问时间：2021 年 1 月 25 日。

② Устав гражданского судопроизводства, Но. 134, 156, 185, Устав уголовнаго судопроиводства, Но. 1242, http://civil. consultant. ru/reprint/books/115/123. html, http:// civil. consultant. ru/reprint/books/115/130. html, http://civil. consultant. ru/reprint/books/ 118/519. html, 最后访问时间：2021 年 1 月 25 日。

之处；第二，二审法院的审理过程明显违反了法律规定，由于法院的审理过程是违法的，所以法院的判决缺乏合理的法律依据；第三，在二审法院审理案件的过程中，法官有越权行为。[①] 除了以上理由外，参政院撤诉法院一般不会支持其他的撤诉理由。

由于参政院撤诉法院主要审理与法律应用及审理程序有关的问题，而不是审查与案件事实有关的问题，因此对于参政院撤诉法院来说，法官遇到的最大难题就是要确定哪些是与案件事实有关的问题，哪些是与法律有关的问题。事实问题和法律问题之间的区别在于，两者是案件审理过程中两个不同的过程。一方面，法官掌握着与案件有关的大量事实，如证人证词、专家证言以及诉讼双方的诉讼主张等。另一方面，法官也了解相关法规，法官为了做出裁决必须对事实和法律进行权衡。法官首先确定提交到法院的与案件有关的事实与诉讼双方提出的控告或要求有没有关系，必须将与案件有关的事实转化成法律上承认的事实。一旦法官确定某些事实有着重要的法律意义，那么其会将这些事实与相关的法律进行比较，从而确定与这个案件相适应的法律。

比如，在民事诉讼中，原告向法院提出诉讼，要求被告因未能按协议如期完成工程而负责赔偿。案件上诉到参政院撤诉法院后，参政院撤诉法院要对二审法院的判决进行审查，原告没有提供关于被告未能完成工程任务的具体证据，被告要求法院去现场进行勘察。问题就出现了，现场勘察获得的证据是被看作合理的证据，还是只被看作对已有证据的进一步完善。根据俄国法律的有关规定，民事案件中的现场勘察是对已有证据的完善，因此参政院撤诉法院只考虑二审法院在允许进行现场勘察或不允许现场勘察时程序是否得当，并不会考虑案件事实是否清楚。现场勘察到底是与法律有关的问题还是与案件事实有关的问题，这给参政院撤诉法院出了难题，所以参政院撤诉法院的法官既要熟悉相关的法

---

① Устав гражданского судопроизводства, Но. 185, 793, Устав уголовнаго судопроизводства, Но. 104, 174, http://civil. consultant. ru/reprint/books/115/142. html#img143, http://civil. consultant. ru/reprint/books/115/411. html, http://civil. consultant. ru/reprint/books/118/102. html, http://civil. consultant. ru/reprint/books/118/117. html, 最后访问时间：2021 年 1 月 25 日。

律，也要有丰富的司法经验。

参政院撤诉法院一旦受理了诉讼当事人的上诉，将发布一份撤诉裁定。撤诉裁定或是维持原判，或是撤销二审法院的判决。参政院撤诉法院如果认为上诉或抗诉理由不充分，那么将维持原判，二审法院或有陪审团参与的区法院的执行官将负责执行法院的判决①，也就是说，如果参政院撤诉法院维持原判，二审法院的判决将具有正式的法律效力，此后不能再提出撤诉上诉。

如果参政院撤诉法院认为当事人的上诉或检察官的抗诉理由充分合理，比如，二审法院确实违反了法律程序，或有法律应用不当的地方，或在证据采纳等方面有违法或不当行为，并且因违反法律程序或法律应用不当而做出了有损当事人利益的判决，那么参政院撤诉法院将公布一份裁定，说明二审法院违反法律的有关情况，然后附上适用的正确程序或合理的法律应用。参政院撤诉法院的裁定书中还要指定重新审理案件的法院。参政院撤诉法院的裁定不是最终的判决书，而是一份对基层法院有约束力的指导书。参政院撤诉法院发布的撤诉裁定书通常是这样的："参政院民事和刑事撤诉法院认为，××二审法院的判决应当撤销，因为其违反了××项法律法规，发回重审。"

重审法院或是做出终审判决的原二审法院，或是与二审法院级别相同的其他法院。如果重审法院是原来的二审法院，那么原来受理一审法院上诉的二审法院的法官不能审理该案件，法官席的人员必须重组，重审法院然后根据参政院撤诉法院的指导意见有针对性地审理案件。如果需要对案件全面审理，那么重审法院通常是原来的二审法院或邻近地区的同等级法院，以降低因传唤证人等而产生的诉讼费用。

重审法院的判决不能再次提出撤诉上诉，除非是在案件重审过程中法院又有违法行为。如果当事人提出撤诉上诉，那么这次是针对重审法院的撤诉上诉或抗诉，撤诉法院要处理这种撤诉上诉。在撤诉裁定已经

---

① Устав гражданского судопроизводства, Ho. 809, Устав уголовнаго судопроизводства, Ho. 109, http://civil. consultant. ru/reprint/books/115/421. html, http://civil. consultant. ru/reprint/books/118/104. html, 最后访问时间：2021 年 1 月 25 日。

发布的案件中，裁定对重审法院有绝对的约束作用。① 在这一点上，俄国的诉讼模式与法国有很大的不同，法国的重审法院可以不遵从撤诉法院的裁定。在法国，同一案件同一理由下第二次的撤诉上诉将在撤诉法院总委员会审理，而法官席的裁定是不可推翻的，这是一种双重撤诉的实践。然而，如果俄国法官在重审案件时未能遵从撤诉法院的裁定，那么可能会导致出现新的撤诉上诉以及对法官的可能的纪律处罚。

撤诉法院的裁定与二审法院的终审判决不同。终审判决对于诉讼双方都有法律效力，如果诉讼当事人不提出上诉的话，法院将执行终审判决。撤诉法院的裁定对诉讼双方没有法律效力，却对重审法院的法官具有法律上的约束力。撤诉裁定并不包括对诉讼一方或另一方有利的裁定，在刑事案件中，撤诉法院也不能做出刑事判决。撤诉裁定多与法律规定有关，对重审法院的法官有约束作用，其目的在于促使法院做出诉讼双方都认可的判决。重审法院通常是二审法院，在对案件重新审理之后将做出终审判决，这项判决一般要立即执行。从这个角度上来讲，虽然有参政院撤诉法院存在，但所有的民事或刑事案件最终的裁决都是由一审法院或二审法院做出的，即使案件上诉到参政院撤诉法院，它也不能做出终审判决，最终还要由参政院指定的二审法院做出终审判决。

俄国的上诉模式与法国有诸多相似之处。在两国的司法实践中，只有一审和二审法院可以对案件进行全面审理，撤诉法院可以处理与法律有关的问题，也就是说，在俄国和法国，民事和刑事案件的终审判决都是由二审法院做出的。德国并没有撤诉上诉体制。德国的最高法院是"修正"法院，受理针对二审法院终审判决的上诉，如果最高法院撤销二审法院的判决，最高法院不会发回重审，而是亲自审理案件，然后发布一项裁决，以代替二审法院的裁决。实际上，德国的最高法院是另一个上诉法院。② 俄国 1864 年之前的上诉体制与德国模式很相似。

---

① Устав уголовнаго судопроизводства，Ho. 109，http://civil. consultant. ru/reprint/books/118/104. html，最后访问时间：2021 年 1 月 25 日。

② J. Merryman，*The Civil Law Tradition：An Introduction to the Legal Systems of Western Europe and Latin America*，Stanford University Press，1969，p. 42.

从以上关于俄国两类上诉体制的梳理中,我们清楚地看到,改革后的上诉体制将如国务会议这样的行政机构排除在上诉体制之外,起诉、上诉和撤诉上诉等都在司法体系内部完成。上诉程序也大大简化,由于参政院撤诉法院只审查与法律及程序有关的问题,这大大缩短了上诉时间,提高了司法管理效率,克服了改革前俄国司法体制中存在的案件久拖不决的弊端。

同时,改革后的上诉体制特别注重对个人权利的维护。在这种上诉体制中,不论是民事诉讼当事人,还是刑事诉讼中的被告,他们都有基本的上诉权利,而且这种权利受到法律的保护。如果诉讼当事人认为法院的裁定侵犯了个人的基本权利,或诉讼的另一方在案件审理中侵犯了自己的权利,或不服法院的判决,都可以提出上诉和撤诉上诉。对个人权利的保护是帝俄晚期社会进步的表现。

总体来讲,较为完善的上诉体制的建立有助于俄国司法专业化的发展,对俄国司法制度的完善起到了重要作用。

第四节　改革后俄国的司法管理体制

1864 年后,俄国法院在审理民事和刑事案件时享有完全的自主权,一审和二审法院可以做出终审判决,参政院有权就法律条文本身和法律程序方面的问题做出裁定,行政机构不再有权干涉司法事务。从这个层面上来讲,司法改革真正实现了行政权与司法权的相对分离,保证了司法的独立。但从行政隶属关系上来讲,司法部对法院享有监管权。那么,改革后司法部与法院之间是什么关系呢?参政院在司法管理中有何作用呢?回答这些问题有助于我们进一步深化对司法改革本质的理解。

一　参政院与改革后俄国的司法监管体制

根据 1864 年司法改革法令,参政院撤诉法院除受理撤诉上诉外,还负有监督基层法院法律执行情况及监管法院的责任。为此参政院分成了判决机构、纪律监督机构和审判机构。

根据《审判机关章程》，参政院可以对各级法院的法官行使监督权。[①] 参政院的判决机构负责监督法律的执行，也就是通过受理撤诉上诉来纠正基层法院法律应用不当或对法律理解不正确的行为。具体来讲，参政院撤诉法院对所受理的撤诉上诉案件发布裁定，这份裁定对重审法院的法官具有较大的约束力。如果重审法院的法官未能遵从参政院撤诉法院的裁定，那么案件有可能再次被提出撤诉上诉，重审法院的法官也会因此受到纪律处分。这样一来，参政院撤诉法院通过颁布撤诉裁定来监督和约束基层法院法官的行为，利用自己受理撤诉上诉的权力来行使司法监督权。

参政院撤诉法院的裁定除了对重审法院有约束力之外，对基层法院以后审理类似的案件也具有约束力[②]，这就是英美法系中的遵循判例原则，判例指法院可以援引，并作为审理同类案件的法律依据的判决和裁定。它具有约束参政院撤诉法院和基层法院的法律效力，具有一般法律规范的性质。这些判例的产生多是参政院撤诉法院对法律条文或法律程序的解释，参政院撤诉法院的解释进一步扩大了法律适用范围，因而具有广泛适用性。参政院撤诉法院因有权颁布判例而对基层法院有着更为广泛的监管权力，基层法院在审理案件时必须参考参政院撤诉法院已经颁布的有关判例，否则，法官就是失职，要遭受纪律处罚。作为最高法院的参政院，要求基层法院遵守判例就是在行使自己的行政权力。这就类似于沙皇俄国其他部门中的最高上司要求自己的下属遵守部门的命令和政策一样。参政院正是司法体制中有权对法官发布命令的中央机构。

参政院除了可以行使撤诉权并发布对基层法院有约束力的撤诉裁定外，还可以行使对基层法院法官的纪律监督权。根据《审判机关章程》，参政院可以监督法官，必要时可以对法官进行纪律处罚。[③] 参政院通过两种方式了解法官的违纪行为：一是通过诉讼当事人的撤诉上诉书了解

---

① Учреждения судебных установлений, Ho. 114 – 119, 197, 198, 249, http://civil. consultant. ru/reprint/books/121/152. html#img153，最后访问时间：2021 年 2 月 15 日。

② Учреждения судебных установлений, Ho. 249, http://civil. consultant. ru/reprint/books/121. html#img236，最后访问时间：2021 年 2 月 15 日。

③ Учреждения судебных установлений, Ho. 249, http://civil. consultant. ru/reprint/books/121. html#img236，最后访问时间：2021 年 1 月 25 日。

基层法官在应用法律或审判过程中的违规行为；二是通过司法部大臣提供的相关资料，因司法部大臣是总检察长，所以各级法院的检察官会将自己所在法院的违规行为报告给司法部大臣，司法部大臣将这些问题汇总之后通报给参政院，参政院核实法官的违规行为后，召开会议讨论调查结果，然后公布纪律处罚决定。参政院可以对基层法院法官发布通报、警告等纪律处罚决定。① 通报和警告是较轻的纪律处罚，但要记入法官的档案之中，对法官的升迁等都有较大的影响。如果有违纪记录的法官再次违纪的话，参政院会对其加大处罚力度，有些法官会因屡次违纪而被调离工作岗位。②

1864 年司法改革之后，参政院撤诉法院负责处理法官的违纪违规行为。1877 年，参政院第一司和民事刑事撤诉法院总委员会正式成立，其主要负责对参政院刑事仲裁司有关职务犯罪案件判决的上诉和异议，也负责监督法官。1885 年，参政院成立了"最高纪律议事处"，全权负责对法官的纪律监督。③ 最高纪律议事处由来自刑事和民事撤诉法院各两名参政员及来自参政院第一司的两名参政员组成。同时，1885 年法令也扩大了参政院撤诉法院、参政院第一司和民事刑事撤诉法院总委员会与司法部大臣监督法官的权力。这样一来，参政院撤诉法院、参政院第一司和民事刑事撤诉法院总委员会以及最高纪律议事处都有权对法官行使纪律监督权。虽然 1864 年司法改革法令规定法官不能随意被免职，但参政院可以通过行使纪律监督权来限制法官的升迁或职位变动。参政院通过这种方式来约束那些不服从命令或不遵纪守法的基层法官，也能有效地规避"法官终身任职"原则，将那些"不称职的"法官调离岗位。

此外，参政院还负责受理针对法官或其他政府官员的诉讼。法律规定，与十四至九等官员有关的案件在区法院审理，与八至五等官员有关的案件在省级司法合议庭审理，与五等以上官员有关的案件在参政院撤

① Учреждения судебных установлений, Но. 265, http://civil. consultant. ru/reprint/books/121/246. html，最后访问时间：2021 年 1 月 25 日。

② Учреждения судебных установлений, Но. 295, http://civil. consultant. ru/reprint/books/121/258. html，最后访问时间：2021 年 1 月 25 日。

③ ПСЗ，Собрание 3，Том. 5，Но. 2959，Санкт-Петербург，1887，с. 219 – 224。

诉法院审理；与国务会议成员有关的案件在参政院最高刑事法院审理。①
这些法院都是一审法院，诉讼当事人可以向参政院第一司和民事刑事撤
诉法院总委员会提出撤诉上诉。与司法改革基本原则不同的是，这类法
院审理案件都是秘密进行的，因此这些法院对俄国司法的影响并不大。
参政院对这类案件的审理结果也不会公布，也不能作为判例。1864 年
后，参政院虽不再对各级政府行使监督权力，但从司法上来讲，参政院
是监督各级政府官吏的最高司法机构。从某种意义上来讲，参政院是受
理有关官员刑事、民事犯罪的最高司法机构，也是反渎职和反贪污的最
高司法机构。

对于法官来讲，参政院主要行使纪律监督权，对那些违反相关规定
的法官进行纪律处罚，也可以对有民事或刑事犯罪的法官提出诉讼。同
当时大多数欧洲国家一样，如果要对法官或政府官员提出反渎职诉讼的
话，必须要征得该法官或官员上司的同意。②

1872 年，参政院还成立了"惩治政治犯罪和违法组织特别法庭"，
这是审理政治案件的最高法院。③ 当事人如果对该法院的判决不服，只
可以向参政院第一司和民事刑事撤诉法院总委员会提出撤诉上诉。19 世
纪 70 年代一些最重大的政治案件都在这里审理。案件审理都是秘密进
行的，以免在社会上造成不良影响。

总体来看，不管是作为一审法院的参政院，还是作为撤诉法院的参
政院，都是改革后俄国司法体制中的最高司法机构。参政院通过撤诉裁
定和司法解释权来从司法上监督俄国各级法院组织，从而保证了法律运
用的连续性和前后一致性，推动了 1864 年后俄国司法的良性发展。

二　司法部与改革后俄国司法的管理体制

为了更好地理解司法部与改革后俄国法院之间的关系，我们有必要

---

① Устав уголовнаго судопроизводства, Ho. 1072 - 1076, http://civil. consultant. ru/reprint/
books/118/437. html，最后访问时间：2021 年 1 月 25 日。

② E. N. Anderson, P. R. Anderson, *Political Institutions and Social Change in Continental Europe
in the Nineteenth Century*, Berkeley: University of California Press, 1967, pp. 221 – 222.

③ ПСЗ, Собрание 2, Том. 47, Ho. 50956, Санкт-Петербург, 1875, c. 808.

先了解司法部的组织结构，以理清司法部的管辖权限及活动范围。

19 世纪初，亚历山大一世部体制改革之后，正式设立了司法部。1864 年司法改革之后，司法部主要负责起诉和司法官员的任命。具体来讲，司法部由两个部门组成，每个部门又有几个负责具体事务的子部门。

司法部第一司下属三个局。第一局为司法局，主要负责与立法有关的问题。比如，起草立法建议，将立法建议提交国务会议和大臣委员会讨论；征求政府其他部门对立法建议的讨论意见等。①

第二局由刑事事务办公室和民事事务办公室组成，其管理范围也较为宽泛。第二局根据地方检察机构检察官提供的相关抗诉材料，将有些案件内容整理之后送交司法部大臣，司法部大臣将有关材料递交到参政院撤诉法院或参政院第一司和民事刑事撤诉法院总委员会。检察官提出抗诉的案件多数与诉讼程序和法律的解释有关。第二局还受理那些向司法部大臣申请救助或减刑的请求。② 如果检察官在日常法律诉讼中发现某些法律有遗漏或有空白点的话，第二局会将有关问题整理之后送交国务会议讨论以确定是否需要立法。③ 此外，第二局还要负责收集社会各界对参政院撤诉裁定的评论，以确定是否有必要向国务会议提出立法建议。

第二局另一项主要职责是监督司法人员。如前所述，司法部大臣可以把法官起诉到参政院第一司和民事刑事撤诉法院总委员会。1885 年法令颁布之后，司法部大臣还可以将这些人起诉到参政院最高纪律议事处。但总体上来说，司法部很少直接干涉法院审理案件的过程。司法部根据基层检察机构检察官的抗诉将有争议的案件上诉到参政院，这可以看作司法部对司法的监管，但不能说是司法部直接干涉司法。

第三局是统计局，主要负责收集整理各地方法院的统计资料。统计

---

① Учреждения судебных установлений，Но. 249，http：//civil. consultant. ru/reprint/books/121/237. html#img238，最后访问时间：2020 年 12 月 25 日。

② Устав гражданского судопроизводства，Но. 945，http：//civil. consultant. ru/reprint/books/115/497. html，最后访问时间：2020 年 12 月 25 日。

③ Учреждения судебных установлений，Но. 136，http：//civil. consultant. ru/reprint/books/121/163. html，最后访问时间：2020 年 12 月 25 日。

局负责将这些统计资料正式公布，具体公布形式有三种：司法部呈交给沙皇的年度报告；司法部统计资料汇编；刑事案件统计资料汇编。[①]

　　司法部第二司由四个局和一个临时办公室组成。人事局负责司法官员的任命、升迁和调动事宜。实际上，人事局也不能决定司法官员的任命和调动，其主要负责对司法官员进行考核，具体的任命或调动都由司法部大臣本人掌控，司法部大臣综合各方面的结果，将拟定好的任命名单提交沙皇批准。

　　执行局负责法院的财政，它和预算局一起负责管理资金的流转。第四个局是由司法部大臣直接领导的咨议局，由司法部第一司和第二司司长、参政院各司的总检察长、特别任命的官员及司法部大臣组成。咨议局处理的是那些未引入司法改革的地区法院审理案件时遇到的问题，以及参政院第一司和民事刑事撤诉法院总委员会无法解决的一些案件。咨议局也研究如何对政府官员提出反渎职诉讼的问题。

　　第二司还设有一个临时办公室，负责起诉特殊的案件。该机构由一些直接对司法部大臣负责的执行特别任务的官员组成，通常是协助检察官处理特别重大的案件，主要是政治案件。这一机构的成员是临时任命的，多数是司法部大臣为了某类案件的起诉而专门指定的。[②]

　　这就是司法部的基本框架结构。从表面上看，司法部除了可以对案件提出诉讼之外，与法院行使司法权没有多少关系。但司法部与法院之间非正式的关系表明司法部可以采取各种手段影响司法，甚至在特殊的案件中影响法院的审理过程。司法部主要是通过控制法院的人事关系和检察机构来影响司法。

　　1864 年司法改革法令规定，除非有不当行为或有刑事和民事犯罪行为，否则法官终身任职。但这一特权仅适用于法官。检察官和法院其他官员（秘书、法院执行官等）并不享有终身任职的特权，他们的人事关

---

①　*Н. П. Ерошкин*，Высшиеицентральные Государствен-ые Учреждения России1801 – 1917г，Том. 2，СПб：Наука，2001，c. 98.

②　*Н. П. Ерошкин*，Высшиеицентральные Государствен-ые Учреждения России1801 – 1917г，Том. 2，c. 98 – 100.

系隶属于司法部。① 这样，司法部尽管无法完全控制法官，但它可以通过控制法院其他工作人员来影响司法。法律对法官和检察官任职条件的规定是对司法部人事任免权的一种有效制约，但司法部在满足任职条件的人中挑选出合适的司法人员方面有自由裁量权。

虽说法律对法官和检察官等的任职条件有不同规定，但实际上，俄国法官和检察官在任命和职务升迁上没有实质性的区别。原因首先在于俄国的法官、检察官的教育培养都是一样的。在俄国，法官、检察官和律师及其他司法从业人员都毕业于大学法律系或专业的法学院。在法国等国家，检察官和法官的培养是分开的，即有专门培养法官和检察官的不同机构。② 在俄国，若将法官和检察官严格分开，必然会出现法官短缺现象。1864 年后，因大批新司法机构的建立，法官数量不足就是一个问题。其次，普通法院的法官要晋升到高一级法院，或是满足法官的任职条件，或是满足检察官的任职条件，这就导致法官和检察官之间出现交叉。③ 有些人在做法官前可能担任过检察官，有些人在担任检察官之前曾在基层法院做过法官。参政院民事或刑事撤诉法院的参政员之前几乎都做过法官或检察官。

正因如此，司法部大臣在法官和检察官的人事任命及调动上有较大的自主权，其通过控制人事关系进一步影响司法。起初司法部大臣通过控制司法官员的人事关系来影响司法的作用并不大。1864 年司法改革实施之后，时任司法部大臣 Д. Н. 扎米亚特宁因亲自参与了司法改革法令的制定，所以对于改革派的主张有较为深刻的认识。正是因为 Д. Н. 扎米亚特宁的努力，改革后一批专业的法学家或法学院的毕业生成了俄国新法院的首批法官或检察官。他们深受西方法学的影响，将担任法官和检察官看作对自己专业的肯定，因而他们带着满腔热情走上工作岗位，为维护司法的公平与正义而斗争。但司法部与俄国司法专业人员的蜜月

---

① Учреждения судебных установлений，Но. 203 – 210，http:∥civil. consultant. ru/reprint/books/121/192. html#img193，最后访问时间：2020 年 12 月 25 日。

② R. David，H. De Vries，*The French Legal System*，Oceana Pubns，1958，pp. 17 – 18.

③ Учреждения судебных установлений，Но. 210，http:∥civil. consultant. ru/reprint/books/121/199. html，最后访问时间：2020 年 12 月 25 日。

期并没有持续多长时间。1867 年，帕伦接替 Д. Н. 扎米亚特宁担任司法部大臣，司法部的人事任免政策也发生了重大的变化。

1866 年，俄国新法院正式开始工作，沙皇政府很快就发现，这些受过专业教育的司法人员给政府制造了一些麻烦。从沙皇政府的角度来讲，司法部要负责维护政府的利益，司法部监管之下的检察官要尽量促使法院判处被告有罪。但那些新任命的检察官认真对待司法程序中的对抗式辩诉原则，只为了追求案件的真相，忽视了政府要求判处被告有罪的前提条件。Д. Н. 扎米亚特宁担任司法部大臣时，为司法官员的这种行为进行辩护。他可以说是沙皇政府中的离经叛道者，结果他很快就被调离司法部大臣的职位。[1]

接替 Д. Н. 扎米亚特宁担任司法部大臣的帕伦毕业于莫斯科大学法律系，毕业之后一直在司法部任职，从未在基层法院担任过法官或检察官，因此，帕伦并不像 Д. Н. 扎米亚特宁那样坚持司法独立，他认为检察机构是沙皇政府强化司法管理的一种有效的武器。帕伦所采取的一切措施都是要保证任命那些政治上可信的人担任法官或检察官。更具体地说，他首先必须保证检察官能忠于司法部，忠于司法部制定的政策。在帕伦看来，检察官首先必须维护政府的利益，其次才是遵守司法改革的基本原则。

帕伦经常任命一些年轻的法学院毕业生担任司法侦查员，这些都是临时任命的。[2] 起初人们并未注意到司法部大臣制定这一政策的影响，但后来这些当初被临时任命为司法侦查员的人都成了高级法官或检察官。这种临时任命的司法侦查员并不完全满足改革法令所要求的任职条件，可这些人都是司法部大臣亲自挑选的，多数是司法部大臣眼中政治上可信赖的人，所以这些人更能够忠心耿耿地执行沙皇及司法部大臣的命令，假以时日，司法部大臣将这些司法侦查员正式任命为法官或检察官。这种方式成了司法部大臣控制司法人员的有效手段。

除了这种临时任命的控制方式外，司法部大臣还可以利用手中的一

---

① Richard S. Wortman, *The Development of a Russian Legal Consciousness*, pp. 276 - 277.

② Richard S. Wortman, *The Development of a Russian Legal Consciousness*, pp. 277 - 278.

些不太重要的岗位空缺来控制法院人事关系。当无岗位空缺而司法部大臣又想安插自己看重的人，他首先将自己认为合适的人安排到某些闲职岗位上，一有机会便提拔重用。这些起初被任命为闲职的人后来多数被任命为检察官或法官，司法部大臣凭借手中掌握的大批闲职岗位，将检察官的任免权牢牢控制在自己手中。不管怎么说，这些官员因为都是司法部大臣提拔或任命的，所以他们更能认同沙皇政府的政策，也更加有利于维护政府的利益。

根据对一些著名法官或检察官的人事档案的研究，学者们发现，帝俄晚期大多数高级检察官工作之初都是从临时岗位或闲职岗位做起的。这说明，司法改革实施之后，司法部大臣通过临时任命等方式控制司法官员已经成为常态。

比如，A. C. 格沃兹多夫于 1873 年参加工作，刚开始担任司法侦查员。1881 年获得正式任命之前，他先后担任过五个法院的司法侦查员。1881 ~ 1896 年，他在维特布斯克和圣彼得堡区法院担任法官。1896 年他被提名为圣彼得堡司法合议庭的助理检察官（因为这段时间他主要审理的是重要的政治犯罪，所以在上级看来，他在政治上是可靠的）。1902 年，A. C. 格沃兹多夫担任参政院第一司和民事刑事撤诉法院总委员会副总检察长。1906 年，他被正式任命为刑事撤诉法院的副总检察长，1910 年担任刑事撤诉法院参政员。1912 ~ 1915 年，他作为参政员在最高刑事法院供职，职位升迁表明他在政治上是可靠的。[1]

A. 德夏的例子也能说明问题。1873 ~ 1881 年，A. 德夏曾先后担任过三个法院的司法侦查员，负责重大刑事案件的调查工作。1881 年，他被调到伊苏斯克法院的一个"临时"岗位上。1881 ~ 1906 年，A. 德夏担任检察官，1914 年被任命为参政员。[2]

所有这些人刚开始都是担任司法侦查员，在工作中积累了一定的经

---

[1]　B. L. Levin-Stankevich, "Cassation, Judicial Interpretation and the Develompent of Civil and Criminal Law in Russia, 1864 – 1917," State University of New York, Unpublished Doctor Paper, 1984, p. 178.

[2]　B. L. Levin-Stankevich, "Cassation, Judicial Interpretation and the Develompent of Civil and Criminal Law in Russia, 1864 – 1917," p. 178.

验，并深得上司的信任之后，被任命为法官或检察官。他们与其他司法官员的区别在于这些人后来都身居高位，成为参政院的参政员或高级检察官。这很好地说明了司法部大臣是如何通过这些非常规的措施控制司法人员的。1867～1877 年担任司法部大臣的帕伦，以及后来的司法部大臣都利用手中的这些特权来控制司法人员。

虽然司法部大臣在检察机构中安插了大批政治上可靠的人，但在法院中，大多数人还是有才能的、受过良好法学教育的大学毕业生。据 A. Ф. 科尼的回忆，改革后俄国的司法体制如果没有这些受过法学教育的大学生根本就无法运转。除了那些因受司法部大臣特殊关照而进入司法机构的人之外，大多数司法官员所走的是大致相同的职业发展道路：从法学系或法学院毕业之后进入司法界工作。① 1864 年司法改革之后，随着司法改革扩展到俄国更广大的地区和社会的发展，法院数量不断增加，大批受过良好教育的法学专业毕业生进入司法机构任职，他们虽不一定会受到司法部大臣的青睐，但多数也能快速升迁。刑法专家 P. A. 坎普就是一个典型的例子。1877 年圣彼得堡大学毕业之后，他被任命为圣彼得堡区法院的司法侦查员，在此期间他经常被借调去担任圣彼得堡司法合议庭检察官的秘书。1881 年，他被正式任命为圣彼得堡司法合议庭检察官的秘书。1882 年，他被提拔为诺夫哥罗德区法院助理检察官，后来他又被任命为圣彼得堡区法院助理检察官。1894 年，P. A. 坎普被任命为彼得罗夫斯克区法院的检察官。1897 年，P. A. 坎普被任命为圣彼得堡司法合议庭助理检察官。1901 年，他第一次以法官身份担任诺夫哥罗德一区法院主席。1904 年，他被任命为参政院刑事撤诉法院总检察长助理。1906 年，他被任命为参政院刑事撤诉法院总检察长，1908 年被任命为参政员。② P. A. 坎普的职业经历表明，他虽然不是司法部大臣眼中政治上可信赖的人，但同样得到了迅速的升迁。这足以说明司法机构中法官的提拔、任用并不完全受司法部大臣的控制。在有些情况下，

① *А. Ф. Кони*, *Собрание Сочинений*, Том. IV, Москва, 1968, c. 126.

② B. L. Levin-Stankevich, "Cassation, Judicial Interpretation and the Development of Civil and Criminal Law in Russia, 1864 – 1917," p. 184.

有些人并不是司法部大臣心目中可信赖的人，但在人才资源相对有限的情况下，司法部大臣只能任命某些自己并不特别喜欢的人担任法官或检察官。

司法部大臣并不能完全控制法官的任命，所以司法部控制司法官员人事权并不会对法院的判决产生直接的影响，司法部的人事权与法院的审理过程之间没有必然的关系。但司法部大臣可以通过控制检察机构而对法院的司法审判施加影响，也就是说，司法部大臣通过控制检察权来影响司法，检察官是刑事案件审判中的公诉人，对案件的审理过程及审理结果都有较大的影响。

如前所述，检察官很少直接参与民事诉讼，即使参与民事诉讼，多数检察官只是要求法院遵守正确的司法程序，合理地应用法律。但在刑事案件中，作为政府利益代表的检察官是不可或缺的角色，担任刑事诉讼公诉人这一重要的角色。因此在刑事诉讼中，几乎起诉的每个阶段都是由政府的公诉人控制的，公诉人掌握与犯罪有关的资料，并根据自己监督管理下的司法侦查员等提供的调查资料，起草起诉书，或因证据不足而放弃对被告的起诉，公诉人所起草的诉状一旦得到相关机构的批准，公诉人将正式准备起诉被告。

在刑事案件审理过程中，公诉人要对被告提出正式诉讼，询问证人，提供相关证据，要求有关专家出庭做证，最后还要向法官席或陪审团做总结发言。公诉人为能让法院判处被告有罪，既可以以较轻的指控起诉被告，也可以要求法院对被告做宽大处理。①

检察官除了担任司法侦查的管理者、刑事诉讼公诉人之外，还有权监督法院的司法活动。在参政院，检察官的监督作用更为突出。

在参政院刑事撤诉法院，检察官甚至可以影响判决的过程。从纯法律的角度来讲，检察官在参政院刑事撤诉法院的唯一职责是在案件审理过程中向法官席做总结发言。后来随着司法改革的扩展，参政院刑事撤诉法院需要审理的案件数量大大增加，为了加快案件的审理，

---

① Устав уголовнаго судопроизводства，Но. 523，http://civil.consultant.ru/reprint/books/118/223.html，最后访问时间：2020 年 11 月 25 日。

总检察长或一名助理检察官将向法官席提交每份案件的书面报告。报告其实在案件审理之前就已经准备完毕，并得到了主管该案件的参政员的批准，总检察长还要挑选一名助理检察官向法官做最后陈述。由于提前知道审理案件的法官都是哪些人，所以总检察长会挑选一名最有可能使案件成功的助理检察官去做总结陈述。参政院刑事撤诉法院的档案资料表明，1906～1916 年，担任总检察长的 P. A. 坎普总是根据案件的性质决定做最后陈述的助理检察官，为的是保证案件能够按照沙皇政府的意愿来审理。比如，司法部第一司第二局负责刑事事务的 A. Б. 梁多夫于 1911 年 2 月 26 日给 P. A. 坎普写信，要求 P. A. 坎普关注科辛斯基区法院审理的关于农民 И. B. 舒金谋杀案的刑事案件。该案件中，И. B. 舒金被控谋杀了农民土地银行特维尔分行的资产管理人，结果区法院宣判 И. B. 舒金无罪释放。检察官最后提出了撤诉抗诉。A. Б. 梁多夫要求 P. A. 坎普慎重考虑这一案件，P. A. 坎普签署意见，"交给 A. 吉尔谢特（助理检察官）'去处理。1911 年 4 月 27日 P. A. 坎普在写给 A. Б. 梁多夫的信中谈到，案件已审结，无罪判决被撤销，案件发回特维尔区法院重审。[1]

总检察长控制着法院的秘书，这对撤诉上诉的结果影响较大。根据1864 年司法改革法令的规定，参政院受理撤诉上诉后，由一名参政员具体负责该案件。主管该案件的参政员综合各方面的材料之后要拟定一份撤诉裁定草案，这将是正式审理时法官席讨论的基础。然而，随着案件越积越多，参政员根本没有时间就受理的每份案件拟定出撤诉裁定草案，这样一来，拟订撤诉裁定草案的任务就转移到法院秘书手中。参政院撤诉法院秘书长的任务就是挑选审理案件的法官席的人员，挑选为参政员准备相关材料的秘书。

法院秘书重要性的不断提升，受益最大的是检察官，因为秘书由其负责管理。检察官往往在重大案件中挑选那些政治上可靠的、负责任的秘书，以便控制案件的审理结果。有时候司法部大臣要求参政院的检察

---

[1]　B. L. Levin-Stankevich, "Cassation, Judicial Interpretation and the Develompent of Civil and Criminal Law in Russia, 1864 – 1917," p. 190.

官按照政府的意愿来审理案件，因而经常出现检察官与司法部高级官员有频繁书信往来的现象。有时候司法部大臣会召见检察官，告诉他们司法部对某一案件的具体想法。[①] 司法部大臣对检察机构的垄断权力可以有效地对司法审判过程施加影响，但其不能迫使公诉人越过司法程序的界限，按照法律规定，一旦公诉人越权，被告可以对此案件提出上诉或撤诉上诉，来维护自己的权利。如果司法部大臣这样做，那么这种行为就会对判决结果产生不利影响，被告就可能会提出上诉或撤诉上诉，来维护自己的权利。

总体来看，1864 年之后代表政府利益的司法部力图通过自己手中掌握的人事权来影响司法，但总体上对俄国司法本身的发展没有产生根本性的影响。检察官虽有较大的权力，也易于对刑事案件的判决产生影响，但他们不能违反正常的司法程序，因此司法部的干涉并没有改变改革后俄国司法独立运行的实质。参政院虽然监督基层法院执行法律的情况，也有权解释法律，但它主要是作为俄国的最高法院而存在，而不是政府的行政管理部门。司法部虽然通过控制人事权影响司法的发展，但对于司法本身的正常运转未能产生实质性的影响。这与 1864 年之前俄国的司法管理体制形成了鲜明的对比，在旧司法体制之下，"权大于法"的现象普遍存在，行政部门经常干预司法，参政院不能解释法律，许多有关法律问题的裁定都是在行政机构中做出的，这导致了司法的低效和混乱。因此从司法管理的角度来看，1864 年司法改革推动了俄国司法专业化的发展，也在一定程度上推动了司法独立。需要强调的是，在俄国专制体制下，这种独立是相对的。

小　结

从改革后俄国司法体制的变革来看，1864 年司法改革为俄国创设了较为简明的法院组织体系，有序的检察制度和充分保障诉讼当事人权利

---

① А. Ф. Кони, Собрание Сочинений, Том. IV, Москва, 1968, c. 86 – 90.

的上诉体制，以及参政院和司法部联合监管下保证司法良性运转的司法管理体制。虽然改革远没有为俄国建立一种发达的司法体制，改革后俄国的司法也存在各种各样的问题，但总体上改革后司法体制的变革保证了司法与行政相对分离、司法独立等改革原则的推行，这些都预示着俄国进入了一个司法发展的新时代。

第四章

近代俄国陪审制度的创立及实践

1878 年 3 月 31 日上午 10 时，圣彼得堡区法院开始审理轰动俄国的薇拉·查苏利奇袭击圣彼得堡市市长特列波夫案件。著名法学家 А. Ф. 科尼是这起案件的主审法官。案件的审判引起了俄国各界人士的关注，在旁听席上坐着外交大臣戈尔恰科夫、陆军大臣米柳京等政府高官，作家陀思妥耶夫斯基也特意赶来旁听了这次审判。法庭外还聚集了许多等候审判结果的民众。公诉人宣读完起诉书并传唤了相关证人和专家之后，主审法官要求被告薇拉·查苏利奇陈述自己的犯罪动机，薇拉·查苏利奇没有为自己辩护，而是坦白承认了自己的犯罪事实，并指出自己必须这样做。① 接着控辩双方围绕着薇拉·查苏利奇的刺杀行为展开了激烈的辩论，最后在法庭判决过程中，对薇拉·查苏利奇的三项指控被大声宣读出来，陪审员的回答均是"无罪"，主审法官 А. Ф. 科尼据此宣布薇拉·查苏利奇无罪。薇拉·查苏利奇随后被当庭释放，轰动一时的薇拉·查苏利奇审判案至此落下了帷幕。

这是一起典型的由 1864 年司法改革中引入的陪审团参与审理的案件。那么，俄国的陪审团是如何组成的？陪审团如何裁决案件？为什么陪审团会对犯罪已经供认不讳的薇拉·查苏利奇宣判无罪？陪审制的引入对俄国司法产生了什么样的影响？以上问题正是本章所要探讨的重点。

---

① 屠茂芹：《残酷的天才——陀思妥耶夫斯基》，太白文艺出版社，1998，第 54 页。

第一节　俄国陪审制的源起及陪审团的社会构成

陪审制度有着悠久的历史，在世界上许多国家都有过实践。但就什么是陪审制度，学术界分歧较大，基于不同的文化背景和切入角度，对陪审制的解释也不尽相同。有人认为，"陪审者，系依法选任一定之公民，经宣誓后，参与司法审判，在专业法官指导下独立行使审判上获得之合法证据，而宣示其意见"①。也有人认为，陪审制度就一般意义而言，"指法院在进行审判案件时，吸收非法律职业者参加法庭审判，与法官共同行使审判权的制度"②。美国学者本杰明·卡普兰甚至认为，陪审团本质上是由一群公民（通常是 12 人）组成的团体，在刑事或民事案件的审判中负起特别任务。③ 综合来看，陪审制度是在古代审判制度的基础上发展起来的一种司法实践，是国家司法机关吸收普通公民参与司法审判的一项司法制度，是一个国家政治民主和司法民主的重要表现。

一　陪审制的历史渊源

现代陪审制度起源于英国，发展壮大于美国，这是一个大家都认可的事实。但关于英国陪审制度的来源，学术界争议较大，各国学者都试图在自己国家的历史中寻找陪审制的起源。有学者力图在日耳曼古典制度中寻找陪审制的起源④，这种观点得到了德国历史法学派代表人物弗里德里希·冯·萨维尼和民法专家鲁道夫·冯·格内斯特等人的支持。有学者认为，陪审制度可能源于斯堪的纳维亚的某种制度。⑤ 有人提出，梭伦改革时期首创的多人参与案件审理的陪审法庭是现代陪审制度的起源。⑥ 也

---

① 蒋耀祖：《中美司法制度比较》，台北：商务印书馆，1976，第 352 页。
② 陈业宏、唐鸣：《中外司法制度比较》，商务印书馆，2000，第 175 页。
③ 〔美〕本杰明·卡普兰：《陪审制度》，载〔美〕哈罗德·伯曼编《美国法律讲话》，陈若桓译，生活·读书·新知三联书店，1988，第 35 页。
④ 施鹏鹏：《陪审制研究》，中国人民大学出版社，2008，第 9 页。
⑤ 施鹏鹏：《陪审制研究》，第 11 页。
⑥ 关于雅典民众参与司法的概况，参见应克复等《西方民主史》，中国社会科学出版社，1997，第 2～51 页。

有人认为陪审制与古罗马的民众会议诉讼制度①有关。还有学者提出，陪审制度并非起源于日耳曼，也与古希腊或古罗马的制度无关，而是起源于法兰克王室的信息调查制度。② 但这些观点都缺乏严格的论证，也未得到学界的普遍认可。可以肯定的是，古希腊、古罗马、法国、德国和瑞典等国都曾出现过陪审制的雏形，现代陪审制度成型于英国，并且自英国传遍世界各地。从这个层面上来看，我们可以说现代陪审制度的真正起源是英国。

一般认为，亨利二世统治时期，陪审制在民事审判中已经开始推行。③ 英国有了陪审制的雏形。起初，陪审制在民事案件中推行，与财产有关的问题会提交法庭审判，而不是像以前那样通过决斗来裁决。后来民事陪审团逐渐扩展到除财产权之外其他案件的审理中。亨利六世统治时期，民事审判中陪审制已具备了现在的基本特征。④

1166 年亨利二世颁布的《克拉伦登法令》规定，地方郡法庭和百户区法庭应召集本地的 12 名自由人到庭发誓，对本地的抢劫、谋杀、盗窃、纵火等重大刑事犯罪的嫌疑人进行控诉，然后由王室法官立即对这些犯罪嫌疑人通过冷水审判法⑤予以审判。1215 年英国政府废除神裁法后，将陪审团审判扩展到刑事案件的审判中。⑥ 13 世纪末，英国已经普遍在刑事案件审判中采用陪审制度。⑦ 民事和刑事审判中的陪审制度在英国逐步确立。

英国最先发展起来的现代陪审制度随移民传到了英属北美殖民地，并有所改变。1606 年，弗吉尼亚殖民地首次引入了陪审制度，后来几乎

---

① 关于古罗马的民众会议诉讼制度，参见〔意〕朱塞佩·格罗索《罗马法史》，黄风译，中国政法大学出版社，1994，第 269~270 页。

② 施鹏鹏：《陪审制研究》，第 9 页。

③ 李红海：《亨利二世改革与英国普通法》，《中外法学》1996 年第 6 期，第 64 页。

④ Maximus A. Lesser, *The Historical Development of the Jury System*, Kessinger Publishing, LLC, 2008, p. 124.

⑤ 冷水审判法即将当事人扔进池塘或河流中，若沉入水底，说明"被上帝接纳"，判其无罪，否则判其有罪。

⑥ 〔美〕哈罗德·J·伯尔曼：《法律与革命——西方法律传统的形成》，第 544~545 页。

⑦ Maximus A. Lesser, *The Historical Development of the Jury System*, p. 143.

所有的殖民地都规定民众享有参与陪审的权利。1635 年，北美殖民地第一个大陪审团出现在马萨诸塞州。① 此后，北美殖民地的其他地区相继采用了大陪审团制度。

1787 年美国联邦《宪法》规定了陪审团审判的权利。《宪法》第 3 条规定："对一切罪行的审判，除了弹劾案之外，均应由陪审团做出。"《宪法》第六修正案规定，在所有刑事案件□，被告应有权要求由罪案发生地之州及区的公正的陪审团予以迅速及公开之审判。② 同时还规定了陪审团陪审的权利。③ 每个州的宪法中都有关于刑事和民事案件中适用陪审团审判的类似规定。美国的陪审制度正式建立，一直沿用至今，成为美国司法的突出特点之一。

在欧洲大陆，1789 年大革命后法国开始全面引入英国的大小陪审团制度，法国制宪会议于 1790 年 4 月 30 日颁布法令，建立了起诉陪审团。君主立宪派制定的 1791 年宪法设立了负责预审的"控诉陪审团"和负责对是否有罪做出审判的"审判陪审团"④，法国陪审制度正式建立。19世纪，法国陪审制度继续发展。

19 世纪早期，法国司法制度随着拿破仑的军事征服而传播到了欧洲其他地区，包括陪审制。大约 1848 年，除了奥地利和萨克森之外，几乎德意志所有的邦国确立了荣誉法官制（陪审法官或参审法官）。⑤ 德意志地区的陪审制度逐步确立。欧洲其他地区也相继引入了陪审制。

陪审制度对于俄国来说是全新的事物。在古罗斯时期，有民众参与刑事案件审判的习俗存在。⑥ 叶卡捷琳娜二世的司法改革使俄国引入了

---

① 〔美〕琼·雅各比：《美国检察官研究》，周叶谦等译，中国检察出版社，1990，第171 页。
② 李秋月：《浅谈西方国家的陪审制度》，《当代法学》2002 年第 2 期，第 112 页。
③ 〔美〕伯纳德·施瓦茨：《美国法律史》，王军等译，中国政法大学出版社，1990，第32 页。
④ 〔法〕卡斯东·斯特法尼、乔治·勒瓦索、贝尔纳·布洛克：《法国刑事诉讼法精义》（上册），罗结珍译，中国政法大学出版社，1999，第 408 页。
⑤ 〔德〕克劳思·罗科信：《刑事诉讼法》，吴丽琪译，法律出版社，2003，第 624 ~625 页。
⑥ 参见王钺《罗斯法典》译注，第 68 页；S. Kucherov, *Courts, Lawyers and Trials under the Last Three Tsars*, p. 53。

选举产生的等级代表参与司法审判的制度。然而，无论是人民选出的裁判员，还是叶卡捷琳娜二世时期的陪审员，都不是现代意义上的陪审制度。因为这些选举产生的代表不能对案件行使最终的裁决权，裁决权牢牢掌握在沙皇政府任命的官员手中。这些官员宣布案件的判决结果，选举出的代表只是监督法律的执行，从各阶层当中选举产生的陪审员也不能代表全体人民，这不是司法民主的体现。更重要的是，1864 年司法改革之前，受法定证据制度和纠问式诉讼模式的影响，这些陪审员不可能根据自己的良心对案件做出裁决，案件审理过程中没有被告的辩护，法院完全根据警察提供的书面材料来裁定案件。

二　俄国陪审制的引入

1864 年司法改革之前，针对如何改进俄国的司法体制，沙皇政府内部拟订了不同的方案。但就是否要在俄国引入陪审制，政府内部形成了两派意见，多数人支持引入陪审制，有一部分人反对在俄国引入陪审制。

最先提出系统司法改革计划的 Д. Н. 布鲁多夫认为，尽管陪审制有诸多优势，但在俄国实行的现实可能性极小。[①] 后来担任参政院刑事撤诉法院第一任主席的 В. 卡柳林－宾斯基当时也支持 Д. Н. 布鲁多夫的看法。他在 1862 年写道："陪审制，陪审制，陪审制！这是这段时间我们国家各个角落都能听到的声音。这些话语的实质意义不大，更多的是夸大与模仿……理性的人是不会这样做的，他们应该明白好的、有价值的事情已经从我们身边溜走了。"[②] 反对在俄国引入陪审制的还有司法部大臣 В. Н. 潘宁、法学家 И. П. 扎克列夫斯基等人。

以 Д. Н. 布鲁多夫为代表的反对者对引入陪审制表达了三个方面的担心。首先，他们认为，俄国人民还没有为引入陪审制做好准备。Д. Н. 布鲁多夫认为，俄国多数人是文盲，缺乏先进的思想。占人口多数的农民没有成文法的概念，也不了解法律，他们也很难理解司法体制

---

① S. Kucherov, *Courts*, *Lawyers and Trials under the Last Three Tsars*, p. 54.

② *А. Ф. Кони*, Отцы и Дети Судебной Реформы, Москва, 2003, c. 83.

的具体过程，因此易于同情罪犯的俄国农民很难做出公正的裁定。①

其次，他们认为，一旦在俄国引入陪审制，陪审团享有自由裁量权，政府根本无法主导审判结果，这样会对政府的利益产生不利影响。正如俄国著名法学家 B. 富契所说的，由于陪审团有权减低对被告的惩罚，甚至有权不顾事实而宽恕罪犯，这就等于陪审团拥有了只有沙皇才拥有的权力。②

最后，他们指出，俄国缺乏引入陪审制的先例，因此在俄国创立陪审制的基础并不牢固。由于陪审制与俄国的法律传统并不相容，陪审制在俄国也不可能像在欧洲大陆那样能有效地发挥作用。③

不仅部分俄国人反对在俄国引入陪审制，甚至像 19 世纪英国著名思想家 H. 斯宾塞也反对在俄国引入陪审制。H. 斯宾塞认为，只有人民拥有正义感的地方，司法才能得到良性发展。俄国没有陪审团的公平审判，也不可能有陪审团的良性发展。即使在俄国引入了陪审制，也不可能很好地发展下去。俄国人缺乏诚实守信的基础，而诚实守信是陪审员必须具备的品质，如果人民没有诚实守信的品质，没有正义感，那么引入陪审制就毫无意义。④

但多数人支持在俄国引入陪审制。第一个明确提出在俄国刑事审判中引入陪审制的是来自莫斯科的检察官 Д. А. 罗辛斯基。他驳斥了 Д. Н. 布鲁多夫的观点，并指出，俄国引入陪审制后，人民在参与审判时会受到法制教育，学会辨认哪些行为是违法的，人民不会仍将盗窃看作一种正常现象。⑤ 支持在俄国引入陪审制的还有起草司法改革法令的关键人物 С. И. 扎鲁德尼和参与司法改革法令起草的 Н. А. 布茨科夫斯基等人。他们和 Д. А. 罗辛斯基一样，都强调陪审制的引入对俄国人民有法制教育意义。

---

① *Г. А. Джаншиев*，Эпоха Великих Реформ：историческия справки，c. 481 – 483.

② *Н. В. Давыдов*，*Н. Н. Полянский*，Судебная Реформа，Том. I，c. 291 – 302.

③ *Г. А. Джаншиев*，Эпоха Великих Реформ：историческия справки，c. 483.

④ H. Spencer, *Social Statics or the Conditions Essential to Human Happiness Specified, and the First of Them Developed*, Nabu Press, 2009, p. 289.

⑤ S. Kucherov, *Courts, Lawyers and Trials under the Last Three Tsars*, pp. 54 – 55.

支持在俄国引入陪审制的人认为，良好的制度会教育人民。有陪审团参与的法院会给人民灌输一种正义和法治的观念，这将有助于社会稳定和繁荣。大多数俄国人是文盲并不能成为反对引入陪审制的理由，因为陪审员根据自己的良心来裁决案件，他们主要是确定被告有罪还是无罪，因此陪审员不需要具备多么高深的知识，负责具体量刑的法官才应该具备专业的法学知识。同时他们还认为，在俄国引入陪审制要比在其他国家具有更为重要的意义。在他们看来，没有哪个国家像俄国这样有如此巨大的社会鸿沟，来自上层社会的专业法官的道德观念、生活方式与来自下层社会的被告之间有相当大的差别。这样一来，由人民代表组成的陪审团比法官更了解被告的生活环境和思维模式，也更能对案件做出公正的裁决。[1]

最终，在 С. И. 扎鲁德尼等人的推动下，1864 年司法改革引入了陪审制。有陪审制的区法院于 1866 年 4 月 17 日、4 月 23 日分别在圣彼得堡和莫斯科开庭审理案件。随后陪审制随着司法改革的不断深入而引入俄国其他地区。来自各阶层的陪审员出现在新法院中，他们依据法庭辩论和相关证据，根据自己内心的良知对案件做出有罪或无罪的裁决，陪审制在俄国正式确立，1917 年十月革命后陪审制被废除。1993 年，俄罗斯联邦政府在司法改革中又重新引入了陪审制，陪审团参与审判成为当代俄罗斯司法的突出特征。

三　俄国陪审团的社会构成

任何一种制度的结构对于研究这种制度本身有着至关重要的意义，正是这种制度的结构决定了其性质和功能，因此，研究俄国陪审制，首先必须确定陪审团是如何构成的。1864 年颁布的《审判机关章程》规定了成为陪审员的具体条件。在俄国，要成为陪审员，必须是年龄为 25～70 岁的俄国男性公民，在所在地区居住年限不能少于两年。[2] 法律还对不能担任陪审员的人做了具体规定：①那些因犯罪而被调查或被起诉的人，或被

---

①　S. Kucherov, *Courts, Lawyers and Trials under the Last Three Tsars*, pp. 54 – 55.

②　Учреждения судебных установлений, Hо. 81, http://civil. consultant. ru/reprint/books/121/140. html，最后访问时间：2020 年 12 月 1 日。

监禁者，或曾经受过刑罚者；②那些被开除公职的人，或被开除教职的人；③那些无力偿还债务的人；④那些因言行放肆而被监管的人；⑤盲人、聋哑人和精神病人；⑥不通俄语者。①

司法改革法令还规定了未来陪审员的挑选过程。《审判机关章程》规定，每年9月初，由县地方自治机构或由首都市政杜马选出的代表组成的临时特别委员会根据法律的要求来编订陪审团总名单，总名单包括下列人员。①荣誉治安法官。②五等及以下的政府官员，但下列政府官员不能担任陪审员：治安法官；检察官；代理总督；国有森林的财务主管和护林员；警察。③所有选进贵族组织和市政组织的成员，除了市长之外。④被选出担任某种职务的农民。⑤居住在县城及以下地区，拥有不少于100俄亩土地的人；或居住在首都，拥有不动产2000卢布以上的人；或居住在省会城市，拥有不动产1000卢布以上的人；或居住在其他城市，拥有不动产500卢布以上的人；或在首都城市年均收入500卢布以上的人；在其他地方年均收入200卢布以上的人。②还有一些人被排除在陪审团总名单之外：教士和僧侣；军人及军队中的文职人员；公立学校的教师及私人的仆从。③这份总名单必须经过省长的批准，每年11月初，省长将公布自己签字确认的陪审团总名单。④虽然候选陪审员必须得到省长的批准才能成为陪审员，但如果省长要将某人从总名单中删除，其必须给临时特别委员会提交一份理由充分的解释说明。⑤这样看来，省长也无法完全控制陪审员的遴选。改革者为避免行政干预司法的目的得以实现。

---

① Учреждения судебных установлений, Но. 82, http://civil. consultant. ru/reprint/books/121/140. html，最后访问时间：2020年12月10日。

② Учреждения судебных установлений, Но. 84, http://civil. consultant. ru/reprint/books/121/140. html，最后访问时间：2020年12月10日。

③ Учреждения судебных установлений, Но. 85 – 86, http://civil. consultant. ru/reprint/books/121/140. html，最后访问时间：2020年12月1日。

④ Учреждения судебных установлений, Но. 94, http://civil. consultant. ru/reprint/books/121/140. html，最后访问时间：2020年12月1日。

⑤ A. K. Afanas'ev, "Jurors and Jury Trials in Imperial Russia, 1866 – 1885," in B. Eklof, J. Bushnell, L. Zakharova eds., *Russia's Great Reforms, 1855 – 1881*, Indiana University Press, 1994, p. 216.

在县首席贵族和治安法官的主持下，临时特别委员会将从总名单中挑选出最能胜任陪审员的人，编订成陪审团候选名单，这些人将在随后的年份里参加刑事审判。进入候选名单的人数取决于当地的人口数量，在圣彼得堡和莫斯科，候选陪审员是 1200 人；在人口为 10 万人及以上的县，将有 400 人进入候选名单；在人口不足 10 万人的县，将有 200 人进入候选名单。①

除了总名单和候选名单外，临时特别委员会还要编写一个备选名单。进入备选名单的人是居住在区法院附近的人，在圣彼得堡和莫斯科，备选名单由 200 人组成，其他城市由 60 人组成。② 如果候选名单上的人因疾病等而不能参加审判，将从备选名单中挑出人员补充进陪审团，陪审团名单一旦确定，临时特别委员会要向每位候选陪审员通知其可能参加法庭审理的时间段。

与英美的陪审团一样，俄国陪审团是在案件开庭审理之前随机遴选产生的，1864 年《刑事诉讼法》规定了陪审团参加审判的具体过程。如果所审理的案件需要陪审团参与，区法院会准备一份由 30 人组成的陪审团大名单。③ 如果由于疾病或其他合理的理由，出席的陪审员人数不足 30 人，法院会从备选名单中选出人员组成 30 人的大名单。同时，法律还规定，检察官可以要求去掉 30 人大名单中的 6 位成员，被告或其辩护律师也有权要求去掉大名单中的 6 位。④ 这一体制容易使检察官和被告在不必对法庭做出解释的情况下将某些陪审员去掉，也易于导致控辩双方为了能组建一个有利于自己的陪审团而滥用权力。比如，农民对人身伤害犯罪较为宽容，而对盗窃等犯罪较为严厉。这样，在人身伤害案中，被告及辩护律师会想方设法将那些非农民出身的陪审员去掉，而

---

① Учреждения судебных установлений, Но. 100, http://civil. consultant. ru/reprint/books/121/140. html, 最后访问时间：2020 年 12 月 1 日。

② Учреждения судебных установлений, Но. 100 - 101, http://civil. consultant. ru/reprint/books/121/140. html, 最后访问时间：2020 年 12 月 1 日。

③ Устав уголовнаго судопроизводства, Но. 646 - 677, http://civil. consultant. ru/reprint/books/118/272. html, 最后访问时间：2020 年 12 月 1 日。

④ Устав уголовнаго судопроизводства, Но. 656, http://civil. consultant. ru/reprint/books/118/272. html, 最后访问时间：2020 年 12 月 1 日。

尽量增加陪审团中农民的人数。针对这一问题，1884 年 6 月 12 日，沙皇政府颁布法令，将检察官和被告可以去掉的陪审员人数降为 3 人。①

法院主席将剩下的陪审员名字写到纸片上，装到一个罐子里，打乱后法院主席将随机抽出 12 名，组成该次法庭审判的陪审团。② 此外还要抽出 2 名陪审团的备选成员。

由 12 人组成的陪审团必须从识字的陪审员中选出一名担任首席陪审员。所有的成员必须对陪审团的讨论情况严格保密，陪审员对案件的投票也要严格保密。③

俄国陪审团的权利和职责与英美没有多大的差异。陪审员有权和法官一起参与刑事审判，也可以提出问题，要求法官或被告做出解释，陪审团的主要职责是宣布一项裁决。为了加快案件的审理进程，法律还规定，主审法官要向陪审团总结与案件有关的问题。

那么，在具体的司法实践中，俄国陪审团到底是由哪些人组成的呢？这个问题很难回答，因为保留下来的关于俄国陪审团组成的资料较少。由于缺乏原始资料，所以关于陪审团人员组成情况的分析多数是对法规的解读，就如刚才我们所分析的那样。1884 年，针对陪审团参与的审判中出现的较高比重的无罪宣判，沙皇政府组建了一个由 M. H. 柳博辛斯基任主席的特别委员会来调查陪审团的社会构成情况。该委员会负责对 1883 年各地区提交的有关陪审团社会构成的资料进行分析，以确定陪审制改革的方向。特别委员会后来将这些统计资料整理出版，这是我们今天研究俄国陪审团社会构成的重要史料。

根据 M. H. 柳博辛斯基委员会提供的统计资料，陪审员主要来自四个社会等级：贵族和官吏、商人、市民以及农民。在两个首都（圣彼得堡和莫斯科），各区法院陪审团的社会构成与其他省份相比有较大的差异。在圣彼得堡城区，贵族和官吏、商人占陪审员总数的 66.4%，几乎

---

① ПСЗ，Собрание 3，Том. 4，Но. 2314，Санкт-Петербург，1887，с. 356.

② Устав уголовнаго судопроизводства，Но. 658－659，http：// civil. consultant. ru/reprint/ books/118/272. html，最后访问时间：2020 年 12 月 1 日。

③ Устав уголовнаго судопроизводства，Но. 670，677，http：// civil. consultant. ru/reprint/ books/118/276. html，最后访问时间：2020 年 12 月 1 日。

是农民陪审员人数（占 4.6%）的 15 倍。在圣彼得堡其他地区，农民陪审员的比例要比其他社会等级的比例高出 1 倍多一点。莫斯科的情况和圣彼得堡的情况相差较大（见表 4 - 1）。

表 4 - 1　1883 年圣彼得堡和莫斯科两地陪审团人员构成情况

陪审员的社会等级	圣彼得堡			莫斯科		
	城区(%)	其他地区(%)	总计(%)	城区(%)	其他地区(%)	总计(%)
贵族和官吏	53.0	15.6	36.6	46.2	8.3	23.2
商人	13.4	8.6	11.3	32.4	15.7	22.3
市民	29.0	21.9	25.8	13.2	20.4	17.6
农民	4.6	53.9	26.3	8.2	55.6	36.9

资料来源：A. K. Afanas'ev, "Jurors and Jury Trials in Imperial Russia, 1866 – 1885," in *Russia's Great Reforms*, *1855 – 1881*, p. 219。

从表 4 - 1 中我们可以看出，虽然在陪审团人员构成上圣彼得堡和莫斯科相差不大，却反映出两个城市发展特征上的差异。圣彼得堡作为政治中心，贵族和官吏占有很高的比例，而莫斯科较为浓厚的商业气息使商人和市民在陪审团中占有较高的比例。同时，通过表 4 - 1 的统计资料，我们可以清楚地看到，在圣彼得堡和莫斯科城区，贵族和官吏在陪审团中都占有极高的比例，而农民平均占总人数的 6.4%。这也说明，由于两地对陪审员有着较高的财产资格限制，大部分来自下层阶级的人被排除在陪审团名单之外，这反映出陪审制民主程度较低的特点。

1884 年统计资料基本上反映了 1864 年之后圣彼得堡和莫斯科陪审团人员构成的基本情况，从 1873 年的统计资料来看，1873 年和 1883 年，俄国陪审团的人员构成没有发生大的变化（见表 4 - 2）。

表 4 - 2　1873 年和 1883 年圣彼得堡陪审团人员构成变化

年份	贵族和官吏	商人	市民	农民
1873 年	54%	14.6%	26.4%	5%
1883 年	36.6%	11.3%	25.8%	26.3%

资料来源：A. K. Afanas'ev, "Jurors and Jury Trials in Imperial Russia, 1866 – 1885," in *Russia's Great Reforms*, *1855 – 1881*, p. 219。

俄国其他地区的情况与莫斯科和圣彼得堡有着很大的不同。其他地区有一半以上的陪审员来自农民阶层，贵族和官吏仅占陪审员总数的25%左右。如同圣彼得堡和莫斯科一样，在俄国其他省份，省会城市贵族和官吏占有较高的比例，而在省内其他地区，农民占有较高的比例（见表4-3）。

表4-3 1883年俄国其他各省陪审团人员构成情况

陪审员的社会等级	省会城市（%）	各省其他地区（%）	总计（%）
贵族和官吏	35.9	11.1	14.9
商人	15.1	3.4	9.4
市民	23.8	17.3	18.3
农民	25.2	63.2	57.4

说明：提供有效统计资料的包括弗拉基米尔、沃罗涅茨、沃罗宁、叶卡捷琳斯拉夫、喀山、基辅、比萨拉比亚、下诺夫哥罗德、诺夫哥罗德、朋扎、彼尔姆、普斯科夫、梁赞、辛比尔斯克、斯摩棱斯克、坦波夫、特维尔、契尔尼戈夫和雅罗斯拉夫。

资料来源：A. K. Afanas'ev, "Jurors and Jury Trials in Imperial Russia, 1866－1885," in *Russia's Great Reforms, 1855－1881*, p. 221。

同时，通过对弗拉基米尔、喀山和下诺夫哥罗德三省十年间陪审团人员构成情况的比较，我们发现，1873年弗拉基米尔省农民占陪审团总数的73.7%，喀山省农民占72.2%，下诺夫哥罗德省农民占78.1%。而1883年这三个省农民占陪审员总数的比例分别是64.8%、70.6%和73.1%。[1] 虽然三个省份农民陪审员的数量在十年间有所下降，但总体上，在各省的陪审团中，农民还是占主体。这也说明，1884年俄国其他各省的统计资料反映了除首都地区之外陪审团社会构成的基本情况。

根据司法改革法令，工人也有权参加陪审团。但工人要想担任陪审员，在莫斯科和圣彼得堡，月均工资要在41.66卢布以上，在其他省份月均工资要在16.66卢布以上。可当时俄国各省工人的平均工资在14卢布左右，在首都，月均工资为18卢布左右。这样一来，较高的财产资格限制使大多数工人根本没有资格担任陪审员。只有工资较高的钢铁和

---

[1] A. K. Afanas'ev, "Jurors and Jury Trials in Imperial Russia, 1866－1885," in *Russia's Great Reforms, 1855－1881*, p. 221.

纺织工人才有可能被选为陪审员，绝大多数工人被排除在外。[①]

少数民族参与陪审也受到了较为严格的限制。比如，在俄国西部和西南部地区，犹太人在当地人口中占有较大的比例。但法律规定，在西部省份，犹太人陪审员在陪审员总数中所占的比例不能超过犹太人人口在当地人口中所占的比例，犹太人不能担任首席陪审员，也不能参与审理与信仰有关的案件。[②] 受这一政策的影响，在基辅，犹太人占当地总人口的 50% 左右，可犹太人陪审员仅占当地陪审员总数的 10%。[③] 法律的严格规定大大限制了少数民族参与陪审的权利。

总体来看，俄国陪审团社会构成的突出特点是农民占陪审员的多数。这一方面与农民占俄国人口多数有关系，另一方面也与俄国新法院恶劣的工作环境及贵族逃避参与陪审的责任有很大关系。

与美国陪审制中"一案一组成"原则不同的是，俄国陪审员必须将法院该次开庭审理的全部案件审理完毕。一般来说，省会城市以外的区法院，陪审团集中参与刑事审判的次数为年均 2～3 次，而在省级城市一年有 6 次左右，这样陪审团要审理的案件数量相当大。有时候，陪审团一天要审理 3～7 份案件。有时候，陪审团参与审判的时间要持续几周。可是区法院的硬件设施并不好，区法院通常在破旧的大楼里，冬天阴冷，夏天闷热，没有吃饭的地方，也没有陪审员可以休息的场所，多数陪审员晚上不得不睡在法院的长凳上。В. П. 扎瓦斯基在 1896 年指出，在区法院，连陪审员的休息室都没有。陪审员开始审理案件之前，只能待在走廊和楼梯上，没有人关心他们吃什么、喝什么，或考虑过他们是否有时间去吃饭。晚上陪审员常在法院的凳子上休息。陪审员所处的环境是多么糟糕。[④] 1901 年，叶卡捷琳斯拉夫省的一位农民请求辞去

---

① A. K. Afanas'ev，"Jurors and Jury Trials in Imperial Russia，1866 – 1885，" in *Russia's Great Reforms*，*1855 – 1881*，p. 222.

② ПСЗ，Собрание 2，Том. 52，Отделение. 2，Hо. 57589，Санкт-Петербург，1879，с. 43.

③ A. K. Afanas'ev，"Jurors and Jury Trials in Imperial Russia，1866 – 1885，" in *Russia's Great Reforms*，*1855 – 1881*，p. 223.

④ Судебные уставы 20 ноября 1864 года за пятьдесят лет，Том. 2，с. 142，http:// www. lawlibrary. ru/izdanie35860. html，最后访问时间：2020 年 12 月 20 日。

陪审员一职，因为他在城里没地方住，也没东西吃。①

在这种恶劣的环境下，那些习惯了过舒适生活的贵族都想方设法逃避担任陪审员。1864 年司法改革实施之初，一些人抱着对改革的一种热情来履行陪审员的义务，但不久就有人开始逃避这种义务。据统计，1866 ~ 1872 年，因未履行陪审员职责而被处罚的人达到 2358 人，占 0.5% 左右。② 到 1883 年，喀山省约有 13% 的人逃避责任。普斯科夫省逃避责任者也达到 12% 左右。③ 由于贵族逃避责任，在许多地方陪审团中，要找出识字的人担任首席陪审员都很困难。1886 年，所有的陪审员中，只有 36% 的代表受过良好的教育。④ 结果，每次要遴选陪审员时，贵族们都会装病，或找医生开病假证明，或找其他机构开证明来寻找请假的合理理由。只有那些没门路或没手段的农民和市民才会规规矩矩地去担任陪审员。这是俄国陪审团中农民占多数的主要原因。

为改变农民占陪审团多数的局面，沙皇政府于 1887 年颁布法令，提高了对陪审员的财产资格限制，也允许省长可以不用说明理由就将某位陪审员从总名单中去掉。同时，法令还要求陪审员具备基本的阅读能力。⑤ 但这一法令的影响有限，因为农民占俄国人口多数的格局没有发生根本性的变化，贵族等上层阶级逃避责任的现状也没有发生改变，所以，帝俄时期农民占陪审团多数的格局直到 1917 年革命都没有发生大的变化。

按照 1864 年颁布的《审判机关章程》，只有那些最富有的、最值得信赖的农民才能被选为陪审员。但实际并非如此，多数担任陪审员的农民并不完全具有法律所规定的陪审员任职财产资格。比如，奥廖尔省，

---

① Судебные уставы 20 ноября 1864 года за пятьдесят лет, Том. 2, с. 136, http://www.lawlibrary.ru/izdanie35860.html，最后访问时间：2020 年 12 月 1 日。

② A. K. Afanas'ev, "Jurors and Jury Trials in Imperial Russia, 1866 – 1885," in *Russia's Great Reforms*, *1855 – 1881*, p. 224.

③ A. K. Afanas'ev, "Jurors and Jury Trials in Imperial Russia, 1866 – 1885," in *Russia's Great Reforms*, *1855 – 1881*, p. 224.

④ A. K. Afanas'ev, "Jurors and Jury Trials in Imperial Russia, 1866 – 1885," in *Russia's Great Reforms*, *1855 – 1881*, p. 224.

⑤ ПСЗ, Собрание 3, Том. 7, Но. 4396, Санкт-Петербург, 1889, с. 189 – 193.

19 世纪 80 年代，85% 的农民陪审员达不到法律规定的财产资格要求。在俄罗斯中部和西部，平均只有 5% 的农民陪审员拥有 100 俄亩及以上的土地。在非黑土地带的几个省份（诺夫哥罗德、萨马拉、彼尔姆和辛布尔斯克），拥有 100 俄亩以上土地的农民陪审员虽然占农民陪审员总数的 50%，但 100 俄亩在黑土地带算是较多的财产，而在非黑土地带，只能算是最低的生活保障。① 这样看来，1866 年后在俄国担任陪审员的多数是农民，而且都是最贫穷的农民。弗拉基米尔省一位区法院的法官曾在报告中说，1870 年遴选出的一位农民陪审员身着一件破旧的囚衣，因家境贫寒，他没钱买衣服，衣服上还可以看到囚犯的名字。② 担任陪审员是农民的一项繁重负担，按照法律规定，担任陪审员是一种义务，没有任何经济上的补助。A. Ф. 科尼曾警告说，如果不改善陪审员的处境，有陪审团的法院将变成"乞丐的法院"。后来虽然有人提出要给陪审员经济补偿，但直到 1913 年沙皇政府才通过一部允许给陪审员提供生活补贴及交通补助的法律。

农民占陪审员多数会导致在案件审理中，农民的道德理念和行为方式影响案件的判决。比如，俄国农民对人身伤害犯罪较为宽容，而对针对财产的犯罪较为严厉。农民的这种思维模式不难理解。因为在农村，打架斗殴是常有的事情，有时候农民一喝醉酒就打架，农民把人身伤害看作习以为常的事情。然而在针对财产的犯罪问题上，农民的观念则完全不同。由于大多数农民生活条件艰苦，农民特别憎恨那些偷盗者。D. M. 华莱士在 1876 年指出，"农民担任陪审员时，对针对财产的犯罪特别严厉。在这一点上，他们深受自我保护意识的深刻影响。事实上，他们一直以来受盗窃等犯罪的困扰。他们生活在极易招致火灾的木屋里；一个小孩子就能破门而入他们的马厩；在晚上，只有一位老人看护村庄……一些较聪明的盗马贼可能会毁掉好几个家庭，而一个想报复自

---

① A. K. Afanas'ev, "Jurors and Jury Trials in Imperial Russia, 1866 – 1885," in *Russia's Great Reforms*, *1855 – 1881*, p. 226.

② A. K. Afanas'ev, "Jurors and Jury Trials in Imperial Russia, 1866 – 1885," in *Russia's Great Reforms*, *1855 – 1881*, p. 226.

己仇敌的纵火者可能会使整个村庄陷于一片火海之中。这些因素往往会使农民对盗窃及抢劫犯罪特别严厉；而一个想对犯有此类罪行的人判处有罪的公诉人会让尽可能多的农民代表参加陪审团"①。要克服这一不利因素，必须让社会上更多阶层的代表参与陪审团的审判，但这个问题直到帝俄晚期都没能解决。

尽管农民占陪审员多数有不足之处，但总体上来看，俄国陪审团的社会构成显示出人民参与司法的广泛性，也体现了改革后俄国司法进步和民主的一面。

第二节　俄国陪审团的裁决及影响因素

研究俄国的陪审制度，不仅要理解陪审制的制度设计，更要全面分析这一制度在司法中的实际运作状况，也就是要分析陪审团裁决的具体过程。

陪审团审判包括两个重要的内容：一是确定被告是不是犯罪实施者；二是确定被告是否有罪。其核心是确定被告有罪的过程。按照《美国法律百科全书》的解释，有罪裁定是根据犯罪动机或行为判定犯罪性质，并根据法律条文对罪犯予以惩罚。② 《牛津英语词典》的解释更通俗，即将有罪解释为"对一种行为或者事件负责"或"因从事犯罪或者不道德的违法行为而应该受到良心的谴责"③。第九版《韦伯斯特新大学词典》将有罪解释为"从事违法并应受到惩罚的行为这一事实，或者是有意识地从事犯罪的状态"④。这些定义的共同点在于，有罪必然是对已经完成行为的事实认定。裁定有罪的过程就是对已有事实和行为进行分析判断的过程，这个过程类似于揭开事实真相，不仅要确定每个细节的重要性，还要对法律负责，对良心负责，对事实负责。因此，裁决过程

① D. M. Wallace, *Russia: On the Eve of War and Revolution*, Princeton: Princeton University Press, 1984, p. 89.

② *Corpus Juris Secundum*, Vol. 39, St. Paul, 1976, p. 448.

③ *The Oxford English Dictionary*, Vol. VI, Oxford, 1989.

④ *Webster's Ninth New Collegiate Dictionary*, Springer field, 1987.

是对案件事实进行缜密分析的过程，但由非法学专业人员组成的陪审团又难免受到感性因素的影响。

那么在俄国，影响陪审团审理案件的因素有哪些呢？陪审团又如何裁决案件呢？

一 司法宣誓与陪审团审判

宣誓是一个人向上帝证明他所说的是真实的，如果他说谎了就会遭到上帝的惩罚。其目的是确保真实与诚信。[①] 由于宣誓的合法性来自上帝，从中世纪以来，司法宣誓就成为欧洲一种备受推崇的解决法律争端的方式。在解决争端时，司法宣誓同神裁法、决斗等方法一样有着重要的地位。[②]

同西方一样，宣誓在俄国也有着较长的发展历史。在基辅罗斯早期，宣誓与司法没有多大关系，它主要是王公解决土地纠纷，在政治和军事联盟中保证效忠的一种手段。[③] 后来，宣誓才成为正式解决法律争端的一种手段，亲吻十字架是司法宣誓的主要形式。从莫斯科公国兴起到 17 世纪末，宣誓一直是判断证人证言或诉讼当事人提供的证据是否真实有效的主要方法。[④]

彼得大帝在刑事诉讼中引入了纠问式诉讼模式，宣誓在司法实践中的作用开始下降。如前所述，纠问式诉讼主要依靠警察提供的书面材料，实行严格的法定证据制度。在这种诉讼模式中，宣誓几乎不起什么作用。

1864 年司法改革在刑事诉讼中引入了对抗式诉讼原则，司法审判过程中需要证人提供证言，需要陪审员依据良心做出裁决，几近消亡的宣誓又重新焕发生机，广泛应用于司法实践中。

宣誓在司法实践中的作用主要是引导性的。宣誓是以上帝的名义进

[①] *Corpus Juris Secundum*, Vol. 67, St. Paul, 1978, p. 5.

[②] 〔美〕哈罗德·J·伯尔曼：《法律与革命——西方法律传统的形成》，第 566～568 页。

[③] G. P. Fedotov, *The Russian Religious Mind*, Vol. I, Harvard University Press, 1946, pp. 275 – 295.

[④] D. H. Kaiser, *The Growth of the Law in Medieval Russia*, Princeton University Press, 1980, pp. 149 – 152.

行的，因此已经宣誓了的证人或陪审员如果违背誓言，将会遭到上帝的惩罚，这样一来，宣誓就成了一种促使人说出真话、凭良心行事的直接推动力。司法审判的目的是要揭开案件的真相，从这一点上来看，司法宣誓的目的就是要求每个宣誓过的人虔诚，诚心诚意。

　　1864 年司法改革法令具体规定了陪审员和证人宣誓的内容及过程。根据《刑事诉讼法》第 666 条的规定，陪审员是这样宣誓的。向陪审员宣讲宣誓神圣性的教士会在陪审员面前大声宣读下面的誓词——我在《圣经》和十字架面前向全能的上帝宣誓：作为陪审员，在审理案件的过程中，我将认真考虑对被告有利和不利的一切证据；我将按照常识和自己的良知，根据我在法庭上听到的和看到的一切，最终投上决定性的一票；我绝不放过罪犯，也绝不冤枉好人，我不会忘记自己所做的裁决要对法律和上帝负责。阿门。教士宣读完毕之后，每个陪审员要亲吻《圣经》和十字架，并高声说："我宣誓。"[1] 陪审员的宣誓过程才算结束。

　　证人宣誓过程与陪审员一样，但誓词有所不同。证人的誓词通常是这样的：我在《圣经》和十字架面前向全能的上帝宣誓，作为证人，我不会因为朋友、亲戚关系或其他原因而发生动摇，我凭着自己的良知讲述我所知道的一切。我所说的一切要对法律和上帝负责。阿门。[2] 宣誓完毕后，也要亲吻《圣经》和十字架。

　　从宣誓的实质内容来看，俄国陪审员的宣誓保留了较多东正教的仪式，宣誓形式也由过去只亲吻十字架变成现在既要亲吻十字架，也要亲吻《圣经》，这进一步增强了宣誓的神圣性。陪审员的宣誓成为法庭审判过程中非常重要的一项内容，在宣誓时，所有在场的人，不管是与审判有关的人还是旁听者，都要保持安静，行注目礼。这充分说明俄国陪审员的宣誓具有深刻的宗教意义，极富宗教意义的司法宣誓同英法等国

---

① Устав уголовнаго судопроизводства, Ho. 666, http://civil. consultant. ru/reprint/books/118/274. html，最后访问时间：2020 年 12 月 5 日。

② Устав уголовнаго судопроизводства, Ho. 713, http://civil. consultant. ru/reprint/books/118/288. html，最后访问时间：2021 年 1 月 5 日。

陪审员的宣誓形成了鲜明的对比。

在 19 世纪的英国，陪审员的宣誓简单明了，重点强调陪审员作为公诉人和被告之间司法调解者的角色，以及陪审员探寻案件真相的重大责任。英国陪审员是以第二人称宣誓的："你要认真审理案件，在我们的国王和你要审判的罪犯之间加以调解，并根据证据做出真正的裁决，上帝会帮你的。"① 誓词中也出现了上帝，但只是起帮助作用。

相比而言，19 世纪法国刑事审判中陪审员的宣誓受到了启蒙运动的影响，强调司法审判的公平公正。陪审员的誓词是一组问句："你在上帝和人类面前宣誓，是要认真对待针对被告的指控吗？是要发誓既不违背被告的利益，也不违背社会的利益吗？是要发誓在判决宣布之前不会和任何人联系吗？是要发誓既不怕威胁，也不会受到恐惧和情感的影响吗？是要发誓会按照针对被告的指控和证据，依据良知和自己的判断做出裁决吗？你发誓会像一个自由、正直的人那样公正地做出裁决吗？"② 在法国，陪审员是一个有自由权的个体，作为一个自由、正直的个体有责任做出公正合理的裁决。宣誓中只有一处提到上帝，但上帝和人一样，只是陪审员裁决过程的见证者。

与英法等国不同的是，在俄国，宣誓强调陪审员始终要注意自己所承担职责的神圣性。除了全能的上帝，宣誓者面前还摆放着《圣经》和十字架，宣誓因而成为司法审判中具有浓厚宗教色彩的神圣过程，其实是将案件的审判和上帝末日审判糅合到了一起。誓词告诫陪审员要避免偏见，时刻要注意，其在案件审理中所做的决定既要对上帝负责，也要对法律负责。对被告做出裁决的陪审员在来世自己也要接受审判，这将法庭审判提升到了庄严神圣的地位。正是有宗教因素的存在，所以宣誓会对陪审员产生精神和伦理上的压力。正如司法改革的设计者们所指出的，普通的老百姓只有在宣誓后才能做出有价值的判断，他们并不认为

---

① C. S. Eady, *The Laws of England*, Vol. IX, *Courts*, *Criminal Law*, *and Procedure*, Generic, 1909, p. 362.

② J. W. Garner, "Criminal Procedure in France," *Yale Law Journal*, Vol. 25 (1916), p. 263.

在未加宣誓的情况下做出轻率的裁决是一种罪孽。①　在大多数人看来，在上帝面前所做的宣誓是揭开事实真相的必备条件。

从理论上来讲，1864 年司法改革对宣誓价值的强调，更加有助于揭开案件的真相，更加有助于陪审团做出公平、公正的裁决。

二　问题列表制度与陪审团的裁决

在陪审制的历史上，主审法官在庭审最后阶段可以通过两种方式影响陪审团的裁决。在英美法系中，主审法官在控辩双方总结陈词结束后，应对陪审团做出法律指示，以引导陪审员做出公正准确的裁决，指示的内容包括案件的关键内容和案件适用的相关法律要点，以及陪审员的职责和义务。在大陆法系中，如法国，庭审辩论结束后，主审法官将会向法庭和陪审团提出一系列问题并要求回答，以有助于理清案件的事实问题和法律问题，这就是陪审制中所谓的问题列表制度。

问题列表制度源于法国大革命时期。大革命时期，法国在刑事诉讼中引入了陪审制。②　按照当时的法律规定，陪审团必须回答与案件有关的三个重要问题：犯罪事实是否已经确证？被告确实是主犯吗？主犯是故意犯罪吗？民众及辩护律师都可以向陪审团提出这些问题。拿破仑统治时期制定的 1808 年《刑事诉讼法典》规定，只有主审法官有权向陪审团提出具体问题，并要求陪审团作答。

1864 年司法改革的设计者们认为，如果陪审团只是简单地做出有罪或无罪判决，会令所有人迷惑不解，因而他们在陪审制的设计上引入了法国的问题列表制度，这一制度成为影响俄国陪审团裁决的重要因素。1993 年俄国重新引入的陪审制又恢复了问题列表制度。现行的《俄罗斯民事诉讼法典》第 338 条、第 339 条对问题列表制度进行了较为详细的规定。③　其实，当代俄罗斯陪审制中的问题列表制度正是源于 1864 年，

① Устав уголовнаго судопроизводства, Но. 443, http://civil. consultant. ru/reprint/books/118/196. html，最后访问时间：2021 年 1 月 5 日。

② J. M. Donovan, *Juries and the Transformation of Criminal Justice in France in the Nineteenth & Twentieth Centuries*, N. C. : University of North Carolina Press, 2010, p. 12.

③ 施鹏鹏：《陪审制研究》，第 148 页。

正如有学者指出的，"1993 年的俄罗斯陪审制在某种意义上并非'法律西化'的推动，而是 1864 年陪审制复苏的结果"①。

1864 年俄国颁布的《刑事诉讼法》具体规定了陪审制中的问题列表制度。根据法律规定，在法庭调查、庭审辩论和控辩双方的最后陈述结束之后，法院要根据起诉书的内容和庭审结果向陪审员提出需要回答的问题。② 这里需要强调的是，法律规定，是"法院"拟定具体的问题，也就是说，要求陪审员作答的问题是法官席的几位法官共同讨论拟定的。这与法国的模式有所不同，在法国，拿破仑《刑事诉讼法典》颁布之后，只有主审法官才有权向陪审团提出具体问题。

法律还规定，法院向陪审团提出的问题必须与判定被告有罪或无罪密切相关。比如，案件是怎么发生的，被告是不是主谋，被告在法律上是不是有罪的。③ 这些问题要加以整合，要简洁明了，而且问题直接关系到被告的命运。如果被告不止一人的话，可以针对不同的被告提出具体问题。④ 但法院提出的问题是应该简单明了，还是应该尽可能详细，1864 年司法改革的设计者们的想法比较矛盾，最后也没有做出明确的规定。多数情况下，法院向陪审团提出问题的多少会根据案件本身的不同而有所差异。

下面我们以具体的案件来分析问题列表制度对陪审团审判的重要影响。

1866 年 10 月 15 日，圣彼得堡区法院审理的 П. Н. 维列季诺夫案件，典型地体现了法院拟定的问题如何影响了陪审团的裁决。

П. Н. 维列季诺夫，37 岁，被指控因施暴致使他的妻子死亡。被告自己承认了施暴行为，但他同时强调，自己殴打妻子时已经喝醉了。被

---

① 施鹏鹏：《陪审制研究》，第 148 页。

② Устав уголовнаго судопроизводства, Ho. 750, http://civil. consultant. ru/reprint/books/118/295. html, 最后访问时间：2021 年 2 月 5 日。

③ Устав уголовнаго судопроизводства, Ho. 754, http://civil. consultant. ru/reprint/books/118/296. html, 最后访问时间：2021 年 2 月 5 日。

④ Устав уголовнаго судопроизводства, Ho. 758, http://civil. consultant. ru/reprint/books/118/297. html, 最后访问时间：2021 年 2 月 5 日。

告确实犯罪了，这一点没有任何疑问，关键的问题是要确定被告罪行的轻重。鉴于此，法院向陪审团提出了需要回答的三个问题：①被告对妻子施暴是否构成犯罪？②如果被告确实有罪，那他是有预谋的犯罪吗？③被告是有意对自己的妻子施暴构成犯罪吗？①

关键的司法问题是，П. Н. 维列季诺夫的谋杀行为是不是有意的，也就是说，陪审团必须确定被告的犯罪动机。第一个问题实质上只是让陪审团确认 П. Н. 维列季诺夫是不是犯罪主谋：被告承认了自己的行为，因此被告是犯罪主谋这一点没有什么异议。

第二个和第三个问题对案件的裁决有着至关重要的影响。如果陪审团认为 П. Н. 维列季诺夫是有预谋的，那么犯罪性质是极其恶劣的，被告毫无疑问会被重判；如果陪审团认为被告无意伤害自己的妻子，更无意谋杀她，那么被告会受到道德上的谴责，他的刑罚将会大大减轻。辩护律师卡扎琴科向法院提出应该补充提问一个问题：被告是有意识的犯罪还是无意识的犯罪？因为俄国《刑法》认为醉酒状态下的行为可以不负刑事责任，所以卡扎琴科向法院提出，被告犯罪时已经喝醉了，他的行为完全可以免责。法官并未采纳辩护律师的意见。

最后，陪审团对这些问题分别做出了回答。对于第一个问题，陪审团的回答是"是的，有罪，但应该宽大处理"。对于第二个和第三个问题，陪审团的回答是否定的。换句话说，陪审团认为，被告确实犯了指控中提到的罪行，也应该受到惩罚，但被告的行为不是有预谋的，是无意的。由于明确了被告的犯罪动机，所以 П. Н. 维列季诺夫虽然被判处有罪，可是得到了宽大处理。②

从整个裁决过程来看，经过法庭审理，法院提交给陪审团的问题实质上是一个法律发现的过程。按照美国大法官波斯纳的说法，法律发现就是将规则运用于事实判断的过程。③ 从这个定义来看，陪审团回答法院提出的这些问题就是根据法律的相关规定，将各种事实进行整合，然

---

① Судебный вестник，1866，Но. 63，с. 375.

② Судебный вестник，1866，Но. 63，с. 381 - 382.

③ 〔美〕波斯纳：《法理学问题》，苏力译，中国政法大学出版社，1994，第 59 页。

后判定案件的关键要素。尽管在法律文本中有具体的条文，但在每一个案件的审理过程中，对被告犯罪行为的分析不能生搬硬套。在判决中裁判席要参考具体的法律法规，可参考并不意味着一定要严格按照法律的规定来执行，确定有罪因而要尽可能准确，只有这样司法才能起到有效的惩戒作用。提出问题、回答问题的过程，实际上是进一步揭开案件真相的过程，陪审团对问题的回答，就意味着案件的裁决者已经掌握了案件的真实情况。从这个角度上来讲，问题列表制度对案件的裁决有直接的影响。

另一个需要提及的案件是 1870 年圣彼得堡区法院审理的法院咨议员 H. K. 冯宗遇害案。这个案件因涉及人数较多而引起了社会的广泛关注。

H. K. 冯宗是一名退休的法院咨议员，失踪一个月后，在圣彼得堡一家火车站的行李箱中发现了他的尸体。经过前期侦查，有四个人被指控犯有谋杀罪：来自圣彼得堡的一名技工 A. B. 伊万诺夫；农民 A. C. 格拉切夫和 И. 费德罗夫；小市民 A. Ф. 安德列耶娃。来自圣彼得堡的一个小市民 M. 伊万诺夫和士兵的女儿 Д. B. 图尔宾娜被指控在谋杀中有共谋行为，但他们属于从犯。①

一位名叫瓦扎洛夫的公诉人认为 M. 伊万诺夫的犯罪情节并不严重。谋杀是在 M. 伊万诺夫的寓所中进行的，得到了他的允许，M. 伊万诺夫还准备了毒药，使受害者最终失去了反抗能力。其他四个人，A. C. 格拉切夫、И. 费德罗夫、A. Ф. 安德列耶娃和 A. B. 伊万诺夫一起将受害人殴打致死，随后将他的尸体放在行李箱里运到了火车站，因此这四个人是犯罪主谋。Д. B. 图尔宾娜是第六被告，她对被告的死不承担主要责任，但有隐瞒犯罪事实的嫌疑。②

这个案件因涉及的被告众多，证人证言有矛盾与冲突之处，问题显得极为复杂，但法院最后向陪审团提出的问题说明，法院力图将案件的裁决具体化，针对不同的被告提出具体问题。法院提出的问题包括：①这是

---

① Судебный вестник，1870，Hо. 85，c. 2.
② Судебный вестник，1870，Hо. 85，c. 2.

一起谋财害命案吗？②如果是谋财害命的话，那么积极参与犯罪过程的
M. 伊万诺夫是不是也有罪？⑦被告 Д. B. 图尔宾娜间接参与了谋杀，见
证了整个犯罪过程，也分了钱，那么她也有罪吗？⑧如果 M. 伊万诺夫
有罪，那么其他被告的犯罪行为是他主使的吗？⑨如果判定本案中两个
及两个以上的人有罪，那么这是有预谋的共谋犯罪吗？⑪如果 A. C. 格
拉切夫是有罪的，那么他意识到自己行为的严重性了吗？⑫被告 A. Φ.
安德列耶娃从 H. K. 冯宗那里偷了不到 300 卢布的钱，她有罪吗？⑬如
果 M. 伊万诺夫不能根据第二个问题而被指控有罪，那么他有谋杀的企
图，他掩盖犯罪，也分了钱，他应为此承担罪责吗？⑭如果某个被告直
接参与谋杀不是有罪的，那么他提供与犯罪有关的建议和必要的犯罪工
具，是否应认为是有罪的呢？⑯如果 Д. B. 图尔宾娜根据第七个问题而
不能被指控有罪，那么她了解犯罪过程，却没有向当局报告，能不能判
定有罪呢？①

　　这里最重要的是对问题一步步的挖掘，法院想通过这些问题逐步揭
开案件的真相，并判定每位被告应承担的法律责任。陪审团在这个过程
中不仅要对法院提出的问题具体作答，也要认真分析被告是有罪还是无
罪的问题。进一步讲，提出这些问题的意图是想让陪审员判定每个被告
的法律责任。

　　比如，这些问题中有几个与被告 M. 伊万诺夫有关。第 2 个、第 8
个、第 13 个、第 14 个问题都提到了 M. 伊万诺夫的责任。第 2 个和
第 8 个问题显然是要对谋杀的积极参与者与旁观者做出区分。法院挑
选出这些问题是想让陪审团判定 M. 伊万诺夫的法律责任。第 2 个和
第 8 个问题是想对 M. 伊万诺夫的积极参与加以具体考量。如果陪审
员对第 2 个问题做出肯定的回答，那么第 8 个问题就是对 M. 伊万诺
夫参与犯罪的具体裁决。在这个案件中，法院不是提出几个简单明了
的问题，而是提出多个问题，以便陪审团能清晰地梳理整个案件的过
程，并做出相应的判断。

---

① Судебный вестник, 1870, Ho. 87, c. 1.

法院提出的问题实际上是环环相扣的：如果某一被告不能被看作有罪，那么法院是否应该考虑更严重的指控呢？比如，M. 伊万诺夫有罪的问题与其他问题是相关的，如果陪审团不认为他的犯罪角色是积极的，那么第 2 个、第 8 个、第 13 个和第 14 个问题中的指控就没什么意义，陪审团对被告罪责的确定有了自由裁量权。

第 7 个和第 16 个问题与被告 Д. В. 图尔宾娜有罪有关。第 7 个问题要求陪审团决定 Д. В. 图尔宾娜是不是犯罪的间接参与者：她会因为见证了犯罪，也分了钱而被看作有罪的吗？如果认为她无罪，那么第 16 个问题则强调被告有罪的另一个因素：如果 Д. В. 图尔宾娜在第 7 个问题的指控上无罪，那她知道发生了犯罪，却没有向当局报告，也不需要承担罪责吗？

法院提交问题中所使用的语言，特别是关于 Д. В. 图尔宾娜的第二个问题中所使用的语言，对案件的裁定有直接的影响。这些问题尽管与被告有罪或无罪相关，但都需要陪审团加以综合考虑，陪审团必须将问题具体化。

本案的结果是，所有的被告都被宣判有罪。比如，Д. В. 图尔宾娜在第 7 个问题的指控中虽然被宣布无罪，但她要承担第 16 个问题中提到的法律责任。这是一起典型的有多位被告存在的案件，法院通过一系列问题力图让陪审团考虑每个被告在案件中的角色。

我们从这两个具体的案件裁决中可以看到，陪审团审判过程中，问题列表制度影响了陪审团做出裁决的过程，这个过程对案件的裁决结果产生了决定性的影响。从某种程度上讲，陪审团对法院所提出问题的回答已经决定了案件审理的结果和被告的命运。

三 陪审团裁决过程中的道德因素

在西方的法律实践中，要判定被告是否有罪，需要说明与犯罪有关的三方面内容：①案件起诉时必须说明犯罪事实已经发生；②要有确凿的证据证明被告是犯罪的实施者；③最关键的是要证明被告是否应该对犯罪行为负责，负多大责任。第三个问题涉及被告犯罪时的犯罪动机、被告的年龄及犯罪时的具体状况等。法院是否判定被告有罪取决于陪审团对第三个问题的裁决，正因为被告的心理状态及道德水平对陪审团的裁决有较大的影响，所以经常会出现对犯罪事实供认不讳的被告被宣判无罪的情况。照此看来，判定被告是否有罪与社会的伦理道德规范有很大的关系，法律文化也部分地反映了人类社会发展的道德规范。正如帝俄晚期著名法学家 A. Ф. 科尼所谈到的，"过多地模仿法国的方式会抹杀民族性格的多样性，也低估了俄国人民所具有的仁慈本质。法国公诉人夸大其词的诉讼和艺术渲染，以及像对待敌人一样看待被告的态度不值得我们学习"①。

A. Ф. 科尼认为，俄国人的宽容和仁慈与俄罗斯民族特有的伦理价值观不仅是俄国法律文化的基础，也是俄国司法区别于欧洲大陆的重要方面。俄罗斯法律文化已经深深根植于法律的发展之中，因此，法律传统、道德上有罪或无罪就成了刑事审判中影响裁定的重要因素。从人民大众中选出的陪审团，由于缺乏专业的法学知识，因此在案件裁决过程中更多的会受到道德等因素的影响，他们在决定被告的命运时会参考被告的生活环境和其他因素，也就是说，陪审团在裁决案件时，既要考虑犯罪证据等物质因素，也要考虑被告的心理等与道德伦理有关的因素。

俄国陪审制主要参考了法国的制度，因此在具体研究俄国陪审团裁决中的道德因素之前，有必要简单梳理法国陪审团审判中的道德因素。法国陪审制起源于大革命时期，经过了较长时间的发展，到拿破仑三世统治时期已经渐趋成熟。陪审团在裁决时，被告犯罪时的心理、案发现场的特殊情况以及被告自己的成长经历等都会成为陪审团投票的重要参考因素。主审法官在给陪审员的法律指示中，强调陪审员在对案件做出裁决时应该坚持自己内心的判断，或自己的信念和良知。在极为复杂的情况下，陪审员要用根据事实得出的道德判断取代正式的证据。② 从法

①　*А. Ф. Кони*，Собрание Сочинений，Том. V，Москза，1968，c. 169.

②　K. F. Taylor, *In the Theater of Criminal Justice: The Palais De Justice in Second Empire Paris*, Princeton University Press, 1993, pp. 37, 64.

国 19 世纪的诉讼实践来看，个人在法律面前是否有罪既取决于证据等事实因素，也与个人的性格、犯罪的意图有关系。但法国陪审团在判定有罪时，犯罪学家和心理学家对案件及被告心理等的分析对案件的裁决也有很大的影响。

俄国 1864 年司法改革参考了法国的制度实践，强调陪审员的良心在案件裁决中的重要性。正如作为主审法官的 A. Ф. 科尼在主持审理薇拉·查苏利奇案件时指示陪审团的，"你们要做出一项经过认真思考的，建立在对证据严格审查基础上的裁决"，但在结尾部分，他又告诫陪审员，"你们的裁决必须依据自己的判断，依据你们的所见所闻，不要受除良心之外的任何其他事情的影响"①。这里，法院的主审法官不是敦促陪审员用更加理性的方法来裁决案件，而是着重强调陪审员要依据自己道德上的判断来做出裁决。这足以说明俄国司法界普遍认为道德判断对案件的裁决有重要价值。

陪审团裁决中的无罪宣判也受到了道德因素的影响。1864 年司法改革法令规定，即使在被告对犯罪事实已经供认不讳的情况下，案件仍然要进行审理。② 这就给无罪宣判创造了可能性。根据 1845 年《刑法》的规定，法院判定被告有罪至少应该具备两个条件。首先，要有明确的证据证明犯罪的发生。其次，要有明确的证据证明被告是有罪的。同时法律还规定了可以减轻被告刑罚的条件。被告精神上有问题，或年幼无知，或过失犯罪等都能成为减轻被告刑罚的条件。③

有了法律上的规定，加上陪审员在裁决时注重道德因素，这使帝俄晚期陪审团裁决过程中有较高的无罪宣判率，较高的无罪宣判率因而成为许多人批评陪审制的一个重要缘由。正如 1884 年检察官 H. A. 聂可留朵夫所讲的，陪审员在裁决时，除了考虑法律上免责的条件外，被告被超长羁押；女性被告的家庭关系，比如，她已经生产，要照顾孩子；被

---

① *A. Ф. Кони*, Избранные Произведения, Москва, 1956, c. 555, 565.

② Устав уголовнаго судопроизводства. Ho, 678, 682, http://civil. consultant. ru/reprint/books/118/277. html#img278，最后访问时间：2021 年 2 月 5 日。

③ http://www. nlr. ru/e-res/law_r/search. php，最后访问时间：2021 年 2 月 5 日。

告长期忍受虐待而导致的身体和精神上的伤害；被告良好的品质，比如，他喜欢帮助他人及其他优秀的品质等，这些因素都会成为陪审员对被告减轻惩罚的理由。他们甚至根据《圣经》中的话语"不要做出判断，你不能做出判断"拒绝做出有罪裁决。① 陪审团从道德理念出发减轻对被告的处罚，甚至宣判被告无罪，引起了代表政府利益的检察官的普遍不满，也引起了沙皇政府的高度重视。沙皇政府虽力图采取措施来改变这种对政府不利的局面，但总体上未能改变这种现状。到 19 世纪末，沙皇政府基本认可了陪审团裁决中的道德判断。

思想上、制度上的变化使独特的俄国法律文化在刑事审判中进一步显现。在这一文化背景下，有罪还是无罪被看作心理的、道德的问题，而不是严格意义上的法律问题。下面我们通过具体的案例来进一步分析道德判断是如何在司法实践中影响陪审团裁决的。

1870 年 11 月，涅日哥罗德区法院审理的 M. 戈尔布诺夫案件，充分说明了道德因素对陪审团裁决有着重要的影响。助理检察官魏斯曼在起诉时充分利用了道德因素，道德判断因而成为本案中关键的影响因素。

M. 戈尔布诺夫是一位只有 24 岁的农民，他被指控犯有盗窃罪、谋杀罪和欺诈罪。具体来说，他被指控偷窃邮件，杀害邮递员和马车夫，在借贷时有欺诈行为。② 公诉人魏斯曼在这个案件的起诉过程中遇到了一些问题。首先，本案没有确凿的证据来指控 M. 戈尔布诺夫。几乎所有可利用的证据都带有一定的推测。其次，被告公开否认自己有罪。然而，对于魏斯曼来说，最大的挑战在于，被告看起来外表和蔼，性格温和，是一个值得信赖和同情的人，根本就不像是一个罪犯。③

魏斯曼的起诉策略引人关注。因为他没有关于被告犯罪的直接证据，因此在最后的总结陈词中，他将陪审团的注意力吸引到被告的道德水平上，尽量减少陪审团对法定证据的关注。公诉人指责被告对自己的犯罪行

---

① G. N. Bhat, "The Moralization of Guilt in Late Imperial Russian Trial by Jury: The Early Reform Era," *Law and History Review*, Vol. 15, No. 1 (Spring 1997), p. 91.

② Судебный вестник, 1871, Ho. 1, с. 1.

③ Судебный вестник, 1871, Ho. 1, с. 1.

为甚至都没有一点忏悔的表现。魏斯曼说，一个心中带有愤恨的罪犯不会考虑旁边有证人的存在，他最终必然会为自己的行为付出代价。这种人在实施犯罪时也会冷若冰霜，现在，因为没有直接的证人指证他，所以他肆无忌惮，甚至连一点自责都没有。① 陪审团最后采纳了公诉人的意见，裁定 M. 戈尔布诺夫犯有盗窃罪、谋杀罪和欺诈罪。

这一案件的裁决典型地反映了道德因素在陪审团裁决中的重要意义。虽说本案没有多少可信的证据，也没有直接的目击证人，但陪审团最后还是做出了有罪判决，可能是因为陪审团认为对一个不知道忏悔的被告根本就不需要同情和怜悯。在这种情况下，道德因素比法律意义上的证据更重要。

1872 年 3 月，圣彼得堡区法院审理的 П. 什梁赫金案件反映了陪审团审判中道德因素的影响力。П. 什梁赫金是一名退休的陆军上尉，因谋杀政府顾问 А. И. 雷诺夫而受到指控，但控方认为犯罪不是有预谋的，受害者因头部受枪击而死。帝俄晚期著名的法学家 А. Ф. 科尼是本案的公诉人，他在起诉书中简单叙述了两人之间日渐恶化的关系。А. И. 雷诺夫是 П. 什梁赫金的妹夫，有一天，两人发生冲突后 П. 什梁赫金失去控制，向 А. И. 雷诺夫开枪射击，他的妹妹，也就是受害人的妻子 М. С. 雷诺娃也在案发现场。② 被告在法庭上为自己的有罪指控辩护，但令所有人感到困惑的是，他并没有开致命的第二枪，第一颗子弹因他妹妹的阻挡，最后打偏了。随后，关于被告及受害者的个人品质成为法庭争论的焦点。

公诉人 А. Ф. 科尼与被告的辩护律师波特金争论的主要问题是被告、证人甚至死者的道德问题，控辩双方在最后的总结陈词中都强调了道德的重要性。

А. Ф. 科尼的总结很精彩，几乎涵盖了与案件有关的所有内容，包括案件的起因和过程。由于意识到辩护律师会拿道德因素做文章，所以 А. Ф. 科尼特别注重影响陪审员的情感判断。比如，他谈到了本案目击

---

① Судебный вестник，1871，Но. 1，с. 1.
② Судебный вестник，1872，Но. 3，с. 2.

证人，也就是受害人的妻子 M. C. 雷诺娃："我认为不应该怀疑 M. C. 雷诺娃所提供的证据的真实性。实际上，她说话的语气和表达方式都带有一种伤感，一种焦虑；从她的言辞中，我们可以清晰地感受到她所遭受的不幸。"① 他还提到了另外一个证人——护士普罗科菲耶娃，她是 A. И. 雷诺夫家的一位佣工，人品善良，是一个单纯的、正直大方的人。A. Ф. 科尼还提到了第三位证人——A. И. 雷诺夫家的家庭女教师格拉。辩护律师波特金不认可她提供的证据，因为他认为格拉私人生活中的一些不正常使人有理由怀疑她所提供的证据的真实性，格拉甚至还赞成实行肉体惩罚。A. Ф. 科尼在总结性发言中批驳了辩护律师的说法，他反问道，格拉的个人私生活与她所提供证据的真实性有关系吗？自始至终，A. Ф. 科尼都在强调证人的道德品质对其所提供证据的真实性的影响。②

案件中争论的另一个焦点是关于死者的道德品质问题。实际上，在陪审团审判中，受害者恶劣的道德品质（如酗酒、粗俗、脾气暴躁）有时候会令陪审员更同情被告。在这种情况下，有罪判决虽无法推翻，但可以争取宽大处理。

A. И. 雷诺夫的几个熟人和朋友，以及几个证人都指出，A. И. 雷诺夫是一个骄傲自大的人，有暴力倾向。作为公诉人的 A. Ф. 科尼想尽量避免人们关注死者恶劣的个人品质，他在总结中多次提到，人无完人，一个人的道德品质不可能完美，总有一些瑕疵。公诉人显然担心辩护律师会利用死者的恶劣品质而为减轻被告的罪行进行辩护。③

辩护律师波特金在总结发言时先坦诚地讲道，A. Ф. 科尼的发言用词得当，思想深刻，给所有人都留下了深刻的印象。接着，话锋一转，波特金指出，本案的关键不是如何做冠冕堂皇的陈述，而是如何更理性地分析案件。波特金并不否认证人的证言，为了回应 A. Ф. 科尼的批驳，

---

① Судебный вестник，1872，Ho. 3，c. 2.

② G. N. Bhat，"The Moralization of Guilt in Late Imperial Russian Trial by Jury: The Early Reform Era," p. 105.

③ G. N. Bhat，"The Moralization of Guilt in Late Imperial Russian Trial by Jury: The Early Reform Era," pp. 105 – 106.

他唯一能做的就是驳斥证人提供的证言，而不是提出更具说服力的论辩。波特金指出，自己不厌其烦地询问证人的目的是弄清楚所有人在提供证据时所采用的标准。他提出，每个证人尤其是目击证人的描述绝不是简单地叙述事情，传递知识，而是有更为复杂的内容，证人证言反映了此人的个人品质和观点，因此他的询问是合情合理的，他的动机是弄清楚事情的真相。他最后向陪审团说，在法庭上，你们就是按照良心而不是形式来判断的法官，在判断中没有可以帮助你们的透视镜，透视镜只会出现在形式主义的法庭上。①

波特金在这里实质上是提醒陪审团除了考虑正常的物质证据和事实证据外，个人的品质和道德因素也是应该优先考虑的要素。波特金将形式主义的法庭看作一种裁决的外因，外因主要起辅助作用，陪审团心中的一杆秤才是真正的内因，也是案件裁决的关键。

波特金的总结发言集中说明了个人背景、个性和个人品质的重要性，他竭力想使审判的中心问题道德化，最后将犯罪描述成被告的一种绝望行为，是一个精神上不健全、自控力不强的人的一种疯狂自卫举动。两位心理专家证明，П. 什梁赫金有点神经质，他们进一步指出，导致致命伤害的诱因是 А. И. 雷诺夫向已经受到惊扰的、敏感的 П. 什梁赫金挥舞自己的拐杖。波特金在向陪审团陈述问题时思路清晰：被告需要的不是惩罚，而是同情与治疗。他提醒陪审团：他的当事人患有精神疾病，П. 什梁赫金最后被认为这种疯癫状态下的谋杀是有罪的，是极其严重的犯罪，但他并没有预谋。最终陪审团建议法院对被告宽大处理。②

在这个案件中，事实等因素并不是案件审理的关键，相反，道德因素对司法审判产生了决定性的影响。在这种框架下，法律上对案件的挖掘主要是通过人类的良知（陪审团）来实施，这种程序上的转变在很大程度上用道德因素取代了法官的主导地位。

---

① G. N. Bhat, "The Moralization of Guilt in Late Imperial Russian Trial by Jury: The Early Reform Era," p. 107.

② G. N. Bhat, "The Moralization of Guilt in Late Imperial Russian Trial by Jury: The Early Reform Era," p. 108.

最后我们来看看 1878 年薇拉·查苏利奇案件的审判。关于这一案件已经有了较多研究，这里主要强调的是薇拉·查苏利奇的辩护律师 П. А. 亚历山大罗夫的辩护策略，特别是他强调陪审团在宣判无罪时应该具有的良心和个人的道德准则。事实上，正如美国学者 J. 伯格曼指出的，尽管这一案件包含明显的政治内容，但更多的还是体现出了俄国法律的变革，而不是政治问题。①

薇拉·查苏利奇因为企图谋杀圣彼得堡市市长特列波夫而被审判，犯罪动机十分明显，那就是要替自己狱中的朋友报仇。公诉人的起诉书明确指出，薇拉·查苏利奇是有预谋地实施犯罪，特列波夫之所以能幸存下来，那是因为事情超出了薇拉·查苏利奇的控制。由于这是一起针对政府高官的刺杀案件，案件的性质相当特殊，沙皇政府希望陪审团做出有罪判决，也希望对薇拉·查苏利奇的审判能对其他革命者和未来的刺杀者起到警示作用。

在案件审理过程中，针对公诉人的指控，薇拉·查苏利奇在法庭上承认向特列波夫开枪的事实，并称自己唯一的遗憾，就是没能杀死特列波夫替朋友报仇。公诉人 К. И. 科谢里利用自己手中有力的证据提出了对薇拉·查苏利奇的指控，在庭审的总结陈词中，他强调了谋杀的基本细节和事实，分析了薇拉·查苏利奇在犯罪中的暴力行为，特别指出她违反了法律和公众道德。② 实际上，他一直在强调法律问题。

被告已承认犯罪事实，辩护律师 П. А. 亚历山大罗夫为减轻对被告的刑罚，尽力寻找被告的犯罪动机，力求用道德因素来影响陪审团的判决。这样一来，被告的个性和个人品质，特别是导致她谋杀特列波夫的心理动机，就成了询问证人及审查证据时的关键因素。他指出，如果大家能正确合理地理解法律和社会道德规范的话，那么她的行为其实是正确的，对她有罪的指控也是没有道理的。

他在总结发言中讲道：

---

①　J. Bergman, *Vera Zasulich: A Biography*, Stanford: Stanford University Press, 1983, pp. 40, 44.

②　J. Bergman, *Vera Zasulich: A Biography*, pp. 45 – 47.

陪审团的先生们！在人们的思想里，妇女被指控血腥的犯罪而出现在这个令人精神痛苦的被告席上，在法庭上已经不是第一次了。她们之所以出现在这里，是因为她们杀死了那些玩弄女性的骗子而为自己复仇。她们之所以出现在这里，是因为她们把双手浸泡在了比她们更幸运的对手的鲜血之中。这些女人都带着无罪的判决离开了这里。不仅要考虑其行为的外部因素，而且要考虑到其内部的含义——被告真实的罪行，这些判决代表着神圣的正义。这些手上染过血的女人为自己抗争或者为自己复仇可以被认为是正义的。但是这里第一次出现了这样一个女人，她的犯罪不是为了个人利益，同她的犯罪相连的是为了一种思想而战，为了一个对她来说只是同病相怜的人。如果这些犯罪动机在社会正义的天平上证明是相对轻一点的，如果为了一般的社会安全、法律的胜利和公众的安全，她必须受到惩罚，是的，可以把你们公正的惩罚强加给她。不会有更多的苦难可以通过你们的判决而增加到这个衰弱的、被摧毁的生命中来。没有责备、没有抱怨，而且没有冒犯，她将接受你们的决定，她将用这样的事实安慰自己，她的受难和牺牲将阻止引发她的行动的事件再次发生。无论人们把这件事情看的多么阴暗，在他们的动机中不可能看不到一丝正直和高尚的冲动。①

从 П. А. 亚历山大罗夫的发言来看，他从对薇拉·查苏利奇个性的深入分析入手，提出自己的当事人由于在波戈留波夫事件之前忍受了多年的政治压迫和贫困，所以她的同情心和所遭受的社会痛苦迫使自己为波戈留波夫所遭受的不公而鸣不平。他最后指出，你们这些陪审员代表着社会的良知，因而对这一案件的裁决要根据自己的良知来做出。② П. А. 亚历山大罗夫提请陪审团在严格的法律框架之外去考虑这个案件的裁决结论。

---

① J. Bergman, *Vera Zasulich：A Biography*, p. 49.
② J. Bergman, *Vera Zasulich：A Biography*, pp. 47 – 49.

П. А. 亚历山大罗夫提出，人类法律真正的公平体现了一种神圣性，这不仅是人类外部行为的表现，也是人类内心的体现。他承认，按照新的法律，他的当事人确实是一名罪犯；她在受新诉讼规则影响下的法庭审判中必然是有罪的。然而，从人类普遍的法律、道德和良知上来讲，判定薇拉·查苏利奇无罪也是合理的。П. А. 亚历山大罗夫接着指出，尽管在1864年体制下确定有罪是合适的，甚至是必须的，但在俄国的政治、社会和法律背景下确定无罪也能在道德上说得通。[①] 实际上他的结论是，道德上的无罪必然会取代法律上的有罪。

总结陈词结束之后，主审法官 А. Ф. 科尼代表法院向陪审团提出了三个需要回答的问题：刺杀是有预谋的吗？被告想杀掉特列波夫吗？她所做的一切是否要保证刺杀计划的成功？[②] 陪审团经过短暂的考虑，对三个问题都做出了否定的回答，最后主审法官只能宣布薇拉·查苏利奇无罪释放。

薇拉·查苏利奇案件其实是道德因素最终成了陪审团裁决的关键。正如 А. Ф. 科尼所指出的，案件审判的核心不是被告有没有责任的问题，而是被告犯罪的本质问题。[③]

从影响俄国陪审团裁决的三大主要因素来看，带有浓厚宗教色彩的司法宣誓可以保证陪审员根据自己的良心来审理案件。问题列表制度有助于陪审团进一步澄清与法律和事实有关的问题，揭开案件的真相，而陪审团审判中的道德因素使审判更符合俄国人的心理结构和文化传统，从而使案件审理在各方达成共识的基础上做出一项裁决。

四　俄国陪审团的裁决方式

关于陪审团的裁决方式，英美法系大多采取的是全体一致原则，即要求陪审员做出一致的裁决；而在以法国为代表的大陆法系国家，采取

---

① S. Kucherov, "The Case of Vera Zasulich," *Russian Review*, Vol. 11, No. 2 (Summer 1952), pp. 91 - 92.

② J. Bergman, *Vera Zasulich*: *A Biography*, p. 51.

③ G. N. Bhat, "The Moralization of Guilt in Late Imperial Russian Trial by Jury: The Early Reform Era," p. 111.

的是多数一致原则。

1864 年司法改革的设计者们在讨论究竟采用哪种原则时，还引发了广泛的讨论。有人提出，只有全体一致原则才能消除人们对于陪审团裁决公正性的怀疑，陪审团达成的裁决才能赢得信任，因为这种裁决会被看作全体社会成员努力的成果。英国几个世纪的实践充分说明实行全体一致原则不是不可能的。在这些人看来，陪审员的目标是依据对整个事件的判定而达成一个公正的裁决；只有全体一致原则才能表达全体人员的认可；对同一事件做出两项正确的裁决是不可能的，因为裁决的本质不允许有两种相矛盾的意见。如果我们认为真相确实存在的话，全体不一致条件下的定罪是不成熟的标志。将裁决建立在多数一致原则的基础之上，忽略了陪审制的道德本质，准确地说是放弃了自由心证原则，法院最后成了一个碰运气的地方，在这里生死问题是由简单的数学计算公式决定的。强调全体一致原则会让陪审员对案件进行全面考察，因为他们知道自己绝不能通过一种简单的意见表达就将案件轻易处理掉，他们必须在同事的讨论中支持自己的看法。最后要强调的是，全体一致原则与俄国民众的品质是相一致的，俄国民众在米尔的管理下长期以来践行的就是全体一致原则。①

反对实行全体一致原则的人认为，全体一致原则通常是强迫得出的结论，这种结论不是建立在定罪的基础之上，而是建立在必须要得出结论的基础之上，因此这是强迫陪审员得出一致的裁决；有时候少数必须服从多数，有时候相反，固执己见的少数派可能会迫使大多数人做出一个不公正的判决。在这种情况下，某个受贿的或受其他外部因素影响的陪审员可能迫使其他 11 位陪审员支持他的意见，这会导致陪审团的裁决出现不公正现象。②

在综合考虑各种因素后，国务会议最终采用了法国的多数一致原则。多数人之所以支持多数一致原则，与法国陪审制的成功实践有密切关系。在这种原则下，陪审团要对法院提出的每一个问题做出肯定或否

---

① S. Kucherov, *Courts*, *Lawyers and Trials under the Last Three Tsars*, pp. 61 – 62.

② S. Kucherov, *Courts*, *Lawyers and Trials under the Last Three Tsars*, pp. 61 – 62.

定的回答，即"是的，有罪"或"不，没罪"，或"是的，但应该受到宽大处理"。陪审团有权要求对被告做宽大处理，这成为俄国陪审团的一项重要权利。陪审团接着要投票来决定裁决结果，法院可以建议陪审员达成一致裁定，但陪审团不一定必须这样做。当投票结果为6∶6时，被告会被宽大处理，也可以被宣布无罪。陪审团无法主导对被告的刑罚，但如果有半数以上的陪审员同意减轻刑罚的话，陪审团有权要求法院对被告做宽大处理。①

在法国，陪审团的裁决是在被告缺席的情况下宣布的，德国也是如此。在俄国，同英美一样，陪审团的裁决要在被告在场的情况下公开宣布。然后法官根据陪审团的裁决，宣布被告有罪或无罪，以及应该受到的惩罚。但法律还规定，如果法官席的三位法官一致否定陪审团裁定一个无辜的人有罪的话，可以解散原有的陪审团，重组陪审团对案件重新审理。② 但这种情况极为少见，陪审团的裁决是终审裁决，公诉人和被告不能向高一级法院提出上诉，但可以向参政院撤诉法院提出撤诉上诉或抗诉。在英美法系中，无罪宣判不能提出二诉。在俄国，检察官可以针对无罪宣判向参政院撤诉法院提出撤诉抗诉。

关于陪审制的适用范围，法律也做了较为明确的规定。普通的刑事案件都可以由有陪审团参与的法院来审理。③ 但政治案件不属于陪审团审判的范围。

从俄国陪审团审判的裁决过程和最终的裁决方式来看，俄国陪审制的实践实际上是西方法律实践俄罗斯化的过程。俄国陪审制融合了法国和英国的制度实践，也兼顾了俄国本身的法律传统和文化，从而形成了俄国陪审制的特点。正如俄国法学家 И. Я. 弗尼茨基指出的，"1864 年改革中引入的所有制度，没有一项制度可以称作是法国的或者英国的；

---

① Устав уголовнаго судопроизводства, Ho. 804, http：//civil. consultant. ru/reprint/books/118/324. html，最后访问时间：2021 年 2 月 6 日。

② Устав уголовнаго судопроизводства, Ho. 818, http：//civil. consultant. ru/reprint/books/118/335. html，最后访问时间：2021 年 1 月 6 日。

③ Устав уголовнаго судопроизводства, Ho. 201, http：//civil. consultant. ru/reprint/books/118/127. html#img128，最后访问时间：2021 年 2 月 6 日。

所有的制度都带有一定的原创性，所有的制度都带有俄国特色"①。

第三节　帝俄晚期陪审制发展的困境及挑战

1864 年司法改革之前，沙皇政府内部围绕着陪审制的引入展开了激烈的争论，像司法部大臣 B. H. 潘宁等坚决反对在俄国引入陪审制。陪审制正式引入俄国刑事审判后，仍然有人指责陪审制，陪审制本身存在的问题成为人们攻击的对象。陪审制在俄国曲折发展着。

陪审制引入俄国后遇到的第一个问题与陪审员的挑选有关。拟定陪审团名单的临时特别委员会工作不认真，导致所挑选出来的陪审员并不是最胜任的人。他们通常只是按照字母顺序将名字填写到陪审团名单上，没有人会认真考察所挑选的陪审员的真实状况或进行严格的筛选。正如 1883 年由 Д. H. 纳巴托夫任主席的一个调查委员会所指出的，许多地区并未设立挑选陪审员的临时特别委员会，通常是地方自治局的秘书或其他人来完成这项工作。在有些情况下，某些非俄罗斯籍人的名字也会出现在陪审团名单上，还有一些 70 岁以上的疯子、盲人和聋人，甚至有些已经去世的人的名字出现在名单上。② 陪审员挑选工作的粗心大意可见一斑。针对这种情况，沙皇政府颁布了一系列政策来解决这一问题，比如前面提到的 1884 年法令。1887 年，沙皇政府又颁布法令要求拟定陪审员名单的临时特别委员会参考人口统计资料，临时特别委员会的负责人必须是有责任心的县首席贵族。③ 虽然有这些法令的约束，但陪审员挑选过程中存在的问题依然没有解决，有些已经去世的人的名字仍然出现在陪审团的大名单上。

除了陪审员挑选过程中出现的工作不认真之外，大多数受过教育的、富有的贵族设法逃避担任陪审员，也是帝俄晚期陪审制发展过程中面临的一个主要问题，这个问题前面已经提及，这里不再赘述。但正如

---

① S. Kucherov, *Courts*, *Lawyers and Trials under the Last Three Tsars*, p. 64.

② *А. Ф. Кони*, Отцы и Дети Судебной Реформы, с. 162.

③ ПСЗ, Собрание 3, Том. 7, Ho. 4396, Санкт-Петербург, 1889, с. 189 – 192.

А. Ф. 科尼指出的，"那些最有能力的，受过良好教育的人不愿意担任陪审员对俄国的司法产生了极为有害的影响，因为大多数重要的刑事案件都是在有陪审团的法院审理的"①。

此外，多数陪审员来自贫穷的农民也让一些人担心陪审员会被收买。有些地方自治机构的报告称，农民陪审员因为吃完了自备的干粮，没有办法，只能到大街上乞讨。1875 年，敖德萨地区的一位农民向法院抱怨道，"我们希望法院要明白，我们没什么可吃的了，我们吃光了自己身上所有的干粮。在法院审理案件的两天间歇期，我们中有一位农民走了 90 俄里路去乡下拿面包。我们过的是风餐露宿的日子，能不能给我们一些吃的啊！"② 法院没有满足农民陪审员提出的要求，直到 1913 年，这个问题才因政府新法令的颁布而有所缓解。

来自农村的陪审员的贫困使许多人产生了陪审员会不会被收买的担心，也担心由此会影响司法公正。但总体上来讲，陪审员受贿的现象较少。据统计，1879～1892 年，陪审团共计裁决了 208000 份案件，但只有 20 名陪审员被指控犯有受贿罪。③

临时特别委员会工作不认真，新创建法院恶劣的物质环境，以及贵族和官吏逃避责任，这些都使陪审制处于一种极为不利的环境之中，也使农民成了陪审员的主体。沙皇政府采用的提高陪审员的财产资格等方法都未能缓解这一状况。陪审制因而成为那些反对改革的贵族攻击的对象，甚至那些承认农奴制废除的贵族也认为司法改革走得太远。他们可以接受农奴的解放和地方自治机构的建立，甚至旧司法体制的改革，但无法接受司法独立的理念和体制。有些人提出，"司法独立与我们的民族性格并不相符，陪审制体现的是一种民主，与我们的政府体制是不相容的"④。俄国有影响的杂志《莫斯科公报》的编辑 М. Н. 卡特科夫甚

① *А. Ф. Кони*，Отцы и Дети Судебной Реформы，с. 162.
② J. W. Atwell，"The Russian Jury," *The Slavonic and East European Review*，Vol. 53，No. 130（January 1975），pp. 51 - 52.
③ J. W. Atwell，"The Russian Jury," p. 52.
④ *Н. В. Давыдов*，*Н. Н. Полянский*，Судебная Реформа，Том. II，с. 46.

至将陪审团审判贬损成"大街上的法院"①。"大街上的法院"因而成了一些人指责陪审制的代名词。

人们经常指责陪审制的第二个主要问题是陪审团裁决中较高的无罪宣判率,这也是沙皇政府内部一些人认为陪审制政治上不可靠的原因(见表 4 - 4 和表 4 - 5)。

表 4 - 4　1874 ~ 1881 年俄国七个省份刑事判决对比

省份	有罪宣判		无罪宣判	
	有陪审团法院	无陪审团法院	有陪审团法院	无陪审团法院
圣彼得堡	11469	4054	6761	1387
莫斯科	47399	14502	25419	4880
哈尔科夫	35085	10097	18508	5174
敖德萨	16470	7534	14596	1858
喀山	26089	10631	16073	3149
萨拉托夫	15372	4824	9520	2289
基辅	3589	1159	1739	733
共计	155373	52801	92616	19470

资料来源:D. C. Dussel, "Russian Judicial Reforms and Counter-reforms:1864 - 1914," Unpublished Ph. D. Paper, University of Missouri-Columbia, 1981, pp. 63 - 64。

表 4 - 5　1874 ~ 1881 年俄国法院刑事判决情况

年份	有罪宣判		无罪宣判	
	有陪审团法院	无陪审团法院	有陪审团法院	无陪审团法院
1874	17088	5081	8369	1792
1875	18950	5754	10815	1964
1876	19004	6406	11092	2350
1877	19183	6490	11567	2670
1878	19231	6101	11581	2567
1879	19939	7130	12424	2544
1880	18987	7075	12631	2501

---

① J. W. Atwell, "The Russian Jury," p. 53.

续表

年份	有罪宣判		无罪宣判	
	有陪审团 法院	无陪审团 法院	有陪审团 法院	无陪审团 法院
1881	22691	8105	14386	3079
总计	155073	52142	92865	19467

资料来源：D. C. Dussel, "Russian Judicial Reforms and Counter-reforms：1864 – 1914," p. 65。

陪审团较高的无罪宣判率不仅在俄国存在，在欧洲其他一些国家也普遍存在（见表4 – 6）。

表 4 – 6　1889 ~ 1893 年俄国和欧洲其他国家无罪宣判率对照

国别	有陪审团法院	无陪审团法院
俄国	36%	26%
法国	29%	7%
奥地利	26%	14%
德国	25%	13%

资料来源：J. W. Atwell, "The Russian Jury," p. 56。

同时参考不同类型犯罪的无罪宣判率，也可以看出俄国陪审员对待犯罪的态度（见表4 – 7）。表4 – 7统计数据显示了1891 ~ 1895 年俄国和法国陪审员对不同类型的犯罪的态度。

表 4 – 7　1891 ~ 1895 年俄法两国犯罪类型与无罪宣判率对照

犯罪类型	俄国	法国
诈骗	50%	39%
伪造证书等	39%	34%
性犯罪	48%	33%
谋杀	34%	31%
盗窃	27%	19%

资料来源：J. W. Atwell, "The Russian Jury," p. 57。

通过以上数据对比可以看出，除了谋杀罪和伪造证书等犯罪外，俄国陪审员比他们的法国同行在其他类型的犯罪上更仁慈。可以看出，法国的陪审员总体上更尊重成文法，而俄国农民陪审员坚持的是习俗和传统。

通过比照，俄国陪审团裁决中确实存在较高的无罪宣判率，但这并不能说明俄国陪审团无所作为。其实俄国陪审团裁决中较高的无罪宣判率与俄国当时的法律、文化传统及社会环境有密切的关系。按照 1845 年颁布的《刑法》的相关规定，以下六种情况下被告可以被宣判无罪：①犯罪纯属意外；②年幼的被告不具备完全的行为能力；③精神病患者，或因疾病而导致精神错乱或完全丧失意识的人从事的犯罪；④因诱骗而从事的犯罪；⑤上级的压力及其他不可抗力而导致的犯罪；⑥正当防卫。[①]尽管有这些法律规定，但 1864 年司法改革法令未明确规定无罪宣判应该遵循的体制。在英美法系中，如果被告已经承认自己的犯罪事实，那么陪审团就认定被告是有罪的。但在大陆法系中，即使被告已经对犯罪事实供认不讳，陪审团仍然可以宣判被告无罪。俄国在实践中采取的是大陆法系的做法。1870 ~ 1884 年，参政院颁布的裁定认为，除了《刑法》列举的原因之外，如果陪审团认为理由充分，也可以宣判被告无罪，没有人对陪审团拥有宣判无罪的权力提出过质疑。后来参政院又改变了立场，指出陪审员在罪犯已经认罪的情况下不能做无罪宣判。[②] 此后参政院又支持陪审团的无罪宣判。参政院裁定的左右摇摆及法律规定的模糊性，为陪审团的无罪宣判创造了条件。前面提及的 Д. Н. 纳巴托夫委员会已经意识到了这个问题，Д. Н. 纳巴托夫在报告中指出，"目前我们的《刑法》与新司法体制极不相符，《刑法》中的刑罚方式妨碍了司法管理，这一点在有陪审团的法院表现得尤为明显"[③]。司法部大臣 Н. В. 穆拉维约夫在 1896 年的报告中也表达了类似的观点，Н. В. 穆拉维约夫认为陪审团较高的无罪宣判率与《刑法》的残酷规定有关，这些规定与现实已经严重脱节。[④] 19 世纪，对俄国司法有亲身经历的 D. M.

---

① 1845 年俄国《刑法》第 92 条，http://www.nlr.ru/e-res/law_r/search.php，最后访问时间：2021 年 2 月 5 日。

② S. Kucherov, *Courts, Lawyers and Trials under the Last Three Tsars*, p. 65.

③ S. Kucherov, *Courts, Lawyers and Trials under the Last Three Tsars*, p. 70.

④ S. Kucherov, *Courts, Lawyers and Trials under the Last Three Tsars*, p. 71.

华莱士也指出，陪审团的无罪宣判是对《刑法》规定不公正的一种纠正。①

同时，虽然俄国的司法体制经历了变革，但《刑法》仍然沿用 1845 年的法律规定。1845 年《刑法》的处罚措施是相当严厉的，陪审团成员往往对被告因较为轻微的犯罪而受到严厉惩罚感到不安，因此他们有时候宁愿做出无罪判决，也不想让自己的良心感到不安。陪审员不知道具体的量刑，量刑权掌握在法官手中，因此当陪审团对某一犯罪的刑罚措施不清楚，或担心刑罚可能过于严重的时候，他们往往会做出无罪判决。

新司法体制建立之后，虽然案件的审理速度较改革前有了较大的提高，但因案件累积较多，案件的审理还是显得较慢。有些案件在审理前，被告已经在监狱里面待了两三年，在这种情况下，陪审团认为被告已经承认了自己的犯罪，虽然没有宣判，但在监狱里已经接受了改造，宣判被告无罪释放也是合情合理的。

此外，俄国监狱恶劣的条件也是陪审团易于做出无罪判决的影响因素。正是因为有较高的无罪宣判率，许多人进而认为陪审制具有政治特性，是与俄国不相容的一种政治制度。

本来关于陪审团的审判是否具有政治特怑在欧洲就争议较大。19 世纪法国著名思想家托克维尔极力为陪审制的政治内涵辩护。他指出，陪审制首先是一种政治制度，是人民主权的一种表现形式。"陪审制度赋予每个公民以主政的地位，使人人感到自己对社会负有责任和参加了自己的政府。……因此作为使人民实施统治的最有力手段的陪审制度，也是使人民学习统治的最有效手段。"②

俄国陪审制的政治重要性是显而易见的。俄国民众从 1864 年陪审制中享受到了参与司法管理的权利。昨日的农奴今日在司法领域享有了完全的公民权，他们在常识和良知的引导之下解决刑事案件中那些极为复杂的问题，正如 19 世纪一位法学家指出的，"1864 年司法改革

---

①　D. M. Wallace, *Russia: On the Eve of War and Revolution*, pp. 403 – 404.

②　〔法〕托克维尔：《论美国的民主》上卷，董果良译，商务印书馆，1995，第 356、359 页。

给予人民以极大的信任，只有改革的设计者们敢于采取这样的步骤，敢于将俄国的司法交给那些几乎是文盲的、被解放的农奴。他们有着人类最有价值的荣誉与自由，他们有理性，有良知。俄国有陪审团的法院的审理判决结果证明对他们的信任是正确的，无知农民的良心一次次解开了官僚机构身上缠绕的死结，对于权力和法律的代表来说是一次教训"①。

俄国也有人认为，陪审制根本不具备政治特性，比如，在讨论陪审制时，国务会议的多数议员认为陪审制不具备审理政治案件的能力，因而也就不具备政治特性。有些学者也指出，俄国陪审团的审判从来都不具备政治特性，因为政治犯罪从来都不属于陪审团的审判范围。② 显然这些人只强调陪审团的审理范围，忽略了陪审制的制度特性。

正是由于陪审制有着政治意义，陪审团审判成了一些人长期攻击的目标。А. Ф. 科尼认为，在俄国，陪审团所面临的文化和政治障碍相当大。1896年，他曾评论说，尽管自1858年以来人们一直在公开讨论陪审制的有利方面，但对于政府机构的大多数人来说，陪审制似乎是一种无根基的幻想。在《俄罗斯帝国法律大全》或《俄罗斯帝国法律汇编》那里根本找不到这一制度的根基，欧洲大陆陪审制引入之后产生的政治冲击更是加剧了这些人的担心，因而不要指望这些人能欢迎或主动接受这种制度。③

司法改革实施不久，并不完全赞同陪审制的内务部大臣 П. 瓦卢耶夫和司法部大臣帕伦，开始想方设法削弱陪审团的权力。1866年12月12日，在这两人的积极推动之下，沙皇政府颁布法令，规定所有有关媒体的案件不属于陪审团的审判范围。④

1877年10月到1878年1月审理的与"走向民间去"运动有关的涉及193人的案件进一步激怒了政府官员。案件审理的结果是，193名被

---

① S. Kucherov, *Courts*, *Lawyers and Trials under the Last Three Tsars*, p. 73.

② S. Kucherov, *Courts*, *Lawyers and Trials under the Last Three Tsars*, p. 73.

③ А. Ф. Кони, Собрание Сочинений, ТОМ. V, Москва, 1968, с. 27.

④ ПСЗ, Собрание 2, Том. 41, Отделение 2, Но. 43978, Санкт-Петербург, 1868, с. 389 – 391.

告中，只有 64 名被宣判有罪。① 未能将所有被告宣判有罪使沙皇政府进一步认识到陪审团在审理政治案件上的不可靠性，1878 年审理的薇拉·查苏利奇案件更是刺痛了政府的神经。

愤怒的沙皇政府于 1878 年 5 月 9 日颁布法令，规定涉及攻击政府官员的所有刑事案件都不属于陪审团的审理范围。针对政府官员的暴力犯罪，包括拒捕、破坏甚至威胁等也不属于陪审团的审判范围。② 1878 年 8 月 9 日，沙皇政府又通过了一项法令，将 5 月 9 日法令中提到的案件统统转交军事法庭审理。③ 1879 年 4 月 5 日，政府颁布法令，规定省长有权将其认为对政府及社会秩序有威胁的犯罪案件交由军事法庭审理。④ 1881 年 8 月 14 日，政府又颁布了"维护政府秩序和公共安全措施的法令"，进一步扩大了军事法庭的审判范围。⑤ 19 世纪 80 年代政府通过颁布一系列的法令，进一步缩小了陪审团的审判范围，并提高了陪审员的任职条件。

俄国并不是当时唯一一个批评陪审制的国家，欧洲还有许多国家自 19 世纪 70 年代起兴起了一股反对陪审制的潮流，德国法学家耶林等人都猛烈攻击陪审制。学者持续不断的攻击最终促使魏玛共和国时期德国政府废除了陪审制，并用陪审员制取代了陪审团，而陪审员制在 1939 年也被希特勒废除了。

意大利的人类学派（也称作肯定学派）也攻击陪审制。他们认为，犯罪嫌疑人必须让专家来审判，专家才能确定被告属于何种类型的罪犯，陪审员没有这一职能。在《犯罪社会学》一书中，恩里科·菲利建议在普通犯罪的审判中废除陪审制。⑥

---

① M. Prawdin, *The Unmentionable Nechaev: A Key to Bolshevism*, London: George Allen and Unwin, 1963, pp. 59 – 76.

② ПСЗ, Собрание 2, Том. 53, Отделение 1, Hо. 58488 – 58489, Санкт-Петербург, 1880, с. 335 – 337.

③ ПСЗ, Собрание 2, Том. 53, Отделение 2, Hо. 58778, Санкт-Петербург, 1880, с. 89.

④ ПСЗ, Собрание 2, Том. 54, Отделение 1, Hо. 59477, Санкт-Петербург, 1881, с. 299.

⑤ ПСЗ, Собрание 3, Том. 1, Hо. 350, Санкт-Петербург, 1885, с. 361.

⑥ 参见〔意〕恩里科·菲利《犯罪社会学》，郭建安译，中国人民公安大学出版社，2004。

在马克思主义学说中，经典作家对陪审制的看法也不一致。马克思认为，"陪审团是特权阶级的等级法庭，建立这种法庭是为了用资产阶级良心的宽广来填补法律的空白"①。马克思并不赞同陪审制，他于1848 年在论述哥特沙克的文章中认为陪审团不能保证对案件做出公正裁决。他写道，"人们会反驳我们：但是陪审员们是有良心的呀！还可以要求比良心更多的保障吗？啊哈，mon dieu（我的天啊）！良心是由一个人的知识和全部生活方式决定的。共和党人的良心不同于保皇党人的良心，有产者的良心不同于无产者的良心，有思想的人的良心不同于没有思想的人的良心。一个除了资格以外没有别的本事的陪审员，他的良心也是受资格限制的。特权者的'良心'也就是特权化了的良心"②。因此，陪审法庭绝不是保障每个人权利的机构。列宁则极力为陪审制辩护，他写道："人民的代表参加法庭，这无疑是民主的开端。……在目前的陪审员中间，由于工人被排斥，往往是特别反动的小市民占多数。医治这种弊病的办法，就是发扬民主，采取彻底的完整的民主形式，而绝不是卑鄙地弃绝民主。"③

尽管陪审制不断受到来自政府和社会中一些保守派的攻击，但也有人积极维护陪审制。司法部大臣 Д. Н. 扎米亚特宁在 1866 年向沙皇提交的关于新司法体制运行情况的报告中，高度赞扬了陪审团的工作，"多数来自农民阶层的陪审员完全满足了我们对司法的要求。他们必须要解决难题，这些问题对于已经习惯于正确处理刑事案件的有经验的人来说都是很困难的。所有这些问题都是由陪审团裁决的，多数案件的处理有理有据"④。1880 年，参政院也表达了对陪审团活动的高度赞扬："过去对法律认识不足的人民大众因为参与陪审，通过在法庭上聆听公诉人和辩护律师的辩论，他们学会了在日常生活中明辨是非，学会了尊重他们同伴的人格。对他们来说，参与陪审所获得的这些知识和阅历犹如黑暗

---

① 《马克思恩格斯全集》第 8 卷，人民出版社，1961，第 536 页。
② 《马克思恩格斯全集》第 6 卷，人民出版社，1961，第 151 ~ 152 页。
③ 《列宁全集》第 22 卷，人民出版社，1990，第 76 ~ 77 页。
④ S. Kucherov, *Courts, Lawyers and Trials under the Last Three Tsars*, p. 80.

世界中的一丝光明。"①

　　针对政府内部及法学界对陪审制的批评，在司法部大臣 H. B. 穆拉维约夫的努力下，1894 年由司法部大臣、省级司法合议庭主席等组成的委员会开始讨论俄国陪审制的利弊。著名法学家 A. Φ. 科尼担任该委员会的主席，委员会针对有人认为陪审团过于仁慈的本质，强调指出，俄国有陪审团的法院要比没有陪审团的法院在裁决时更加残酷，"陪审团的活动完全与设立陪审团的初衷一致，陪审团对增强人民的平等意识有重大的影响"。关于陪审团的活动，委员会的大多数人认为，不仅陪审团的裁决令人满意，陪审制也是目前审理刑事案件的最佳形式。委员会大多数成员反对限制陪审团的审理范围，有人甚至提出有必要扩大陪审团的审理范围。②

　　1894 年可以说是政府关于陪审团政策的一个转折点。沙皇政府关于陪审制的政策，在多年的摇摆之后，重新肯定了陪审制的价值。根据 1898 年 2 月 2 日法令，陪审制被引入阿斯特拉汗、沃洛涅茨、奥伦堡以及乌法省。③ 根据 1909 年 5 月 10 日法令，沃罗格达省的两个司法区和阿尔汉格尔、托木斯克、托博尔斯克省，以及阿克莫林斯克、谢米巴金斯科地区引入了陪审制。1910 年 3 月 2 日法令要求审判长在陪审员做出裁决前将案件可能出现的惩罚告知陪审员。④ 1914 年，沙皇政府又将陪审制引入霍尔姆省新成立的法院中。

小　结

　　回顾帝俄晚期陪审制的创立与实践，我们可以看出，俄国陪审制经历了由强到弱、由弱到强的发展历程。经历了曲折发展，俄国陪审制到 20 世纪初进一步扩大了其地理上的应用范围和裁决上的审判范围。陪审

---

① S. Kucherov, *Courts, Lawyers and Trials under the Last Three Tsars*, p. 81.

② А. Ф. Кони, Собрание Сочинений, Том. IV, Москва, 1967, с. 279 – 288. .

③ ПСЗ, Собрание 3, Том. 18, Отделение 1, Но. 14991, Санкт-Петербург, 1901, с. 99.

④ J. W. Atwell, "The Russian Jury," p. 58.

制尽管有缺陷，但在俄国历史上有着极其重要的意义。

　　首先，陪审制的实行有利于扩大司法民主，推动司法公平的发展。陪审员不受法律程序等的约束，完全按照自己的良心和道德来裁决案件，因而他们实质上拥有部分的"立法权"，可以通过这种权力来纠正法律的不公正。比如，陪审团经常"纠正"的一个重要的法律领域，就是俄国的通行证法。按照法律规定，要在俄国旅行，每个公民必须持有通行证。违反通行证法的情况有三种：通行证被窜改或伪造；文件日期的变更未经正式确认；以销售通行证来赚钱。法律对这些犯罪的处罚相当严厉，罪犯通常会被流放。在有关通行证的案件中，无罪宣判的比重相当高。А. Ф. 科尼指出，从 1866 年 3 月到 1880 年 5 月，圣彼得堡市法院审理了 216 份涉及 281 人违反通行证法的案件。在其中 135 份案件中，约 63% 的犯罪嫌疑人被宣判无罪。А. Ф. 科尼指出，这些被宣判无罪的案件是合理的，因为他们都是无辜的罪犯，违反通行证法并未伤害任何人，也没有危险性。他进一步指出，通行证制度是一种过时的、不公正的制度，这种制度在很大程度上限制了农民向城市的流动，阻碍了经济的发展。因此，А. Ф. 科尼认为，陪审团不仅可以证明其裁决的正确合理，也有权"纠正"过时的、不公正的法律。① 陪审团的这种权力对于推动俄国司法的公平发展具有积极意义。正如 19 世纪俄国著名律师 А. М. 鲍博里谢夫 - 普希金在一篇有关陪审制的论文中所谈到的，在有陪审团的法院中，成文法同社会成员现实的生活价值观完美地结合到了一起。这种司法不仅与人民的平等观念相适应，也与正义感相一致，因此也就决定了在一个具体的案件中法院是如何保护被侵害者利益的。由于陪审员是从人民大众中选举产生的，与专业法官毫无瓜葛，因而他们不受阶级、官方意识形态等的影响。这样一来，俄国陪审员不仅能处理司法事务，也能公平、仁慈地行事。②

　　其次，陪审制的发展对于提高民众的法律意识，提升民众对法律的尊重有着重要意义。陪审员被要求根据自己的良知公平裁决案件，所以

---

① D. C. Dussel, "Russian Judicial Reforms and Counter-reforms: 1864 – 1914," p. 69.

② S. Kucherov, *Courts, Lawyers and Trials under the Last Three Tsars*, p. 85.

他们参与案件的审理过程是一个接受法律教育的过程，他们在参与审理案件的过程中不断接受法律教育，开始懂法、知法，开始尊重法律。如前所述，托克维尔将陪审团审判看作一所生活的学校，在这里上学是免费的，学校大门是敞开的，每个陪审员在这里得到了普法教育，在这里他们经常同上层阶级中最成功、最开明的人交往，在这里的实践锻炼就是他们受教育的过程，通过律师的辩论、沄官的说教和诉讼双方的争辩，他们的法学知识水平大大提高。陪审制的实践在所有阶层中提升了民众对法院裁决的尊重意识。

最后，陪审制的引入为俄国民众平等意识的提升打开了大门。陪审团的法院首先是民众良知的法院。法院的裁决典型地体现了民众的正义观。与此同时，陪审制对民众有着教育意义，向他们展示什么是被禁止的，什么是法律允许的，有助于在民众中间形成一种正义感。同时，过去的农奴现在可以和以前的主人一起平起平坐，有助于民众平等意识的增强。陪审制的发展因而具有重大的社会意义。

第五章

近代俄国律师制度的形成与发展

1864 年俄国司法改革创造了一个全新的群体——律师，律师职业阶层在俄国正式出现。律师在法庭上的激辩成为近代俄国司法变革的一大亮点，律师制度因而成为 1864 年司法改革最具创新性的要素之一。在许多刑事案件审判中，尤其是一些政治案件的审判中（如薇拉·查苏利奇案件），律师的精彩辩论，他们对被告权利的维护，以及对司法公正的追求给人们留下了深刻的印象，近代俄国的律师也成为许多文学家和政论家评论的主题。那么，1864 年司法改革为什么要创建律师制度呢？在俄国专制体制下，律师有哪些权利和义务呢？律师阶层的兴起对俄国政治发展产生了什么样的影响呢？这些问题正是我们在本章要探讨的重点。

第一节　俄国律师制度的引入

按照一般的定义，律师是指依法取得执业证书，为社会提供法律服务的执业人员。而律师制度是指与律师的性质、任务、权利义务、管理体制、组织和活动原则以及如何向社会提供法律服务有关的法律规范的总称。① 它既是一个国家法律制度的重要组成部分，也是司法民主化发展的重要表现，对司法的发展有着至关重要的意义。完善的律师制度已

---

① 崔卓兰主编《律师制度》，吉林大学出版社，2001，第 4 页。

成为法治国家不可或缺的组成部分，其在保护公民合法权益，促进民主与法制建设上有着重要的意义。

一　律师制度的起源

律师制度最早可以追溯到古希腊时期。公元前 4～前 5 世纪，雅典执行官在审理案件时，允许被告进行答辩、申辩，被告拥有辩护的权利。梭伦改革在雅典创建了具有民主特色的陪审法庭，一些刑事和民事案件经执政官初审后，送往陪审法庭审理，公民未经陪审法庭判决不得处死。案件是公开审理的，双方当事人在庭审现场都可以进行辩论。后来，法庭允许当事人委托他人撰写辩护意见并在法庭上代替当事人进行辩论。这样，一些精通法律并善于辩论的被委托人经常出现在雅典法庭上，他们通过精彩的辩论影响法庭的裁决，这种诉讼代理与辩护让我们依稀看到现代律师制度的影子。但遗憾的是，雅典并没有形成律师制度，也没有出现律师职业阶层，正如美国学者约翰·麦·赞恩指出的，"在私法领域中，希腊人几乎为文明的法律奠定了一切必需的制度，包括法律上的责任和义务的规定。梭伦立法虽然赋予任何市民有权处理另一市民的案件并帮助他们主持正义的权力，这种权力既是起诉权也是辩护权，但它从未导致雇佣律师的雇用，因为希腊根本没有律师阶层"[1]。尽管如此，雅典的法律制度对以后的罗马法产生了直接影响。

古罗马的律师制度被公认为是律师制度的早期表现形式，它源于古罗马时期形成的"保护人制度"。罗马共和国时期制定的《十二铜表法》第一表第 7 条规定："若（当事人双方）不能和解，则（他们）应在午前到市场或会议场进行诉讼，出庭双方应依次申辩（自己案件）。"[2] 同时，法庭上的辩论使一些当事人由于对法律不甚了解而在法庭辩论时经常处于下风，于是他们就需要熟悉法律的人予以协助甚至代替他们辩

---

[1]　〔美〕约翰·麦·赞恩：《法律的故事》，刘昕等译，江苏人民出版社，1998，第 105、416 页。

[2]　世界著名法典汉译丛书编委会编《十二铜表法》，法律出版社，2000，第 5 页。

护。罗马法律诉讼中的"保护人制度"开始形成。[1] 保护人可以代表被保护人出庭并在法庭上代其发言，反驳控诉人提出的各种指控，这种保护人制度实质上就是罗马历史上最早的诉讼代理制度。

到罗马帝国时期，法律从业者的势力不断壮大，他们的活动范围也逐渐扩大。公元 3 世纪，罗马皇帝颁布法令，规定法学家可以从事"以供平民咨询法律事项"的职业，也允许当事人委托法学家作为当事人的代理人参加诉讼。[2] 于是，从法学家中逐渐分化出一部分人专门从事法律咨询、代写法律文书和代理参加诉讼，他们被称为"代言人"，有些类似于当代的律师。罗马著名政治家、思想家西塞罗在当选罗马执政官之前，就两度在罗马担任这种代言人。公元 5 世纪末期，这类代言人已发展成为一种职业，凡是拥有自由权利的人都可以在法庭上为自己的当事人进行辩护。[3]

此外，国家对代言人也有相应的法律规定，要求他们要有渊博的知识和雄辩的口才。后来的法律进一步做出规定，一般市民在成为代言人之前，必须先接受 5 年的专门法学教育。[4] 取得"代言人"资格后，代言人在从事代理活动时依旧要接受国家监督，其收费标准也由国家规定。这样一来，"代言人"职业日渐规范，并逐渐形成一个职业团体，也就是律师团体。至此，西方历史上便开始有了律师的名称和概念。[5]

西罗马帝国灭亡之后，欧洲进入封建社会，古代的弹劾式诉讼模式逐渐被纠问式诉讼所取代。在这种诉讼模式的主导下，诉讼当事人没有多少权利可言，完全是被审问的对象，加之法定证据制度的盛行，刑讯逼供成为普遍现象。被告的招供被看作最理想的证据，故法庭经常强迫被告做出有罪供认且不准被告抗辩，在这种被告几乎没什么基本权利的

---

① 〔美〕约翰·麦·赞恩:《法律的故事》，第 154 页。

② 司莉:《律师职业属性论》，中国政法大学出版社，2006，第 28 页。

③ 崔卓兰主编《律师制度》，第 10 页。

④ 崔卓兰主编《律师制度》，第 10 页。

⑤ 谢佑平:《社会秩序与律师职业——律师角色的社会定位》，法律出版社，1998，第 11 页。

诉讼模式中，律师制度失去了其存在的基础。虽然有些国家保留了辩护制度，也允许被告聘请代理人为其辩护，但辩护人多数是说服被告认罪，而不是做真正的辩护。比如，在法国的世俗法院里，虽然允许被告进行辩护，但可以出庭辩护的只有僧侣，这些僧侣律师参加辩护的目的不是维护当事人的权益，而是让当事人认罪并接受法庭的判决。12 世纪以后，随着王权不断增强，政府开始限制僧侣律师在世俗法院从事辩护工作，僧侣律师退出世俗法院之后，受过系统法律教育并经过宣誓的、登记注册的律师才开始出现。

律师在中世纪早期的英国已经出现，但这一时期的律师多数是教会律师，而且只有诉讼当事人取得了国王的特许状后才能委托代理人参加诉讼。13 世纪之后，英国政府开始限制僧侣参加世俗法院的诉讼活动，作为一个职业群体的律师开始出现。①

17～18 世纪，欧美各国政治革命完成之后，司法制度进一步完善，诉讼模式向对抗式诉讼转变，现代律师制度的形成有了良好的制度基础。

1679 年，英国颁布了《人身保护法》，规定在诉讼中实行辩论原则，被告人有权获得辩护。1695 年，律师制度逐步应用到刑事案件的审判中。1695 年，英王威廉三世颁布法令，规定犯有严重叛国罪的被告人可以聘请辩护人为其辩护。1836 年，威廉四世颁布的法律规定，不论任何案件的预审或审判，被告人都享有辩护权，英国的律师制度开始形成。② 到 19 世纪 70 年代，随着英国司法改革的完成，律师主要分为两种类型，一种是出庭律师（Barrister），他们可以在任何法院出庭辩护（但不能与当事人接触），地位较高。另一种是诉状律师（Solicitor），他们主要负责提供法律咨询、准备诉讼等，他们可以在低级法院出庭。从此之后，英国的现代律师制度终于定型。③

---

① 宫艳丽：《近代早期英国律师阶层的兴起及律师参政》，《学习与探索》2005 年第 6 期，第 181 页。
② 崔卓兰主编《律师制度》，第 12 页。
③ 何勤华主编《英国法律发达史》，法律出版社，1999，第 70 页。

美国立国之后，借鉴当时英国的法律制度，也建立起了较为完善的司法制度。根据美国宪法第六条修正案的规定，"在刑事诉讼中，被告应享有获得及时与公开审判之权利：审判应由犯罪所发生的州和地区之陪审团所作出，［被告］还应有权被通告指控的性质与理由，面质反对他的证人、获得有利于他的证人之强制程序，并为其辩护而获得律师之帮助"①。美国律师制度正式确立。1878 年，美国正式成立了律师的组织——律师协会。

法国大革命爆发之后，现代司法制度也逐步得以确立。1789 年颁布的《人权宣言》就明确提出了"无罪推定"原则。② 同年 10 月，制宪会议通过一项法令，规定从追诉被告犯罪时起，就应允许有辩护人参加诉讼。1791 年，革命政府颁布的法律详细规定了法庭审理的辩论原则。雅各宾派上台之后颁布的《1793 年宪法》进一步规定，国家要有"公设辩护人"。1808 年，拿破仑《刑事诉讼法典》进一步确认了辩护原则，并将律师制度规范化、系统化。大革命之后法国的律师主要分为言辞辩护人、诉讼代理人、商业法庭律师及法律顾问等不同的类型。③ 法国的律师制度对德国等律师制度的发展产生了广泛的影响。

受罗马法和教会法的影响，德意志地区于 16 ~ 17 世纪建立了早期的律师制度。德国早期的律师也是一种两元体制，即律师分为以辩护人身份参与诉讼的"辩护律师"和办理与诉讼有关的事务却不能出庭辩护的"庭外律师"。1781 年，腓特烈大帝进行司法改革时，将两元体制转变为一元体制，同时，腓特烈大帝还规定律师是自由职业者，享有较大的自由。④ 德国现代律师制度基本定型。德国 1879 年颁布的《国家律师法》标志着律师制度在德国正式建立。

总体来说，到 19 世纪上半期，现代律师制度已经在欧美社会建立，欧美较为完善的律师制度对俄国律师制度的建立有着重要的影响。

---

① 张千帆：《西方宪政体系》（上册·美国宪法），中国政法大学出版社，2000，第 708 页。
② 何勤华主编《法国法律发达史》，法律出版社，2001，第 121 页。
③ 李锺澐：《法国律师制度》，（台湾）《法学丛刊》2002 年第 2 期，第 107 ~ 111 页。
④ 石毅主编《中外律师制度综观》，群众出版社，2000，第 255 页。

二　俄国律师的源起

在俄国古代的法规中未曾见到关于诉讼代理人的记载。《罗斯法典》中没有相关的描述。古老的俄国法规和文献中也没有关于法院代表制的记载。当时法院裁决案件的方式，比如神裁法、宣誓及决斗等都要求双方当事人亲自参加，有时候当事人的家人或亲戚会提供一定的帮助。

及至 15 世纪，诉讼代理人制度在俄国有了一定的发展。按照诺夫哥罗德法院文书（第 15 条、第 19 条及第 32 条）的规定，当事人有权在法庭审理中聘请一名代表。普斯科夫法院文书（第 68 条、第 69 条）规定，老人、妇女、儿童、教会僧侣及聋哑人有权聘请代理人替自己参加法院诉讼。这些代表通常是当事人的近亲，比如儿子可以代表母亲，丈夫可以代表妻子等，除近亲外，其他人也可以在法庭上担任被告的代表。法律还规定，政府官员不能作为当事人的代理人出庭参加诉讼。这一时期出现了收费的诉讼代理人，这些代理人可以代替当事人出庭。普斯科夫法院文书第 71 条还规定，一个人在同一天内不能代表两个当事人参加诉讼。①

《1649 年会议法典》中对聘请的诉讼代理人有规定，但关于诉讼代理的形式、代理费用以及诉讼代理人的管理等没有做详细的规定。后来的法令只是规定，禁止现任官员和已经卸任的官员担任诉讼代理人。

18 世纪后期，沙皇政府颁布法令，规定原被告双方都有权在法庭上聘请自己的代表参加法律诉讼。② 这些代表被称作诉讼代理人。法律还规定，下列人员不能担任诉讼代理人：①未成年人；②在涉及宫廷农民的案件中，宫廷农民不能担任代理人；在其他案件中，农民只有在得到主人允许的情况下才能担任代理人；③教士；④僧侣和修女；⑤官员；⑥因被指控犯罪而被剥夺权利，没收财产，或者流放西伯利亚及强制劳役的人，即使他们已经免于惩罚，但仍不能担任法庭代表；⑦尽管没有

---

① *М. Ф. Владимирскаго-Буданова*，Обзор Истории Русскаго Права，Киев，1907，c. 5.

② Свод законов Российской Империи，Том. X，Но. 184，http://civil. consultant. ru/reprint/books/211/19. html，最后访问时间：2020 年 12 月 7 日。

被剥夺所有权利，但因法庭裁定而声名狼藉的人；⑧那些因刑事犯罪而被处以肉体惩罚的人；⑨因刑事犯罪或行为不端而被开除的官员以及政府机构的雇佣人员；⑩那些被警察监视及那些因为触犯某些条例而被禁止作为代表的人。① 除以上这十种类型的人之外，任何人都可以担任代理人或法律顾问。

虽然从法律上来讲，所有人都可以担任诉讼代理人，但因为 1864 年之前纠问式诉讼和法定证据制度的实施，法官只看重警察提供的调查报告，因而被告几乎在法庭上没有多少权利，加上被告的招供被看作最有力的证据，所以司法改革之前诉讼代理人几乎没有发挥作用的机会。在民事诉讼中，诉讼双方要先就彼此的诉讼请求进行协商讨论，然后双方根据讨论的结果拟定出一份诉讼摘要，并签字确认。诉讼双方都有权要求对摘要内容进行修改或完善，这项工作完成之后，诉讼双方或他们的诉讼代理人出庭向法庭提出相关要求，但关于案件内容的讨论以及诉讼争端的解决都是在双方不在场的情况下完成的。② 因此，司法改革之前，不论是在民事诉讼还是在刑事诉讼中，诉讼代理人可发挥作用的空间极为有限。

1864 年司法改革前，诉讼代理人的作用有限，所以担任诉讼代理的人多数都是文化水平较低的人，这导致改革前俄国诉讼代理人名声很差，并不受人尊重。彼得一世在 1716 年颁布的一项法令中，指责这些诉讼代理人拖延诉讼时间，影响法官的办案效率。③ 沙皇将这些人称作造谣中伤者、盗贼的从犯、十足的骗子。后来，人们甚至将诉讼代理人与盗贼和骗子联系到一起。

这些诉讼代理人不但没能很好地维护当事人的利益，而且影响了司法活动的正常进行。正如 1820 年立法委员会在提交给亚历山大一世的报告中所指出的，在俄国，根本没有人尊重被称为诉讼代理人的那些

---

① Свод законов Российской Империи, Том. X, Hо. 191, http://civil. consultant. ru/reprint/books/211/19. html，最后访问时间：2020 年 12 月 7 日。

② Свод законов Российской Империи, Том. X, Hо. 443 – 447，463，http://civil. consultant. ru/reprint/books/211/43. html，最后访问时间：2021 年 2 月 7 日。

③ ПСЗ, Собрание 1, Том. 5, Hо. 3005, Санкт-Петербург，1830，c. 203.

人。通常是，某诉讼代理人吃完原告吃被告，他们拖延诉讼，影响司法审判。谁还会相信他们呢？他们的存在成了司法中欺诈、不公正出现的主要原因，这种情况在高级法院也存在。①

19世纪俄国文学也描述了这类名声不好的诉讼代理人。1860年，A. B. 洛霍威茨基写道，俄国没有西欧意义上的法律职业阶层，俄国的诉讼代理人主要分为两类。一类类似于古代的小书吏，他们写一份诉状收20戈比和2升伏特加酒，伪造一份通行证收取5～10卢布，他们伪造一份证书或签名也有固定的价格。这种状况是由彼得大帝以来实行的诉讼模式决定的，在这种诉讼中，法庭审理案件完全缺乏公开性，也没有组织良好的法律从业者。另一类是来自贵族阶层的代表，他们举止大方，衣着得体，但收费昂贵，通常准备一份诉讼文件要收取几百卢布。这些人大多是大学毕业生，他们虽看不起收费便宜的诉讼代理人，但其所采取的手段都是一样的，他们甚至给自己起了一个响亮的名字"辩护人"，没有人知道这么叫的理由是什么。他们也不是什么好东西，他们的目的主要是敛财，因此经常是原被告通吃。② 著名的律师 H. A. 波特金将这些诉讼代理人称作刀笔吏、吸血鬼。他说这些人好比荨麻的种子，长在垃圾堆上，没有肥沃的土壤，这些种子也能长起来，长出的叶子绿油油的，但你不敢碰它，因为它身上长满了刺。③

果戈理在《死魂灵》一书中对这类律师也有过精彩的描述。"这个法律顾问经验异常丰富。他已受审十五年，可是他善于应付，结果无论如何未能把他革职。人人都清楚，为了他的丰功伟绩，他早该被流放六次了。他可疑的地方俯拾即是，可是任何明显的可信的证据都抓不到。"这位法律顾问给乞乞科夫提的建议就是要他把事情尽量搅乱，要节外生枝，要让每个人都摸不着头脑，这样就可以浑水摸鱼了。④

谢德林在《波谢洪尼耶遗风》一书中描述了另一种类型的辩护人。

① M. H. Гернет, И. В. Гессен, История Русской Адвокатуры, 1864－1914: Адвокатура, общество и государство, Том. 1, Москва, 1914, с. 9－10.

② S. Kucherov, Courts, Lawyers and Trials under the Last Three Tsars, p. 110.

③ S. Kucherov, Courts, Lawyers and Trials under the Last Three Tsars, p. 111.

④ 〔俄〕果戈理:《死魂灵》, 陈殿兴等译, 湖南人民出版社, 1987, 第439～442页。

П. Д. 莫吉里采夫是一名助祭的儿子，由于家庭贫困，他在县立小学毕业之后就进入地方法院做录事的工作。他做了十四年琐碎的文书工作，终于熬到十四等文官，梦想有一天能当上股长。他非常看重自己在法院的差事，不是因为这份工作能给他带来多么丰厚的收入，而是因为这份差事能使他有一定的社会地位，能和打官司的主顾们拉上关系。他的主要收入不是来自他的俸禄，而是许多人委托他办理诉讼案件给他的酬金。本县和邻县的地主都认识他，都知道他下笔神速，常常请他代写诉讼状纸，他的寓所俨然一个办公机构，还有两名小录事供他差遣。作者还进一步论说了这个诉讼代理人给他母亲提供的法律帮助：

> 我母亲问他：
>
> "你告诉我，根据法律应该……"
>
> "根据法律应该如此如此，这般这般。"
>
> "他们（也就是对方）不是也可以照你说的，'根据法律'说话吗，那样一来，这法律成了他们的法律，就不利于我们了。"
>
> "遇到这种情况，我们还可以搬出另外一条法律。一条不管用就用另一条。可以查《俄罗斯帝国法律大全》，找枢密院的指令。太太，你尽管放心，包给我好了。"
>
> "你能找到第二条法律，人家就会找出第三条来对付你。"
>
> 那还可以在第三条法律的解释上做功夫，或者设法使他们撤回他们根据第三条法律提出的申诉。只要头脑灵活，笔下来得，其他一切自然好办。主要是不要慌张，要沉着应战，只要不错过上诉的限期，对手看到案子拖来拖去，没个了结之日，官司再打下去，恐怕花钱更多，这样，他的态度就会软下来。那时候，你哪怕拿条绳子拴住他，他都不想再打下去了。结果，他不是过了上诉的限期，就是托人疏通，私下了结。

总之，П. Д. 莫吉里采夫口若悬河，头头是道，说得母亲越听越高兴。

虽然如此，母亲却还是机警地监视着他的一举一动，因为他那"两边倒"的名声，比他那精明强干的名声，实在是有过之而无不及。[①]

П. Д. 莫吉里采夫还有一项重要的活动，就是给当事人提供建议，让其什么时候，什么地点，以什么样的方式去行贿。[②]

这样看来，1864 年司法改革之前俄国的诉讼代理人类似于德国律师制度发展早期的庭外律师，可以替当事人书写诉状，提供法律咨询，但不能出庭参加诉讼。大多数代理人纯粹是为了赚钱，根本不理解法律条文的规定，也缺乏起码的职业道德。如上所述，果戈理在《死魂灵》中描述的代理人就是要让当事人想方设法搅浑水，拖延案件的审理。

诉讼代理人不仅是文学家讽刺的对象，沙皇也对诉讼代理人的表现极为不满。1698 年，彼得一世在访问伦敦期间就表达了对律师的不满。有一次，沙皇来到伦敦的威斯敏斯特大厅，他问周围的人，这些身着黑色长袍、头戴假发的忙忙碌碌的人是谁？他们在做什么？有人回答说，他们是律师，先生。他很惊讶地说，"律师……在我的国家也有两名律师，我回去就处死他们"[③]。伊丽莎白女王在 1752 年颁布的一项法令中指出，"令我感到愤怒的是，那些造谣中伤（指诉讼代理人）腐蚀了我们的臣民，致使他们心中充满怨恨"[④]。

叶卡捷琳娜二世对诉讼代理人也没有什么好感。1790 年，女皇在一份写给名叫格里姆（此人反对法国的国民议会）的信中说，国家应该通过一部法律，禁止那些诉讼代理人担任律师，他们是一群骗子。但在法国，这些"哈巴狗"竟然成了立法者，这些骗子就像普加乔夫，就是无赖，我将把这些人从俄国清理出去。[⑤] 1790 年，女皇在另一份信中说，只要我活着，俄国的律师永远不会成为立法者。我死后，这一原则也不

---

① 〔俄〕谢德林：《波谢洪尼耶遗风》，斯庸译，上海译文出版社，1981，第 160～162 页。

② 〔俄〕谢德林：《波谢洪尼耶遗风》，第 52 页。

③ "Peter the Great in England," in R. Chambers, *The Book of Days: A Miscellany of Popular Antiquities*, Part 1, Kessinger Publishing, 2004, p. 175.

④ ПСЗ, Собрание 1, Том. 13, Но. 9989, Санкт-Петербург, 1830, с. 653.

⑤ S. Kucherov, *Courts, Lawyers and Trials under the Last Three Tsars*, p. 114.

会被废除。①

确实，女皇的继任者们同样不主张在俄国引入律师制度，沙皇尼古拉一世甚至还有点憎恨律师制度。И. Г. 科尔马科夫在回忆录中说，按照当时的俄国法令，刑事判决必须经省长签字确认之后才能正式生效。Д. В. 格里岑王公在担任莫斯科省长期间不愿意去做这项工作，他认为，行政权力不应干涉司法。当沙皇质问 Д. В. 格里岑王公时，他回答说，由于被告不能聘请诉讼代理人，因此法院的判决不一定是公平公正的。他请求沙皇免除他必须要签字确认刑事判决书的义务。Д. В. 格里岑给 И. Г. 科尔马科夫透露说，沙皇一听到"诉讼代理人"这个词就显得极不高兴，并说：我知道你在法国生活了很长一段时间，特别是在法国大革命期间，难怪你会提到诉讼代理人。可是你知道吗？是谁毁掉了法国？难道不是那些诉讼代理人吗？你应该知道米拉波、马拉、罗伯斯庇尔等人是谁？俄国根本就不需要诉讼代理人，没有他们，俄国也能发展，去做你该做的事情吧。② 在尼古拉一世看来，是律师出身的罗伯斯庇尔等人毁掉了法国的正统王朝，他们是革命的罪魁祸首，俄国坚决不需要革命的律师。其实，叶卡捷琳娜二世和尼古拉一世担心的不是律师制度本身，而是律师的政治活动，他们将律师看作反叛的根源。

从诉讼代理人的历史来看，俄国历史上曾经有从事辩护的司法代表，也有替人准备诉讼的诉讼代理人。但自从彼得大帝引入纠问式诉讼原则之后，俄国的诉讼代理人在司法中的作用相当有限，律师制度的发展水平依然较低。

三 俄国律师制度的引入

关于是否要在俄国引入律师制度这一问题上，亚历山大二世肯定也受到了他父亲思想的影响。沙皇继位之初，也没有打算在俄国引入律师制度。1857 年，当沙皇政府内部开始讨论 Д. Н. 布鲁多夫的司法改革计划时，亚历山大二世就发布命令，禁止国务会议讨论像陪审制度、律师

---

① S. Kucherov, *Courts, Lawyers and Trials under the Last Three Tsars*, p. 114.

② S. Kucherov, *Courts, Lawyers and Trials under the Last Three Tsars*, p. 115.

制度等这样的问题。^①但 Д. Н. 布鲁多夫等向沙皇提出，在新司法体制中，如果不引入律师制度，检察官也就没有存在的必要，只有有了较为发达的律师制度，引入对抗式辩诉原则才有真正的意义。^②随着司法改革讨论的深入，需要在俄国引入现代律师制度的意见逐渐得到了沙皇的认可。

当时的俄国媒体也参与了关于引入律师制度的讨论。1859 年，К. П. 波别多诺斯采夫在《俄罗斯公报》上发表的一篇文章重点强调了引入律师制度的必要性。他指出，只有律师参与，案件才能辩论清楚，法官才能在全盘考虑案件内容的基础上做出正确的裁决。……当法庭上律师慷慨陈词的时候……当法庭进行公开辩论的时候，当审判公开并允许公众参与的时候，诉讼才会变成一种有实质内容的、生动的和合理的竞争。只有在有律师参与，审判公开的情况下，法庭才能变成一所法制教育的学校……任何时候，穷人与富人的斗争，弱者与强者的斗争，依赖者与被依赖者之间的斗争都是极为困难的，也是极不安全的。在某些情况下，没有律师的参与，这些弱势群体也不可能维护自己的权益，只有律师才能维护那些弱势群体的利益……司法体系内部应当建立起一个封闭的、独立的律师组织。这种组织一旦建立，就应该允许其独立自主。^③

但并不是每个人都支持俄国引入律师制度。1859 年发表在《俄罗斯公报》上的一篇文章指出，在刑事审判中引入律师制度是必要的，但民事诉讼中绝不能引入律师制度。作者指出，在民事诉讼中，有利益冲突的诉讼双方中的一方必定是理亏的。这样，代表理亏的一方去做辩护实质上就会违背伦理道德。在这种情况下，理亏一方的辩护律师为了自己当事人的利益，必然会撒谎或骗人。^④

虽然有人反对俄国引入律师制度，但以 С. И. 扎鲁德尼为代表的改革者认为，如果俄国不引入律师制度，建立起全新的司法制度、引

①　М. Н. Гернет，И. В. Гессен，История Русской Адвокатуры，1864 – 1914：Адвокатура，общество и государство，Том. 1，с. 31.

②　Н. В. Давыдов，Н. Н. Полянский，Судебная Реформа，Том. I，с. 291.

③　S. Kucherov，*Courts，Lawyers and Trials under the Last Three Tsars*，p. 118.

④　S. Kucherov，*Courts，Lawyers and Trials under the Last Three Tsars*，p. 117.

入对抗式辩诉模式和推行陪审制根本就没办法实现。国务会议在其
1861 年针对司法改革计划的讨论中也认识到在俄国创建律师制度的必
要性。国务会议的大多数成员认为，如果不引入律师制度，在民事诉
讼中，在刑事诉讼的法庭辩论中就不可能引入对抗式诉讼模式，而对
抗式诉讼是为了找寻真相，是为民事诉讼双方及刑事诉讼中的被告提
供更充分的辩护……目前司法诉讼问题突出的原因之一是诉讼代理人
缺乏必要的理论和实践知识。① 因此，建立一支高素质的律师队伍也是
司法改革的关键所在。

在各方的努力之下，沙皇亚历山大二世终于赞同在俄国创建可信赖
的律师制度。1861 年，他在给一份司法改革计划讨论报告的批复中指
出，如果大家认为这一建议（即引入律师制度）确实有用的话，那就在
国务会议上认真讨论一下这种制度。②

1862 年，沙皇政府为进一步推动司法改革，正式颁布了司法改革基
本原则。在此原则中，有 15 项内容涉及律师制度，包括律师在法庭上
享有辩护专权等。1864 年司法改革法令正式建立了俄国的律师制度，改
革创建了全新的律师职业群体。按照改革法令的规定，律师是自由独立
的，律师既要负责准备诉讼材料，也要负责出庭辩护。因此，俄国律师
制度的发展既吸纳了英国律师制度的要素，又受到了德国律师制度的影
响。与英国律师制度相同的是，俄国律师是自由职业者，不受政府的直
接控制，但与英国二元律师体制不同的是，俄国律师集诉讼准备与法庭
辩护于一身，这一点与德国十分相似。

总体来看，律师制度的引入在俄国法制史上有着重要的意义，这对
俄国来说是一种全新的制度变革。正如俄国法学家 В. Д. 斯帕索维奇所
讲的，"动物学家一直在寻找一个有机体奇迹般的诞生，并相信有这样
一种现象。我们的律师制度确实是一种奇迹般的诞生，俄国历史上没有

---

① S. Kucherov, *Courts*, *Lawyers and Trials under the Last Three Tsars*, p. 118.

② М. Н. *Гернет*, *И. В. Гессен*, История Русской Адвокатуры, 1864 - 1914：Адвокатура, общество и государство, Том. 1, с. 43.

类似的东西"①。

第二节 俄国律师的类型及其管理

1864 年司法改革使俄国出现了一个全新的职业——律师，还引入了一套与组织和管理律师有关的规章制度。

一 宣誓律师及其管理组织——律师协会

1864 年司法改革法令规定，一个人若要从事律师职业，必须持有大学或其他高等教育机构的法学文凭，或者通过相应等级的法学课程考试，或者通过能证明其法学知识水平的考试。然后经过五年的实践锻炼之后，其才能以律师的身份正式从事诉讼工作。② 同时，法律还规定，以下人员不能担任律师：①年龄不足 25 岁者；②外国人；③无力偿还债务者；④政府官员，那些不领薪水的荣誉官员除外；⑤那些因受法律处罚而被剥夺权利的人，以及那些被教会法庭判刑的教士；⑥那些因涉嫌犯罪而被调查的人；⑦那些被开除公职的人，或者被开除教职的教士；⑧那些被律师协会开除的人。③ 尽管法律对妇女能否担任律师没有做出明确的规定，但在当时的历史环境下，俄国律师行业中不可能有女性。1910 年，参政院裁定，"根据法律规定，妇女无权加入律师协会，也不能担任律师"④。1917 年二月革命后妇女才有了担任律师的权利。

律师正式入职前，要举行隆重的宣誓仪式。宣誓内容实质上规定了律师应该承担的责任和要履行的义务。律师的誓词如下。

> 我在万能的上帝、神圣的《圣经》及十字架面前宣誓：我要忠

---

① S. Kucherov, *Courts, Lawyers and Trials under the Last Three Tsars*, p. 119.

② Учреждения судебных установлений, Но. 355, http://civil. consultant. ru/reprint/books/121/280. html，最后访问时间：2021 年 2 月 9 日。

③ Учреждения судебных установлений, Но. 355, http://civil. consultant. ru/reprint/books/121/280. html，最后访问时间：2021 年 1 月 9 日。

④ S. Kucherov, *Courts, Lawyers and Trials under the Last Three Tsars*, p. 125.

于沙皇，忠于全俄罗斯的君主，尽我所能去正确地执行法律，不发表或者谈论任何对东正教会、国家、社会、家庭及道德有害的话，我要忠诚履行我的职责，要尊重法律，要维护我的当事人的利益，要时刻牢记我在法律和上帝面前的誓言，要时刻记住我所亲吻的十字架和宣誓的话，阿门！①

宣誓结束之后，律师才算完成正式的入职工作。

律师由律师协会负责日常的管理。按照 1864 年法律规定，正式入职的律师必须要在省级司法合议庭注册登记，然后才能在法院从事诉讼工作。如果在某一省级司法合议庭注册登记的律师数量超过 20 名，那么这个地区就可以申请成立律师协会。② 成立律师协会的申请一旦获批，省级司法合议庭便指定其中的一位律师担任律师协会全体代表大会的主席，负责召集全体大会，选举产生律师协会主席、副主席、律师协会常务委员会成员及相关机构组成人员。③ 只有该地区 1/2 以上的律师参加律师协会全体代表大会，选举结果才有效。

律师协会全体代表大会选举产生的律师协会常务委员会成为律师协会的日常管理机构。常务委员会的人数根据各地区律师的多少来定，但总体上常委的总数不少于 5 个，不多于 15 个。④ 根据法律规定，1866 年，在圣彼得堡和莫斯科先后建立了律师协会，并选举产生了律师协会常务委员会。1874 年，哈尔科夫选举产生了俄国第三个律师协会。从 1875 年到 1904 年，沙皇政府一直未批准设立新的律师协会。1904 年，沙皇政府解除了关于成立律师协会的禁令，先后在诺沃切尔卡斯克、喀山、敖德萨、

---

① Учреждения судебных установлений, Но. 381, http://civil. consultant. ru/reprint/books/121/294. html，最后访问时间：2021 年 2 月 9 日。

② Учреждения судебных установлений, Но. 357 - 358, http://civil. consultant. ru/reprint/books/121/285. html，最后访问时间：2021 年 2 月 9 日。

③ Учреждения судебных установлений, Но. 359, http://civil. consultant. ru/reprint/books/121/285. html，最后访问时间：2021 年 1 月 8 日。

④ Учреждения судебных установлений, Но. 361, http://civil. consultant. ru/reprint/books/121/286. html，最后访问时间：2021 年 2 月 9 日。

萨拉托夫、伊尔库茨克和奥姆斯克等地建立了律师协会。[①] 那些注册登记的律师人数不足 20 人的司法区，可以向邻近地区的律师协会提出申请，选举产生某律师协会的一个分支机构。该分支机构隶属于这个司法区的区法院，受区法院的监督，但其组织结构及人员构成由律师协会负责管理。[②]

律师协会常务委员会组成人员一般每年选举一次。律师协会常务委员会主席负责召集该地区全体律师代表大会，常务委员会的成员，包括主席和副主席都不能担任代表大会主席，主席是从律师协会的其他成员中选举产生的。在举行新一轮的选举之前，常务委员会主席要向代表大会做述职报告。如果出席代表大会的人数不足法定人数的 1/2，那么就要重新召集律师代表进行选举；如果第二次代表大会的法定人数仍然不超过 1/2 的话，上一届律师协会常务委员会将保持不变。[③]

律师协会享有自治权，负责管理和监督律师。协会还负责审批律师的入会申请，并将审核通过的律师名单提交省级司法合议庭备案。

律师协会负责受理针对律师的投诉，保证监督律师严格履行对当事人的责任和义务。协会也负责法律援助事务：如果当事人因贫困等原因无法聘请律师时，律师协会按照区法院的要求将指派一名律师替当事人辩护；如果律师和当事人在律师费用上无法达成一致，律师协会也会进行调解。[④]

其中，律师协会最重要的职责是负责律师的纪律监督。根据法律规定，律师协会对违反律师职业道德或职责的律师可以给予以下惩罚：警告；训斥；临时吊销律师执业资格证书（不超过一年）；开除出律师协会等。[⑤] 如果一个曾经被两次吊销职业资格的律师出现第三次违纪行为

[①] http://www.nlr.ru/e-res/law_r/search.php，最后访问时间：2021 年 1 月 9 日。

[②] Учреждения судебных установлений，Но. 366，http://civil.consultant.ru/reprint/books/121/287.html，最后访问时间：2021 年 2 月 15 日。

[③] Учреждения судебных установлений，Но. 364 – 365，http://civil.consultant.ru/reprint/books/121/287.html，最后访问时间：2021 年 2 月 15 日。

[④] Учреждения судебных установлений，Но. 367，http://civil.consultant.ru/reprint/books/121/288.html#img289，最后访问时间：2021 年 2 月 9 日。

[⑤] Учреждения судебных установлений，Но. 368，http://civil.consultant.ru/reprint/books/121/289.html，最后访问时间：2021 年 1 月 9 日。

的话，律师协会将会开除这名律师。律师协会必须将自己的处罚决定通知法院的检察官。法律规定，律师协会在对违纪律师做出处罚之前，必须听取当事人的解释。如果当事人不向律师协会提交书面解释，或者不当面接受律师协会常务委员会成员的质询，那么律师协会可以根据自己的调查做出相应的处罚决定。① 律师协会针对律师的每项处罚决定必须经过律师协会常务委员会 1/2 以上的人投票通过，在赞成和反对票相同的情况下，常务委员会主席做出最后的裁定。如果律师协会要吊销律师的执业证书或将律师开除出律师协会，必须经过律师协会常务委员会 2/3 以上的委员投票通过。②

除警告和训斥外（这两项惩罚律师不能上诉），律师可以就律师协会做出的其他处罚在两周内向法院提出上诉，检察官也可以针对律师协会的处罚决定向法院提出诉讼。一般来讲，法院的裁定是终审裁决，只能向参政院提出撤诉上诉。③

在未建立律师协会或者未设立律师协会分支机构的地区，由区法院代行律师协会的职权。④

从以上关于律师协会的法律规定来看，俄国律师协会属于一个自治组织，有较为完善的组织形式，也拥有对其成员的纪律监督权和行政管理权。这种行政上的自治可以避免政府机构对律师组织的干预，对于律师组织的发展有着重要的意义。

二　俄国的见习律师及其培养制度

如前所述，按照 1864 年司法改革法令的规定，受过法学教育的大学毕业生必须经过 5 年的司法实践才可以在法庭上正式出庭辩护。但法

---

① Учреждения судебных установлений, Но. 369，373，http：//civil. consultant. ru/reprint/books/121/291. html，最后访问时间：2021 年 1 月 9 日。
② Учреждения судебных установлений, Но. 374，http：//civil. consultant. ru/reprint/books/121/291. html，最后访问时间：2021 年 1 月 9 日。
③ Учреждения судебных установлений, Но. 376 – 377，http：//civil. consultant. ru/reprint/books/121/292. html，最后访问时间：2020 年 12 月 9 日。
④ Учреждения судебных установлений, Но. 378，http：//civil. consultant. ru/reprint/books/121/293. html，最后访问时间：2020 年 12 月 9 日。

律就见习律师在这 5 年期间的基本权利没有明确的规定。沙皇政府后来也未颁布过相关的法律条文来规范见习律师的职责和义务。

由于政府在见习律师的管理上没有统一的立法，各律师协会或代行管理律师的区法院针对各地的情况制定了有关见习律师培养的规章。

圣彼得堡律师协会于 1869 年、1872 年先后制定了关于见习律师管理的规章。这些规章具体规定了见习律师的资格和条件，他们的权利和义务，以及组织纪律和实习期间的其他注意事项。比如，按照圣彼得堡律师协会 1869 年的规定，见习律师的申请者必须提供大学法学专业的毕业证书，年龄在 25 岁以下，律师协会负责对申请者的资格进行审查。当然，《审判机关章程》中关于不能担任律师的规定同样适用于见习律师。圣彼得堡律师协会于 1872 年制定的规章制度中，见习律师除满足上述条件外，还必须提供关于见习指导律师同意接收他的书面证明。见习律师申请者的名单将在法院公示，以便大家监督。①

莫斯科律师协会于 1878 年才制定出有关见习律师管理的规章，这一规章与圣彼得堡律师协会制定的规章没有多大差别。1890 年，莫斯科律师协会修订了原有的规章制度，提高了见习律师的准入门槛。根据 1890 年莫斯科律师协会制定的规章，申请者除具备大学学历之外，还必须满足下列条件：年满 21 岁；在军队有过服役经历或已经退役；未单独从事过司法辩护。② 按照这一规定，大学学历已不再是成为律师的唯一条件。

在其他地区，关于实习律师的规章制度同莫斯科和圣彼得堡相差不大。

关于年轻见习律师如何培养的问题，俄国的法律同样没有明确的规定。鉴于此，负责接收见习律师的各律师协会制定了有关见习律师培养的方案和计划。从各律师协会的实践来看，俄国年轻律师的培养机制呈现多种体制并存的局面，有的协会采取法国的合作导师制，有的协会采用的是奥地利的专任导师制，有的协会混用法国和奥地利模式，有的协

---

① S. Kucherov, *Courts, Lawyers and Trials under the Last Three Tsars*, p. 132.

② S. Kucherov, *Courts, Lawyers and Trials under the Last Three Tsars*, p. 133.

会还采用德国模式。

合作导师制是法国普遍采用的一种见习律师培养制度。在这种制度下，年轻律师在见习工作开始之前也要进行宣誓，他们和自己的指导老师一样拥有辩护的权利，只不过在制服上实习律师和一般的律师有所不同。见习律师在三年的见习期中被分成不同的小组，每个小组由两名正式的律师负责，两名律师共同负责这一小组年轻律师的管理和教育。律师协会每年都要针对全体见习律师至少召开两次大会，大会的主要内容是邀请有影响的律师讲授与律师的职业道德和基本权利有关的课程。除必须参加律师协会组织的全体大会外，见习律师还必须参加每周一次的例会，例会主要是两位导师就与律师职业有关的理论和实践知识进行讲解，或者分析经典案例，通常是律师做报告，然后进行讨论，主持人进行总结。律师在司法实践中遇到的一些有争议的问题，大家投票表决。[①]三年见习期满后，见习律师就可以申请加入法国律师协会。要正式成为一名律师，必须证明自己在三年实习期间经常参加见习律师全体代表大会和每周的例会。同时也要证明，自己在做见习律师期间，没有违纪记录，这就是合作导师制。在这种制度下，见习律师拥有较大的自由权，通过亲自参与诉讼和分享实践经验的方式获取司法实践经验。但合作导师制也有弊端，在这种体制下，年轻的律师得不到有经验的律师的直接指导，参加大会和每周的例会也不会让年轻律师完全熟悉业务。见习律师只有在实践中才能领悟律师职业道德，才能真正熟悉辩护技巧，而这些是见习律师在合作导师制下无法完成的。

专任导师制是在奥地利等国实行的一种见习律师培养体制。在这种体制下，年轻的律师将跟随一名律师从事司法实践工作。见习律师实质上是其导师的助手，导师亲自指导其见习工作，在实习期间，见习律师不能独立从事司法诉讼活动。这种培养模式下的见习律师虽然不能单独参加诉讼，但可以和导师一起出现在法庭辩论现场，也可以给自己的导师提前准备相关的辩护材料，还可以得到导师的亲自指导，因而见习律

---

① S. Kucherov, *Courts, Lawyers and Trials under the Last Three Tsars*, p. 134.

师可以得到充分的实践锻炼，他们在实习之初遇到任何问题都可以向自己的导师请教。

德国见习律师的培养走的是另外一种模式。在德国，如果大学法学专业毕业生要申请律师职位，必须参加由政府组织的国家司法考试，考试合格者被任命为司法部候补官员，没有薪水。通过司法考试的人还要参加三年的实习才有可能担任律师。

实习期共分为六个阶段，每个阶段有六个月。第一个阶段在地方法院实习。在这个阶段，地方法院的法官担任实习者的指导老师。法官会要求实习者起草报告、法庭审判决议草案等。第二个阶段见习律师在类似于英国巡回法院的机构实习。在这里，实习者做的工作类似于第一阶段，只不过其和法官席的三位法官一起工作。第三个阶段，实习者要在律师事务所参加实习工作，并且必须找到一名律师愿意担任其导师。在律师事务所，实习者多数情况下都是准备辩护材料，在某些不太重要的案件中，也可能有出庭辩护的机会。通过参与辩护资料的整理，通过出庭参加诉讼，实习者掌握了律师的基本职业技能，接着重新回到各类法院做见习工作，最后到上诉法院实习。

实习者完成某个阶段的实习工作之后，法院或律师事务所要给实习者颁发证书，评定成绩。实习者完成六个阶段的实习工作之后，将参加第二次全国司法考试，考试合格者可以在政府机构任职，也可以从事律师工作，如果要从事律师工作，必须要在律师协会注册，并在法院备案。①

在德国模式中，律师不仅要具备扎实的专业知识，还要经过严格的实践锻炼。在这种环境下成长起来的律师不仅具备律师的专业技能，也比较熟悉官僚机构的基本概况，对政府和国家的利益有更深的了解。

在俄国，各律师协会关于采取哪一种培养模式意见不一。圣彼得堡和莫斯科律师协会主要采用的是奥地利的专任导师制，但实习律师希望在自己的培养过程中采用合作导师制。律师协会和见习律师之间围绕着

---

① S. Kucherov, *Courts*, *Lawyers and Trials under the Last Three Tsars*, pp. 145 – 148.

采取哪一种培养方式的问题展开了激烈的论战，最后其实采取了一种折中的方式：以专任导师制为主导，辅助以合作导师制。① 即专任导师负责见习律师的指导工作，同时定期召开见习律师会议，为大家的交流和讨论提供一个平台。1880 年，圣彼得堡律师协会规定，见习律师在实习期间必须参加每周的例会，每周例会共分为四个小组，后来分成五个小组，分别讨论与刑法和民法等相关的法律问题。律师协会中的著名领导人通常主持小组讨论并加以总结。1912 年，圣彼得堡每次例会都有 40～50 人参加，每年有 3500 人参加。② 参加每周例会是每个见习律师必须完成的任务。

其他地区律师协会年轻律师的培养模式与莫斯科和圣彼得堡的情况类似。③

在俄国，一个大学法学专业毕业生要成为律师，必须经历一个五年的见习期。在五年的实习期间，其将会取得必要的实践经验，掌握必要的辩护技巧和处事方式，这些都是其未来从事司法辩护的基础。按照俄国各律师协会的实践，见习律师只有在导师的指导下才能获得真正的实践知识。法学专业大学毕业生毕业后首要的任务是找一位导师，然后在其名下工作，锻炼自己。除在日常实践中帮助自己的导师从事诉讼准备等工作外，见习律师还要参加报告会或每周的例会，学习著名律师的辩护经验，进一步丰富自己的理论知识。见习律师在征得导师同意的情况下，可以在民事案件中出庭辩护。但在刑事诉讼中，见习律师一般不能出庭辩护，在参加法庭辩论时，其在导师指导下可以参与辩护。实习期满后，见习律师可以独立从事司法辩护。

各地律师协会负责见习律师的监管，见习律师在实习期间出现的违纪等问题都由律师协会负责处理。在未建立律师协会或未设立律师协会分支机构的地区，区法院负责对见习律师的监管工作。

---

① *М. Н. Гернет*, История Русской Адвокатуры. Т. 3. Сословная организация адвокатуры, 1864 – 1914, Москва, 1916, с. 176 – 182.

② S. Kucherov, *Courts*, *Lawyers and Trials under the Last Three Tsars*, p. 141.

③ *М. Н. Гернет*, История Русской Адвокатуры. Т. 3. Сословная организация адвокатуры, 1864 – 1914, с. 211.

三　私人律师的出现及其管理

除宣誓律师和见习律师之外，俄国 1864 年司法改革之后还出现了一种私人律师。1874 年 5 月 25 日，沙皇政府颁布法令，正式创建了私人律师。根据法律规定，除 1864 年法令规定的那些不能担任律师的人之外，任何人都可以向法院申请私人律师资格证书。治安法官大会、区法院和省级司法合议庭都可以向申请者颁发私人律师从业资格证。法律没有规定私人律师的任职资格和条件，也没有就私人律师申请者的教育水平做出硬性规定。持有治安法院颁发的证书的私人律师只能在治安法院从事辩护工作，其他法院颁发的证书全国通用，持有执业资格证的私人律师甚至可以在参政院撤诉法院从事司法辩护。① 这些规定是对 1864 年司法改革法令所做的重大修正。

1874 年法令还规定，给私人律师颁发执业资格证的法院负责监管私人律师。法院可以对私人律师给予以下惩罚：警告；训斥；临时吊销从业资格证；禁止以后从事律师职业等。法院对私人律师的监管权同律师协会对宣誓律师的监管权类似。同时，法律还规定，司法部大臣有权禁止某些私人律师从事司法辩护。根据这一法令，见习律师可以取得私人律师执业资格证，可以以私人律师的身份替当事人出庭辩护。②

这样，1874 年法令颁布后，俄国出现了一种新型的律师——私人律师。私人律师不需要有大学法学专业的文凭，也不需要经过严格的实践锻炼，也不受律师协会的约束，他们有着更大的自由。私人律师虽然要接受法院的监督，但法院通常并不怎么管理这些人，除非他们犯有重大的错误。实际上，1874 年法令颁布后，大多数改革前的诉讼代理人开始从事私人律师的工作，与改革前的诉讼代理人不同的是，这些私人律师要接受法院的监管。

1874 年，私人律师的出现，表面看来是要解决宣誓律师数量不足的问题，实质上是为了创建一种新型的律师来制衡宣誓律师。因为沙

---

① ПСЗ，Собрание 2，Том. 49，Отделение 1，Но. 53575，Санкт-Петербург，1876，с. 840.
② ПСЗ，Собрание 2，Том. 49，Отделение 1，Но. 53575，Санкт-Петербург，1876，с. 840.

皇政府对宣誓律师并不满意，尤其是有些宣誓律师在政治案件中的辩护令政府极为恼火。这样看来，沙皇政府设立私人律师更多的是为了达到政治目的。[①]

此外，1864 年司法改革之后俄国继续保留了 1832 年创建的商业法庭的诉讼代理人制度。这类诉讼代理人的人数较少，其作用也有限。

四　律师的薪酬

1864 年司法改革法令对律师的薪酬也做出了较为明确的规定。民事诉讼中律师费根据律师和当事人达成的书面协议来支付，如果律师和当事人事先没有达成协议，律师费将根据司法部制定的相关规定来确定。按照司法部的规定，在民事诉讼中，如果双方未达成协议，律师的费用将根据民事案件的案值来确定。[②] 如果民事案件案值是 500～2000 卢布（包括 2000 卢布），那么律师费为案值的 10%。如果案值是 2000～5000 卢布，律师费为案值的 8%。民事案件案值越大，律师从中抽取的费用比例将越低。如果民事案件的案值无法判定，法院将根据案件的性质、当事人的经济状况以及律师的工作量来综合确定律师的费用。在这种情况下，律师费通常为 50～1200 卢布。如果律师只是在一审法院出庭辩护，那么他的薪酬只是正常值的 2/3；如果只是在二审法院出庭辩护，薪酬只是正常值的 1/3，如果只是在撤诉法院出庭辩护，薪酬只是正常值的 1/4。如果诉讼失败，律师费要相应地减少。如果原告失败，代表原告的律师费是原定费用的 1/4。如果被告失败，代表被告的律师费是原定费用的 1/3。[③]

在刑事诉讼中，法律没有确定律师的具体薪酬。无论是刑事诉讼，还是民事诉讼，如果律师和当事人已经签订了协议，那么律师费不受法律规定的任何限制。如果律师在诉讼中获胜的话，律师可以要求获得更

---

① S. Kucherov, *Courts*, *Lawyers and Trials under the Last Three Tsars*, p. 158.

② Учреждения судебных установлений, Но. 396, http://civil. consultant. ru/reprint/books/121/306. html，最后访问时间：2021 年 3 月 9 日。

③ S. Kucherov, *Courts*, *Lawyers and Trials under the Last Three Tsars*, pp. 126 – 127.

高的薪酬。

律师所获得的费用将有一部分上缴律师特殊基金库。法院或律师协会将从这个基金库里拨出一部分钱来支付那些受协会或法院委派而从事辩护的律师的费用。律师所要缴纳的数额及具体的分配由各律师协会自行掌握。①

正是由于 1864 年司法改革法令建立了较为完善的律师管理组织，律师不再是过去声名狼藉的诉讼代理人，而是受人尊重的社会群体。他们受过良好的法学教育，在正式入职前有长达五年的司法实践，他们有着较为扎实的法学理论知识，也有着丰富的司法实践经验，因此改革后的律师很快赢得了人们的尊重和认可。高素质律师群体的出现对于后改革时代俄国司法的良性发展有着重要的意义。同时，律师制度的完善对于保障民众的基本权利、维护当事人的合法权益都有不可忽视的作用。

第三节　俄国律师职业道德

律师的职业道德是指律师在从事辩护时从思想到行为上应该遵守的道德规范和行为准则。职业道德反映了律师职业的实质和精髓，对于一个国家律师制度的发展有着重大的影响。各个国家关于律师职业道德的规定并不完全一样，但各国在律师职业道德的规定上都遵守这样一条基本原则：律师的使命就是维护人权，实现社会正义。

1864 年司法改革法令规定了律师的基本权利：律师有权代表当事人出庭参加诉讼、有权解答有关法令的疑问和有权代写诉状等。② 同时，法令规定，律师不能从事以下活动：①不能在诉讼过程中从当事人那里收取赔偿金；②不能代表自己的父母、孩子、兄弟姐妹及其他亲属参加诉

---

① Учреждения судебных установлений，Ho. 398，http://civil. consultant. ru/reprint/books/121/306. html，最后访问时间：2021 年 3 月 10 日。

② Учреждения судебных установлений，Ho. 394，http://civil. consultant. ru/reprint/books/121/303. html，最后访问时间：2021 年 3 月 9 日。

讼；③不能既担任原告的律师，又担任被告的代理律师。④无论是在诉讼过程中还是在诉讼结束之后，律师都要严守有关当事人的秘密。① 这些规定实质上是一套关于律师从业的基本伦理道德规范，如果律师在从业过程中违反了这些规范，将会受到律师协会或法院的处罚。

律师制度建立之后，各律师协会为了进一步规范律师的行为，制定了一系列规章制度，来提升律师的道德水平，增强律师制度的约束力。其中律师职业道德中最重要的是要求律师在辩护时诚实守信，正如当时有律师协会的成员所指出的，律师在诉讼中不仅代表的是当事人，还是为了社会的利益，他们的辩护代表着公平与正义。圣彼得堡律师协会制定的规章指出，律师要有道德、要诚实。律师在辩护时既不能违反法律，也不能违反社会的伦理道德规范，不能为了达到某种目的而不择手段。② 也就是说，律师在诉讼过程中，辩护手段必须是合理合法的，律师应该有社会良知。

从各律师协会所指定的规章来看，律师必须要有道德。那么，律师应该接手什么样的案件呢？如果当事人因为某种不道德的行为犯罪的话，律师应该接受当事人的委托去为他辩护吗？如果律师接手了这类案件，那么其出庭辩护是不道德的吗？

按照法律规定，如果没有合理的理由，律师不能拒绝当事人的委托。即使被告的犯罪动机和行为是不道德的，律师也必须为其辩护。S. 库切诺夫提到的 A. B. 洛霍威茨基案件很能说明问题。有位名叫 H. 额尔金的见习律师结识了一位名叫波波娃的寡妇，后来双方达成协议，波波娃如果借给 H. 额尔金 15000 卢布，他将与波波娃结婚，后来 H. 额尔金又劝说波波娃归还借款协议，波波娃还出具了一份虚假收条，他还诱骗波波娃将房子划归到自己名下。等到这一切做完之后，H. 额尔金不仅没有娶波波娃，还将她从寓所里面赶了出来。波波娃然后将 H. 额尔金起诉到有陪审团参与审判的莫斯科区法院。

---

① Учреждения судебных установлений, Ho. 400, 403, http://civil. consultant. ru/reprint/books/121/307. html，最后访问时间：2021 年 3 月 9 日。

② S. Kucherov, *Courts, Lawyers and Trials under the Last Three Tsars*, p. 183.

法院判定 H. 额尔金有罪，并处以监禁。H. 额尔金的辩护律师，也是他的见习指导老师 A. B. 洛霍威茨基向参政院撤诉法院提出撤诉上诉。参政院撤诉法院推翻了区法院的裁定，原因是区法院没有正确地应用《刑法》，案件发回重审。不过重审法院仍然判定 H. 额尔金有罪，H. 额尔金的辩护律师 A. B. 洛霍威茨基再次向参政院撤诉法院提出上诉，参政院撤诉法院又一次推翻了区法院的裁定，原因是法院提交给陪审团的关于可归罪的行为并未包含法律规定的某些因素，区法院最终撤销了对 H. 额尔金的判决。

后来波波娃又将 H. 额尔金起诉到区法院民事法庭，要求：①H. 额尔金归还自己借给他的 15000 卢布；②归还她的房子；③如果 H. 额尔金不归还她的房产，那么按照他的承诺，付给她 15000 卢布的房款。一审和二审法院支持波波娃的第一项要求，但驳回了她的第二项和第三项诉讼主张。

A. B. 洛霍威茨基在民事诉讼中仍然担任 H. 额尔金的辩护律师。波波娃的辩护律师奥尔金斯基向律师协会投诉 A. B. 洛霍威茨基，在投诉书中，他指责 A. B. 洛霍威茨基在法庭上替当事人不合理的行为进行辩护，违背了社会伦理道德。①

律师协会认为，A. B. 洛霍威茨基在刑事法庭的辩护没有任何问题，但在民事法庭却为 H. 额尔金的不道德行为进行辩护是违背律师职业道德的。法院认为 H. 额尔金的行为是合法的，因为房子的合法主人现在确实是 H. 额尔金，而且有合法的过户手续。但律师协会认为，律师在选择要接手的案件时要审慎，不能为当事人提出的那些不道德要求辩护，律师不是当事人的仆人，不能只为了钱去做事，律师应有社会良知。② 律师协会最后公布了处罚决定，A. B. 洛霍威茨基在三个月内不能从事律师工作。③

---

① S. Kucherov, *Courts, Lawyers and Trials under the Last Three Tsars*, pp. 163 – 164.
② М. Н. *Гернет*, И. В. *Гессен*, История Русской Адвокатуры, 1864 – 1914：Адвокатура, общество и государство, Том. 1, с. 315.
③ S. Kucherov, *Courts, Lawyers and Trials under the Last Three Tsars*, p. 165.

A. B. 洛霍威茨基不服律师协会的裁定，向莫斯科区法院提出了诉讼。同时，检察官也向区法院提出了诉讼，认为律师协会对 A. B. 洛霍威茨基的处罚太轻，应该加重处罚。

A. B. 洛霍威茨基案件在区法院引起了激烈的争论，有人认为 A. B. 洛霍威茨基应该受到道德上的谴责，不应该受到处罚；有人认为应该禁止 A. B. 洛霍威茨基一年内从事律师工作；有人认为应该将 A. B. 洛霍威茨基开除出律师协会。区法院采纳了最后一种意见，将 A. B. 洛霍威茨基开除出律师协会。法院认为，一个只为当事人的利益而支持当事人不合理请求的律师必然是一个不诚实的人，不应该宽容他，他违反了自己最基本的职业道德——诚实做事。①

A. B. 洛霍威茨基不服区法院的裁定，将案件上诉到参政院撤诉法院。参政院撤诉法院推翻了区法院的判决。参政院认为，A. B. 洛霍威茨基并没有发表任何违反道德或反对教会、国家、社会或者家庭的言论，区法院裁定的理由只是认为 A. B. 洛霍威茨基不应该在民事诉讼中为 H. 额尔金辩护，因为他知道 H. 额尔金是通过不道德的手段获得房产的。区法院只是根据这一点就认为 A. B. 洛霍威茨基违反了职业道德。参政院撤诉法院认为，律师是从事公共服务的职业代表，这使律师处在调解者的地位上，如果律师为某些不诚实的被告进行辩护的话，那么法律也不用去维护人民的基本权利了。参政院撤诉法院强调，区法院已经认定 H. 额尔金的行为是不道德的，但还是驳回了波波娃要求收回房产的要求，也没有判处 H. 额尔金负有刑事责任。参政院撤诉法院又指出，如果律师因替当事人不道德行为进行辩护，那么败诉的一方有可能会起诉胜诉一方的律师，进行打击报复。参政院撤诉法院在裁定的结尾部分指出，因为绝对的道德原则不能作为判断律师接受民事诉讼的原则，被告因不诚实而获得权利，这不能作为判定律师职业道德的唯一因素。由于 A. B. 洛霍威茨基的辩护行为没有违反法律规定的律师职业规范，所以莫斯科区法院的裁

---

① *М. Н. Гернет*, *И. В. Гессен*, История Русской Адвокатуры, 1864 – 1914：Адвокатура, общество и государство, Том. 1, с. 326.

定不能成立。①

1884 年，А. В. 洛霍威茨基去世，他死后人们还在讨论这个案件。在一份讣告中，莫斯科律师协会主席 Д. 涅瓦多姆斯基认为，А. Ф. 洛霍威茨基的行为与司法改革法令并没有冲突。② А. Ф. 科尼也认为，正如医生必须救治向他求助的每一位病人一样，律师也有义务为那些有罪的人辩护，不管当事人的道德水平如何。③ 但也有人持反对意见，认为参政院的裁定将会使律师不受任何道德规范的约束，这不利于律师制度的健康发展。④

这一案件反映出，作为一名专业人员，律师应尊重当事人的选择，尊重当事人的诉求，也就是说，律师无权因当事人不道德而拒绝为当事人出庭辩护。但作为一名服务于公共利益的个人，律师要有社会责任，要有良知，要诚实守信地去辩护，不能坑蒙拐骗，要对得起自己的良知，要主动承担社会责任。由此看来，律师在接手案件时也应该考虑这个案件涉及的道德问题，但律师不应该因坚持了合法的诉求而受到惩罚，即使当事人的合法诉求是通过不道德的手段获得的。正如有学者指出的，一个律师无法判定自己所要辩护的案件是正义还是非正义的，这些是法官要做的事情。⑤

А. В. 洛霍威茨基案件还反映出，律师协会对俄国律师良好职业道德的形成有着至关重要的影响。按照 1864 年司法改革法令的规定，律师协会的职能之一是 "要教导律师追求真理，要向律师灌输对社会、对政府的责任感，要培养律师的荣誉感"⑥。受这一法律规定的影响，受理针对宣誓律师及见习律师的投诉就成为律师协会日常工作中非常重要的任务，律师协会做出的处罚决定实质上是对律师不端行为的一种纠正，

---

① S. Kucherov, *Courts, Lawyers and Trials under the Last Three Tsars*, p. 166.

② S. Kucherov, *Courts, Lawyers and Trials under the Last Three Tsars*, p. 167.

③ А. Ф. Кони, Собрание Сочинений, Том. IV, Москва, 1967, с. 133.

④ S. Kucherov, *Courts, Lawyers and Trials under the Last Three Tsars*, p. 167.

⑤ James Ram, *A Treatise on Facts as Subjects of Inquiry by a Jury*, New York: Baker, 2009, p. 278.

⑥ Учреждения судебных установлений, Но. 219, http://civil.consultant.ru/reprint/books/121/209.html, 最后访问时间：2021 年 3 月 9 日。

对律师以后开展工作也有指导作用。① 律师协会成了律师职业道德规范形成中的主导力量。

律师协会的裁定一般是律师协会常务委员会通过讨论之后确定的，因而律师协会制定的针对律师职业道德的规章是建立在广泛共识基础之上的。同时，律师协会针对律师的处罚还允许当事律师为自己的行为辩解，这种较为民主的决策过程有助于律师职业认同意识的形成，也会增强律师的荣誉感。俄国著名法学家 В. Д. 斯帕索维奇在庆祝圣彼得堡律师协会成立 50 周年大会上发表的演讲中指出："让我们为自己勇敢的斗争历史而鼓掌，我们所忍受的痛苦，我们所遭受的压制只会使我们更加精神抖擞。我们要活下去，对于我们来讲，活下去就意味着不顾一切地为自由和正义而战。"② 为自由与正义而战，为保护人民基本权利而战成了大多数律师追求的目标，这种职业荣誉感的养成与律师协会的不懈努力是分不开的。

同时，律师协会的有效监管也强化了律师的公共服务意识和公共责任感。正如莫斯科律师协会在一份裁定中指出的，"律师的公共服务是建立在人民认可的基础之上的；律师的手中掌握着当事人的命运，掌握着当事人的财产与荣誉；律师的行为会对律师制度的影响力，律师职业本身产生重大影响"③。律师是公共形象的代表，因此律师在日常工作中要注意言谈举止，不能见利忘义，不能发脾气，不能使用侮辱性或攻击性语言，要尊重当事人的合理要求等。有一位见习律师因看到一名陪审员殴打学生而用脏话骂了对方，其行为受到律师协会的"警告"处理。④

近代俄国虽然没有制定完整的律师职业道德规范条例，但律师协会对执业律师的纪律监督和道德监管有效地约束了律师的行为，对律师职业道德的培养、职业荣誉感的形成产生了重要的影响。同司法改

---

① J. Burbank, "Discipline and Punish in the Mosocow Bar Association," *The Russian Review*, Vol. 54, No. 1 (January 1995), pp. 49 – 50.

② S. Kucherov, *Courts, Lawyers and Trials under the Last Three Tsars*, p. 314.

③ J. Burbank, "Discipline and Punish in the Moscow Bar Association," p. 52.

④ J. Burbank, "Discipline and Punish in the Moscow Bar Association," p. 56.

革前俄国的诉讼代理人相比，司法改革后出现的新律师更受人尊重，律师越来越成为许多年轻人的职业选择。良好的道德监督和纪律约束保证了律师制度的健康发展，也有助于以对抗式辩诉为基础的俄国新司法体制的发展。

小　结

如前所述，1864 年司法改革后，俄国出现了一种新型的职业——律师，并且创建了律师自治组织——律师协会。在律师协会的有效管理之下，帝俄晚期的律师在变动不定的政治环境中为了司法的公平与正义，为了当事人的合法权益而不断努力。律师因而成为帝俄晚期为数不多的享受言论自由的群体，他们利用自己在法庭上的辩护权批评政府，维护个人的基本权利。然而正是律师的辩护权引起了沙皇政府的强烈不满，如同陪审制一样，律师制度也成了沙皇政府的批判对象。1874 年，沙皇政府颁布法令禁止批准成立新的律师协会。从 1874 年至 1904 年，法院再也没有批准成立律师协会的申请。这一法令实质上是政府为了限制律师自治组织的发展，因为律师协会被沙皇政府看作自由主义思想的传播地和反叛力量成长的根源地，这可以说是沙皇政府对律师制度采取的第一项措施。1874 年，沙皇政府决定创建私人律师可以看作政府间接攻击律师制度的表现。

1878 年薇拉·查苏利奇审判结果公布之后，政府开始重新评估律师制度。国务会议在讨论这个问题时，有人指出，律师就是罪犯的保护者，因为律师有时候为已经对犯罪供认不讳的人做无罪辩护。[①] 1881年，新上台的亚历山大三世颁布法令，将大多数政治案件交由军事法庭审判。这实质上是担心律师为政治犯辩护而产生负面影响，薇拉·查苏利奇案件审判中律师亚历山大罗夫所做的辩护一直令政府耿耿于怀。1881 年法令实质上是对 1864 年司法改革的一次重大修正，这对律师制

---

① *М. Н. Гернет*, *И. В. Гессен*, История Русской Адвокатуры, 1864 – 1914：Адвокатура, общество и государство, Том. 1, с. 238 – 240.

度产生了较大冲击。后来沙皇政府曾多次讨论律师制度改革的问题，并提出了一些重大的改革措施，比如为了防止律师自治的发展对沙皇政府产生不利影响，有人提出由司法部负责监管俄国的律师。① 但这些改革方案受各种因素的影响，并未获得通过，俄国的律师制度在这种艰难的环境中仍然继续向前发展，律师仍然是帝俄晚期个人权利的主要维护者。正如法国学者勒鲁瓦－博留所指出的，到法庭打官司的每个俄国人都可以聘请自己的辩护律师，辩护律师将以他的名义为其争取基本权利。在这个庞大的帝国里，没有议会，唯一可以自由表达自己思想的就是律师，律师表现出了某种前所未有的公民精神。②

在刑事审判中，代表个人的律师与代表政府的公诉人展开激烈辩论，目的是避免个人的基本权利受到政府的侵害；在民事诉讼中，代表当事人进行辩护的律师为了个人的民事权利进行辩护。帝俄晚期，虽然沙皇政府通过立法措施将政治案件调转至军事法庭进行审理，通过颁布特别法令等方式限制个人的基本权利，但律师利用一切可能的机会为维护个人基本权利而努力。从这个角度来讲，俄国律师为俄国法治国家建设做出了重要贡献。

更值得一提的是，律师为政治案件所做的辩护。虽然为政治犯进行辩护有很大的风险，但仍有一些律师为了正义，为了律师的职业荣誉，毅然在法庭上替政治犯辩护。他们这样做不是出于什么政治目的，而是为了维护个人的基本权利。正如著名律师 H. Д. 博罗金所言，律师是特殊的法学家，他们在法院中为个人权利而辩护，以公众幸福的名义，为了公众的利益而辩护。③ 著名律师 O. O. 格鲁兹伯格在圣彼得堡律师协会总委员会庆祝成立 50 周年（1866～1916）大会上的演讲中也说，只有在维护个人权利这一点上，律师才能发挥出自己最大的潜能：毫无畏惧，随时为被告辩护。让俄国律师感到自豪的是，尽管有反动的压制，

---

① 1890 年穆拉维约夫委员会提出的改革计划之一。参见 S. Kucherov，*Courts，Lawyers and Trials under the Last Three Tsars*，p. 271。

② A. Leroy-Beaulieu，*The Empire of the Tsars and the Russians V2：The Institutions*，Kessinger Publishing，2006，p. 364.

③ S. Kucherov，*Courts，Lawyers and Trials under the Last Three Tsars*，p. 310.

但同行们仍然怀着同 50 年前一样的热情为维护个人权利而努力。①

俄国律师的这种奉献精神，以及这种维护个人权利的执着精神赢得了俄国民众的认可。越来越多的俄国青年将从事律师职业当作自己努力奋斗的目标，据统计，1886～1913 年，俄国宣誓律师的数量从 1617 名增加到 5658 名，增长了约 250%。见习律师的数量从 800 名增加到 5759 名，增长了约 620%。② 这些数据充分说明，许多年轻人将律师职业作为自己的选择之一。

总体来看，1864 年司法改革创建了自治的律师群体，他们沿着职业化的道路发展，但沙皇政府希望律师变成政府利益的维护者和社会公共利益的体现者，将律师看作社会中的一个等级，而不是一种职业。近代俄国律师就在这种矛盾的环境中不断发展。虽然说律师制度的发展有些曲折，但经过一代代律师的努力，通过律师协会较有成效的工作，俄国律师成为帝俄时期唯一一个拥有职业特权的阶层，他们也是拥有较多言论自由的群体。从这个角度上来讲，近代俄国律师制度的发展对于俄国法治国家的建立，对于俄国公民社会的孕育，对于俄国社会的转型和人民法律意识的转变都有着重要意义。

1917 年十月革命之后，各地的律师协会相继解散，近代俄国律师制度被社会主义律师制度取代。

---

① S. Kucherov, *Courts, Lawyers and Trials under the Last Three Tsars*, p. 312.

② *М. Н. Гернет*, *И. В. Гессен*, История Русской Адвокатуры, 1864 – 1914, Том. 2, Москва, 1916, с. 3 – 4, 31 – 33.

第六章

帝俄晚期司法领域的反改革

介于欧亚之间的地缘政治特点决定了俄国历史发展的独特性。在俄国历史的发展中，国家始终发挥着主导作用，自上而下的集权管理成为沙皇控制社会的主要模式。由于靠近西方，历代沙皇显得较为开放，都能进行或多或少的改革。但改革是挑战之下被动应战的结果，这一特点导致俄国历代的改革都是在社会准备不足的情况下由政府强力推动的产物，改革从而在政府内部，在社会上层产生了激烈的冲突。这样，俄国历史的发展总是呈现这样的特点：历代沙皇在压力之下都能进行必要的改革，但在权力的问题上沙皇又决不让步，改革便走向了反改革。[①] 改革是在一部分官僚的推动下完成的，但未建立在广泛共识基础上的改革触动了既得利益者的利益，引起了他们的强烈不满，反改革成为阻碍改革继续发展的主要因素，这一特点决定了帝俄晚期历史发展的本质。

1864 年司法改革也未能走出俄国历史发展的怪圈。改革是以扎鲁德尼为代表的一批开明官僚推动的结果，但改革在启动阶段就遭到了以司法部大臣 B. H. 潘宁为代表的保守派的激烈反对。司法改革法令颁布之后，沙皇政府内部因改革而导致的冲突仍在不断升级。1865 年 3 月，司法部大臣 Д. H. 扎米亚特宁试图在司法改革的基础上加强参政院对行政部门的有效监督。他提出，各部门送达下级机构的通告应当在《参政院公报》上公布，与"法律"有关的通告必须经过参政院的批准，同时，

---

① 曹维安：《俄国史新论——影响俄国历史发展的基本问题》，第 11 页。

任何有关行政改革的建议在提交国务会议讨论之前要经过参政院的批准。他还提出，违反行政管理法令的案件由参政院负责处理。① 实际上，Д. Н. 扎米亚特宁力图通过提升司法机构的权力，特别是参政院的权力来防止政府的权力滥用，但 Д. Н. 扎米亚特宁的计划遭到了以内务部大臣 П. А. 瓦卢耶夫为代表的保守势力的反对。作为这种冲突唯一调解者的沙皇在 1866 年刺杀事件之后开始倾向于支持保守派。1867 年，支持司法改革的 Д. Н. 扎米亚特宁被免职，保守的 С. И. 帕伦被任命为司法部大臣。司法改革导致沙皇政府内部形成了关于改革的两个截然不同的派别。一派坚决维护沙皇的专制权力，将司法机构只看作维护沙皇专制制度的手段；另一派虽然也支持沙皇的绝对权力，但将司法机构看作维护社会公平与正义的手段。力主通过强制性行政手段解决问题的官员担心认同法律的官员怀疑其行动的合法性，而支持法治的官员担心行政权力会威胁司法独立。双方的矛盾冲突成为帝俄晚期司法发展的主要特点，改革—反改革—改革就成为帝俄晚期司法发展的主要特点。

事实上，在司法改革实施之初，沙皇政府就开始采取措施限制司法的独立发展，但长期以来学术界缺乏对司法反改革深入细致的研究。那么，司法改革之后沙皇政府反改革的内容有哪些？反改革的实质是什么？反改革对司法改革产生了什么样的影响？这些问题将是本章讨论的重点。

第一节　司法反改革：沙皇政府的间接措施

所谓沙皇政府间接的反改革主要是利用 1864 年司法改革的漏洞来加强行政机构对司法机构的控制，从而达到削弱司法改革影响力的目的。

按照司法改革法令的规定，兼任俄国总检察长的司法部大臣负责全国所有检察官的任用和提拔，司法部大臣凭借手中的人事权牢牢控

---

① Richard S. Wortman, *The Development of a Russian Legal Consciousness*, pp. 270 – 272.

制着俄国所有的检察官。一位想在俄国司法机构中升迁的检察官有赖于司法部大臣的提拔，因此大多数检察官对司法部大臣是忠心耿耿的，检察官也因而成了司法部大臣控制法官及法院的眼线。比如，想迅速获得提拔的检察官可以向司法部大臣及时报告自己所在法院法官的相关情况，将自己认为不可靠或品质恶劣的法官的情况报告给司法部大臣。如果某一位法官与检察官关系紧张，这个法官升迁的机会就不大。司法部大臣也可以向检察官施压，将政府部门或自己比较关注的某一案件或某一类案件通知检察官，检察官会延缓案件的调查，直到法院组成有利于本案件审理的法官席为止。[①] 法院中小官吏的升迁也有赖于检察官。这样一来，司法部大臣通过非正式的间谍网络加强了对各级法院的控制。

1864 年司法改革法令规定，除非法官在民事或者刑事案件中犯法，否则法官一经任命，不能随意被撤职。可实际上，法官虽然不能被罢免，但司法部大臣可以调动法官，可以将某些不听话的法官调到边远的司法区。司法部大臣还可以控制法官的升迁，通过这种人事上的控制，司法部大臣将越来越多比较听话的法官安排在重要的职位上，从而达到削弱法官独立地位的目的。实际上，司法部大臣通过这种方式间接地控制了司法机构。需要强调的是，司法部大臣的间接控制是相对的，尤其是随着司法改革的深入推进，各地需要补充大批的法官，司法部大臣也不可能完全控制所有的法官。虽然如此，司法部大臣的人事控制对司法改革的基本原则——法官独立——产生了不利影响。

根据司法改革法令，区法院和省级司法合议庭法官的人员补缺由沙皇直接任命。但法律同时规定，司法部大臣有权向沙皇推荐候选人。[②]通常情况下，沙皇会听从司法部大臣关于人事任命的建议，最后对推荐人选签字确认。这种人事任免模式成了俄国普遍的实践，司法部大臣因此部分地控制了法官的任用。

---

① А. Ф. Кони, На Жизненном Пути, Том. 1, Моска：Труд, 1912, с. 101.

② Учреждения судебных установлений, Но. 212 – 215, http://civil. consultant. ru/reprint/books/121/201. html, 最后访问时间：2021 年 3 月 12 日。

1864 年司法改革法令还规定，法官的提拔任用必须得到沙皇的批准。[①] 而沙皇提拔法官或者检察官也有赖于司法部大臣的推荐。司法部大臣正是凭借自己手中的推荐权力，控制了法官的任用、提拔及调动。不听话的法官十分清楚不服从司法部大臣的后果，甚至参政院的法官也受到这种人事任免体制的影响。在某些重大案件的裁决中，参政院的法官会征求司法部大臣的意见。有学者总结说：“司法改革在俄国刚引入的时候，人们希望新法院是完全独立自主的，法院能为俄国的政治自由奠定坚实的基础。如同那一年代的其他幻想一样，俄国人对法院所寄托的希望根本无法实现。法院的独立自主纯粹是理论上的，根本不切实际。虽然法律规定法官不能随意被撤职，法院有权推荐空缺法官职位的候选人，但这些规定根本没有现实意义。如果司法部大臣不能将自己认为不可靠的法官免职的话，他可以控制法官的升迁，或者通过其他方式迫使他辞职。法院可以推荐法官的候选人，司法部大臣也有这样的权力，但同法院推荐的人选相比，司法部大臣推荐的人多数都会得到沙皇的批准。”[②]

同时，1870 年 5 月 11 日沙皇政府颁布的法令更有利于司法部大臣控制司法官员。该法令规定，司法部大臣为调查特别重要的案件有权临时任命司法侦查员。[③] 司法侦查员虽然不是终身任职，但司法部大臣可以随后将这些司法侦查员推荐任命为法官或检察官，这一法令大大提高了司法部大臣对法院的人事控制。临时任命的司法侦查员都是司法部大臣亲自挑选的，是司法部大臣眼中政治上可靠的人。因此，1870 年法令使司法部大臣将自己可以控制的人任命到法院的关键岗位上，将那些不受宠的人排挤出去。如前所述，一些参政院的法官都是从司法侦查员做起，一步步被提拔到参政员职位上的。

1864 年司法改革开始实施之后，沙皇政府就利用手中的人事任命权

---

① Учреждения судебных установлений，Но. 248，http://civil. consultant. ru/reprint/books/121/233. html，最后访问时间：2021 年 3 月 12 日。

② D. M. Wallace，*Russia*：*On the Eve of War and Revolution*，p. 91.

③ ПСЗ，Собрание 2，Том. 45，Отделение 1，Но. 48388，Санкт-Петербург，1874，с. 670 – 671.

部分地控制了法官、检察官及其他法院官员。行政机构控制人事任免对法官的独立地位来说是一种间接的威胁，这大大提高了政府对司法机构的控制。正如法国学者勒鲁瓦－博留所指出的，法官不能被随意免职，指的只是其职位，而不是其居住地。提拔并不是政府控制法官的唯一方式。如果沙皇政府不能将法官免职，可以迫使他们离开自己的岗位，而不用征求任何人的意见，这是一种间接的方式。像俄国这样的国家，甚至在欧俄地带，有那么多人们不太愿意去的地方，有那么多冰天雪地的地方，所以居住地的改变就意味着要到更远的地方去，这实质就是一种免职。因此，政府的手中控制着理论上将法官不能免职的权力，这是一把双刃剑：对于那些胆小的人来说，这把剑意味着可能要调到边远地区；对于那些有雄心的人来说，这把剑就是升迁的诱惑。①

沙皇政府一方面加强对法官的控制，另一方面通过提高警察在司法侦查中的地位来加强对司法的干预。

1864 年司法改革之前，法院主要依据警察提供的侦查报告来裁定案件，警察对刑事案件的裁定有决定性影响，刑讯逼供因而成为改革前俄国司法中存在的普遍现象。同时，改革前俄国各省省长也干预司法，刑事审判结果必须经过省长审批之后才能执行。行政干预司法成为改革前俄国法制的主要特征。1864 年司法改革大大改变了这一局面，改革创建了相对独立的司法体系，司法与行政实现了相对分离，省长和警察在司法中的权力也大大弱化。改革法令创建了司法侦查员制度，刑事案件的审前调查由司法侦查员全权负责，在必要的时候侦查员可以要求警察协助调查，警察的权力被大大削弱。正如当时有警察抱怨的，治安法院的法官都可以警告警察，司法侦查员甚至可以训斥警察，警察甚至不能打人，也不能说粗话，更糟糕的是，警察还不许从任何人那里受贿。② 省长的权力也受到了极大的冲击，刑事审判结果不经过省长审批就可以直接执行。

省长对自己的司法权被削弱极为不满。省长和法院之间的冲突也不

---

① A. Leroy-Beaulieu, *The Empire of the Tsars and the Russians V2：The Institutions*, p. 330.

② *Н. В. Давыдов*, *Н. Н. Полянский*, Судебная Реформа, Том. I, с. 252 – 253.

断升级。比如，1870 年，在赫尔松省，法官拒绝向新任命的省长表示祝贺，受辱的省长立即命令警察机构终止与法院的合作关系。警察局长指控助理检察官酗酒，行为不端，还指控区法院的法官受贿和酗酒。① 沃罗涅茨省省长指责司法人员傲慢无礼。他说，法官未穿制服来参加法庭会议，司法侦查员身穿羊皮外套来见他，法院工作人员用皱巴巴的纸书写正式报告。②

改革后接替 Д. Н. 扎米亚特宁担任司法部大臣的帕伦（1867～1878年任职）一直担心司法机构的权力会坐大，因此在省长、警察同司法机构发生冲突时，司法部大臣总是站在行政机构一边，支持省长和警察。不仅如此，帕伦总是想方设法突出司法调查中警察的作用。③

为预防警察滥用权力，1864 年司法改革法令提出了一个重要的原则：反对随意逮捕。新颁布的《刑事诉讼法》第八条规定，除法律规定的案件之外，任何人都不能被随意逮捕，任何人也不能在法律规定的场所之外被关押。④ 第九条还提出了人身保护的概念，法律规定，逮捕要符合正常的法律程序。如果法官或者检察官认为逮捕缺乏合理的依据或者授权，法院必须立即释放被逮捕的犯罪嫌疑人。⑤ 因此，从法律规定上来看，法律反对随意逮捕和非法拘禁，要维护个人的基本权利。

然而《刑事诉讼法》又规定，为预防和镇压犯罪，警察和政府官员所采取的非常措施不属于司法管理的范畴。⑥ 从法律规定中可以看出，司法改革的设计者们反对在司法调查中随意逮捕人，认为无合理的证据和理由不能对犯罪嫌疑人实施拘押。但警察因执行特殊的任务而实施的逮捕不属于法律规定的约束范围，法律只是对警察在法律上的权力进行

---

① *А. Ф. Кони*，Отцы и Дети Судебной Реформы，с. 162.

② J. W. Atwell，"The Russian Jury,"p. 51.

③ *А. Ф. Кони*，Отцы и Дети Судебной Реформы，с. 162.

④ Устав уголовнаго судопроизводства，No. 8，http://civil. consultant. ru/reprint/books/118/17. html，最后访问时间：2021 年 3 月 12 日。

⑤ Устав уголовнаго судопроизводства，No. 9，http://civil. consultant. ru/reprint/books/118/17. html，最后访问时间：2021 年 3 月 12 日。

⑥ Устав уголовнаго судопроизводства，No. 1，http://civil. consultant. ru/reprint/books/118/16. html，最后访问时间：2021 年 3 月 12 日。

约束，但对警察的行政权力未加明确限定。这一法律规定上的漏洞为后来警察扩大权力创造了机会。

根据相关的法律规定，在掌握了确切的证据之后，司法侦查员可以逮捕犯罪嫌疑人，逮捕后的 24 小时内，司法侦查员必须向犯罪嫌疑人出具一份书面说明，阐明逮捕犯罪嫌疑人的具体原因。犯罪嫌疑人在接到说明之后，可以向区法院提出申诉，区法院在三天内必须向当事人说明裁定结论。① 从法律的角度来讲，任何形式的逮捕都必须走正常的法律程序。

法律还对警察在司法调查中行使权力的范围做了明确的规定。1864 年司法改革法令规定，在以下情况下警察可以实施拘捕：①在犯罪正在发生时可以逮捕犯罪嫌疑人；②犯罪受害者或目击者直接指出犯罪嫌疑人；③在犯罪嫌疑人身上或其居所找到直接的犯罪证据时；④在犯罪嫌疑人身上或居住地找到犯罪的物证时；⑤当犯罪嫌疑人企图逃跑，或者在逃跑中或者逃逸时；⑥犯罪嫌疑人没有固定居所时。② 犯罪案件发生后，警察必须在 24 小时内通知司法侦查员，司法侦查员接手案件之后，警察将不再负责调查。法律对警察如何介入司法侦查做了较为明确的规定，这可以说是对警察干预司法权力的一种制约。

与司法侦查员在法律上实施的逮捕不同的是，警察运用行政权力实施的逮捕没有时间限制。警察到底能将一个人关押多长时间，法律并没有明确的规定。如果关押时间超出了 24 小时，警察只需事后将相关情况在报告中予以说明，无须承担其他责任。③

1871 年 5 月 19 日，沙皇政府颁布法令规定宪兵队也可以实施逮捕。④ 宪兵队在调查期间，被告实质上已经被逮捕。名义上省级司法

---

① Устав уголовнаго судопроизводства, Ho. 419, 430 – 431, 496, 501, 504, 509, 524, http://civil. consultant. ru/reprint/books/118/189. html，最后访问时间：2021 年 3 月 12 日。

② Устав уголовнаго судопроизводства, Ho. 257, http://civil. consultant. ru/reprint/books/118/149. html，最后访问时间：2021 年 3 月 12 日。

③ Устав уголовнаго судопроизводства, Ho. 400, http://civil. consultant. ru/reprint/books/118/184. html#img185，最后访问时间：2021 年 3 月 12 日。

④ ПСЗ, Собрание 2, Том. 46, Отделение 1, Ho. 49615, Санкт-Петербург, 1874, c. 591.

合议庭的检察官可以监督宪兵的行为，但实际上检察官的监督作用相当有限，宪兵调查的结论将直接上交司法部大臣，而不是交给地方检察官提出诉讼，司法部大臣会同第三厅主席共同决定如何处理宪兵的调查结论。

著名作家 И. П. 别罗康斯基描述的一段经历与 1871 年法令的实施密切相关。И. П. 别罗康斯基曾被沙皇政府流放，回到欧俄之后居住在库尔斯克。为了给贫困作家和学者协会筹款，И. П. 别罗康斯基组织了一场由来旅行的德国音乐家参加的慈善音乐会，这个协会是正式注册的组织。1889 年，他的住所在宪兵队没有出示任何合法手续的情况下被搜查，警察在其寓所发现了他与德国音乐家的书信往来，但书信模糊不清，因为德国音乐家的俄语并不怎么好。随后，他被逮捕了，也没有接到指控。И. П. 别罗康斯基在监狱里待了将近一年，其间有两位地方法院的检察官了解过他的有关情况，这两位检察官告诉他，在宪兵的调查报告没有送达法院之前，他们无权释放他。一旦报告交到了法院，И. П. 别罗康斯基就可以保释。针对他的指控完全是子虚乌有，后来不知何故，宪兵队释放了他。① 就这样，И. П. 别罗康斯基在库尔斯克的监狱里无缘无故地待了几个月，他没有因此得到任何赔偿。毫无疑问，这种现象在俄国具有普遍性。

1904 年 6 月 7 日法令授予宪兵队可以任意逮捕政治犯的权力。② 这些法令的颁布实质上授予警察和宪兵队可以随时逮捕自己认为的犯罪嫌疑人，不用遵从正常的法律规定，犯罪嫌疑人也无权提出申诉，这等于破坏了 1864 年司法改革法令中防止警察滥用权力的原则。

1864 年司法改革法令还规定了针对警察滥用权力的一些惩罚措施。对于警察较轻的滥用权力行为，检察官或法院可以训斥警察。对于较重的犯罪，检察官在征得当事人的上司同意之后，可以向法院提出诉讼。③ 从法

---

① И. П. Белоконский，ДаньВремени. Часть 2. В Годы Бесправия：Воспоминания，Москва：Изд-во Всесоюз. о-ва Политкаторжан и ссыльно-поселенцев，1930，c. 59–61.

② ПСЗ，Собрание 3，Том. 24，Отделение 1，Но. 24732，Санкт-Петербург，1907，c. 658.

③ Устав уголовнаго судопроизводства，Но. 487，http：//civil. consultant. ru/reprint/books/118/210. html#img211，最后访问时间：2021 年 3 月 12 日。

律规定中可以看出，对警察的任何处罚必须征得其上司的同意，这就是俄国官僚机构中普遍存在的保护体制。实际上，针对警察的起诉少之又少。如果有被告因自己遭受非法拘禁而提出上诉的话，法官和政府官员组成的特别行政委员会将负责审理案件。① 这类委员会审理案件是秘密进行的，通常是征得当事人的上司同意之后宣布处理结果。

这一系列法令的颁布使警察的权力进一步扩大，宪兵队的权力范围也得以延伸。尽管在刑事案件的审前调查阶段，警察没有搜查和拘捕权，但在司法侦查员未到场的情况下，在案发现场有可能遭到破坏的情况下，警察可以行使搜查和逮捕权。这一法律规定很模糊，实质上警察在司法侦查员不在场的情况下可以行使不受约束的权力。后来随着俄国革命运动的出现，警察和宪兵可以借助行政权力对自己所认为的政治犯罪嫌疑人实施逮捕。过去沙皇政府采取的通过行政手段将政治犯流放的方式重新成为沙皇政府避开司法机构处理政治犯的一种常用手段。1871年法令的颁布意味着行政机构可以对某些案件做出裁决，1864 年司法改革中规定的司法与行政相分离的原则日渐受到冲击。

司法部大臣因控制人事任免权而进一步控制了司法侦查员，司法侦查员变成了司法部大臣顺从的“奴仆”。② 受这一因素的影响，司法调查过程中，被告的权利越来越模糊，盘问、审问等成为审前调查中普遍采用的方式。司法侦查员屈从于行政权力，调查中缺乏公开性等都使司法侦查员、警察等享有较大的权力，1864 年司法改革中确立的公开性、保障个人权利等原则在行政权力的干预下基础更加不稳固。

这样，沙皇政府通过人事任免权逐渐控制了法官和检察官，利用1864 年司法改革的漏洞部分地恢复了改革前警察的权力，又通过立法扩大了宪兵队的权力。这些措施间接地削弱了法官的独立地位，政府实现了部分地控制司法机构的目的。

---

① Устав уголовнаго судопроизводства，Ho. 487，http://civil. consultant. ru/reprint/books/118/210. html#img211，最后访问时间：2021 年 3 月 12 日。

② I. A. Hourich, *The Russian Judiciary*, p. 682.

第二节 司法反改革：沙皇政府直接的立法措施

除了通过间接手段破坏 1864 年司法改革的基本原则之外，沙皇政府还通过直接的立法来"纠正"司法改革对沙皇政府带来的不利影响。沙皇政府直接的反改革措施可以分为两种不同的类型：一种是通过立法将某些案件的审理从普通法院转移至特别设置的法院或军事法庭审理，或者将属于基层法院审理的案件转移至高级法院审理，缩小司法机构的审判范围，降低了改革后新法院的影响力；另一种是通过立法来限制律师制度和陪审制度的发展。不仅如此，沙皇政府还通过直接的立法加大对司法机构的行政干预，限制司法的独立发展。

一 司法审判权的变革

1866 年，新法院刚刚建立不久，沙皇政府将与政府利益密切相关的特殊案件从基层法院调转至有等级代表参加的省法院审理。1866 年，圣彼得堡区法院指控《现代人》杂志违反了书报检查制度，对该杂志编辑 A. H. 佩平和 Ю. 茹科夫斯基提出诉讼，结果法院宣布两人无罪释放。内务部大臣瓦卢耶夫对法院未能坚决贯彻执行书报检查制度极为不满。他指出，检察官在针对书报检查制度犯罪的指控上没有充分意识到政府的利益所在，而法院在审理这类案件时只关注法律问题。[1] 此次事件之后，为防止类似情况的出现，沙皇政府于 1866 年 12 月 12 日颁布法令，将关于违反书报检查制度的案件转由有等级代表参加的省法院审理。[2] 违反书报检查制度的犯罪不再属于陪审团的审判范围。实际上，这一改革意义不大，因为负责书报检查监管的内务部可以将违法的杂志或报刊直接关闭。虽然改革没有实质意义，但 1866 年法令标志着沙皇政府开始通过政府立法的形式变革司法机构的审判权。

---

① Richard S. Wortman, *The Development of a Russian Legal Consciousness*, p. 273.
② ПСЗ, Собрание 2, Том. 41, Отделение 2, Ho. 43978, Санкт-Петербург, 1868, c. 389 – 391.

1871 年 7 月，对 C. 涅恰耶夫及其同伴的审判再次触动了政府敏感的神经。因牵连 C. 涅恰耶夫案件而被逮捕的 152 人中，只有 87 人被审判。这 87 人中，54 人被宣判无罪释放，27 人被判处短期监禁，4 人被判劳役，2 人被判流放。沙皇政府对未能将所有人绳之以法极为不满。[①]为改变政府此后在政治案件审理中的被动局面，沙皇政府于 1872 年 6 月 7 日颁布法令，将政治案件的审判转移至特别法庭进行审理。[②] 这类法庭隶属于参政院，由政府特别任命的参政员和等级代表组成。其审判是秘密进行的，虽然被告也有辩护权，也有权向参政院提出上诉，但从中可以看出，行政机构对司法机构的影响力进一步扩大。

1878 年 3 月 31 日，圣彼得堡区法院审理的薇拉·查苏利奇案又一次激怒了沙皇政府内部的保守派。政府根本无法理解法院到底是怎么运转的。按照 1864 年司法改革法令，政治案件由有等级代表参加的省法院审理。1872 年法令又创立了审理政治案件的特别法庭。但在薇拉·查苏利奇案中，司法部大臣帕伦想给那些激进的革命者一个教训，所以决定由有陪审团参加的区法院审理这一案件。司法部大臣认为案件的结果肯定是有罪判决，所以帕伦和检察官都没有为起诉做精心准备，审判结果令俄国的自由派极为高兴，薇拉·查苏利奇被宣判无罪。但审判结果令以帕伦为代表的保守派官员极为失望，虽然参政院刑事撤诉法院撤销了陪审团审判的裁决，但薇拉·查苏利奇已逃往国外。

为进一步削弱新法院的权力，1878 年 5 月 9 日，沙皇政府颁布法令改变陪审团的审判范围。[③] 下列案件不属于陪审团审判范围：针对各级政府机构的暴力犯罪；破坏通信设备的犯罪；针对银行、信贷机构官员的犯罪；违反一夫一妻制的犯罪；未经正式授权而储备爆炸性物资及设备的犯罪。三个月后，即 1878 年 8 月 9 日，沙皇政府颁布的法令将 5 月 9 日法令提及的犯罪交由军事法庭审理。[④] 军事法庭是按照军事法来审

---

① M. Prawdin, *The Unmentionable Nechaev: A Key to Bolshevism*, pp. 59 – 75.

② ПСЗ, Собрание 2, Том. 47, Отделение 1, Но. 50956, Санкт-Петербург, 1875, с. 808.

③ ПСЗ, Собрание 2, Том 53, Отделение 1, Но. 58488, Санкт-Петербург, 1880, с. 335.

④ ПСЗ, Собрание 2, Том 53, Отделение 2, Но. 58778, Санкт-Петербург, 1880, с. 89.

判的，其惩罚比普通法院要严厉得多，因而死刑的应用范围要宽泛得多。1879 年 4 月 5 日法令允许省长有权在自己认为必要的时候将政治案件交由军事法庭审理。① 实际上，这一法令使省长可以以抓捕政治犯为名将自己认为有嫌疑的人逮捕，省长从此之后可以堂而皇之地干预司法。1882 年 5 月 11 日法令将这些案件的审理权又重新交由有等级代表参加的省法院审理。同时，1878 年 5 月 9 日法令中提到的某些案件重新由区法院来审理。② 只是涉及反政府、攻击政府官员或警察的案件由有等级代表参加的省法院审理。1889 年 7 月 7 日法令在提高陪审员财产资格的同时，又将 1878 年 5 月法令中提到的大多数案件重新交由有等级代表参加的省法院来审理。③ 这些法令大大改变了区法院的审理范围，虽然陪审团的审判继续存在，但其审理权限同 1866 年相比大大缩小。

经过 19 世纪七八十年代的一系列立法活动，改革后新法院，尤其是陪审团的审判范围进一步缩小，新司法机构的权力也被大大削弱。

二　1881 年法令与俄国司法制度的变革

如前所述，1874 年沙皇政府颁布法令暂停批准设立律师协会，并创建私人律师制度来制衡宣誓律师的权力，这可以说是政府因不满律师的自由权力而向律师制度发起的进攻，俄国律师制度由此在困境中艰难生存。俄国法院，尤其是陪审团审判范围的变迁可以看作沙皇政府削弱陪审制的重要手段。同时，19 世纪七八十年代沙皇政府颁布的限制犹太人参加陪审团的法令，以及提高陪审员财产资格的法令对近代俄国陪审制的发展产生了不利影响。但这些措施并没有改变改革后新法院的实质，陪审团的审理范围虽有所改变，但陪审团审判的形式继续存在。

1881 年 3 月 13 日，亚历山大二世遇刺身亡大大改变了俄国的政治生态，继任的亚历山大三世立即采取措施恢复国内的政治秩序。1881 年 8 月 14 日，新任内务部大臣 Н. П. 伊格纳切夫拟定的《维护政治秩序和

① ПСЗ，Собрание 2，Том 54，Отделение 1，Но. 59476，Санкт-Петербург，1881，с. 476.
② ПСЗ，Собрание 3，Том 2，Но. 862，Санкт-Петербург，1886，с. 199.
③ ПСЗ，Собрание 3，Том 9，Но. 6162，Санкт-Петербург，1891，с. 386.

公共安全条例》正式公布。这一法令成了亚历山大三世司法反改革的核心，对改革后的司法制度产生了极其不利的影响。法令的颁布当时只是作为应对因亚历山大二世遇刺而导致的政治混乱所采取的一项临时措施，但这一法令直到 1917 年仍在发挥作用。

法令规定，政府在认为公共秩序受到威胁的情况下可以宣布某个地区进入紧急状态，具体分为紧急状态和特别紧急状态两种。① 内务部大臣或经内务部大臣同意，省长都可以宣布某个地区进入紧急状态。内务部大臣、司法部大臣及大臣委员会会同商议，报请沙皇批准后，沙皇政府可以宣布某个地区进入特别紧急状态。无论是哪一种情况，政府的行政权力大于一切。

在紧急状态下，总督、省长或市长为了维护稳定的社会秩序，有权颁布强制性的行政命令。在这种情况下，省长有权发布命令，将可疑人员关押三个月或处以 500 卢布的罚款；有权禁止该地区举办任何类型的公共或私人聚会；可以将商贸市场或工厂关闭；可以将任何一名地方自治局人员、市政官员或司法人员停职或免职。② 省长还可以通过行政机构将所谓的"叛乱分子"治罪。

内务部大臣或省长在紧急状态下还可以将任何类型的刑事案件交由军事法庭来审判。③ 军事法庭的审判不受参政院关于逮捕、搜查和拘捕规定的约束。审判都是秘密进行的。同样，在紧急状态下，地方警察和宪兵可以对有嫌疑的任何人或与政治犯罪有关联的任何人，以及怀疑加入某一非法组织的成员关押两周。省长或市长可以将关押时限延长到 1 个月。此外，警察可以随时搜查任何机构，可以扣押可能作为犯罪证据或与犯罪有关的任何财产。④

政府机构可以不经判决将犯罪嫌疑人流放到俄国的任何一个地方，流放时间最长可达 5 年。⑤ 警察在这个过程中起着至关重要的作用。他

---

① ПСЗ，Собрание 3，Том 1，Но. 350，Санкт-Петербург，1885，с. 261.
② ПСЗ，Собрание 3，Том 1，Но. 350，Санкт-Петербург，1885，с. 261 – 263.
③ ПСЗ，Собрание 3，Том 1，Но. 350，Санкт-Петербург，1885，с. 263 – 265.
④ ПСЗ，Собрание 3，Том 1，Но. 350，Санкт-Петербург，1885，с. 263 – 265.
⑤ ПСЗ，Собрание 3，Том 1，Но. 350，Санкт-Петербург，1885，с. 263 – 265.

们可以没收犯罪嫌疑人所有的私人文件，包括护照，犯罪嫌疑人的旅行、居住以及求职因此都将大受影响。被监管的犯罪嫌疑人必须持警察颁发的居住证在指定地点居住。处于监管之下的犯罪嫌疑人要离开该地区时，必须持有省长和警察颁发的证书。然后犯罪嫌疑人提供具体的旅行计划之后才能出门。犯罪嫌疑人在未达目的地之前中途不能停留，除非遇到紧急情况或生病。犯罪嫌疑人回来之后，必须向警察报告旅行的详细情况。犯罪嫌疑人变更居住地址都要将变更后的地址向警察报告。犯罪嫌疑人的书信往来也要接受警察的监督。如有不从，警察随时可以将其逮捕。① 如果地方当局认为某人对公共秩序有威胁的话，省长可以将该人置于警察的监管之下。这为随意搜查、逮捕及侵犯人民基本权利打开了方便之门。② 简言之，处于监督之下的人几乎没有什么权利，不管他是谁，此时的他只是"有嫌疑"，并没有确凿的证据证明他有罪。

在特别紧急状态下，地方当局的权力要更大一些。在这种情况下，沙皇将向该地区派出一名钦差，全盘负责该地区的事务。钦差除了拥有紧急状态下省长的所有权力外，还有权将那些选举出来的地方自治机构成员开除，或者关闭地方自治机构，也可以将三等以下的官员免职。在特别紧急状态下，钦差可以封闭出版物，也可以将大学关闭。钦差还可以将犯罪嫌疑人监禁三个月，并处以 3000 卢布以下的罚款。在特别紧急状态下，宪兵的权力也大大增加。③

起初 1881 年法令的有效期为三年，但期满之后经过修改又重新颁布，直到 1917 年这一法令仍在发挥作用。1381 年法令在 1905～1907 年革命期间发挥了真正的作用，这一时期沙皇政府通过宣布整个国家进入紧急状态来对抗暴力，恢复社会秩序。1906 年到 1907 年初，斯托雷平利用 1881 年法令将 1000 多名政治犯交由军事法庭审判，并判

---

① M. Szeftel，"Personal Inviolability in the Legislation of the Russian Absolute Monarchy，" *American Slavic and East European Review*，Vol. 17，No. 1，（January 1958），pp. 20 - 21.

② M. Szeftel，"Personal Inviolability in the Legislation of the Russian Absolute Monarchy，" p. 22.

③ ПСЗ，Собрание 3，Том 1，Но. 350，Санкт-Петербург，1885，c. 263 - 265.

处死刑。① 正如美国学者 R. 派普斯指出的，这一法令成了帝俄晚期真正的宪法。② 专断的行政权力对俄国司法的影响进一步扩大，通过行政机构来审理政治案件成为一种普遍的实践。1881～1906 年，普通法院再也没有审理过重大的政治案件。无论从哪个方面来看，这一法律类似于俾斯麦 1878 年颁布的反社会主义法令，该法令不承认那些被怀疑为社会主义者的犯罪嫌疑人有辩护权。③ 警察的权力得以进一步扩大，普通民众开办星期日学校、创办报纸或举办音乐会都要得到警察的批准。

当然，在其他国家也有实施紧急法令的例子。但问题在于，近代俄国并未颁布保护人民基本权利的法律。紧急状态下，由行政机构而不是司法机构负责审理与政治犯罪有关的案件，被告即使不服判决也不能提出上诉。但如果案件在普通法院进行审理的话，被告可以提出上诉，也可以向参政院提出撤诉上诉。因此在紧急状态下，如果官员有不当行为或越权，被告也无法提出上诉，即使要提出诉讼，被告也必须征得当事人上司的同意。如果当事人的上司不同意处罚他的下属，被告对官员的侵权行为没有任何办法。不仅俄国如此，当时欧洲的许多国家都盛行这种体制。正如有学者指出的，19 世纪的欧洲和俄国，一个因越权或失职而对公民造成伤害的官员如果没有其上司的同意，法院是不能对其提出诉讼的。拿破仑将这一规定引入法国。在奥地利，这一法律规定直到 20 世纪的宪政时期才被取消。整个 19 世纪，普鲁士都在应用这一法律。④

在俄国，政府官员会受到上司的保护，但人民却缺乏基本的保护。1864 年司法改革之后，人民的基本权利只有在司法体系中才能得到体现。一般来说，当政府官员或政府机构与人民发生利益纠纷时（比如政府机构与普通民众或者企业签订契约），案件应该由普通法院来审理。但在俄国法律中，关于这类案件的审理没有明确的法律规定，即使有这

① *The Cambridge History of Russia*, *Volume II*, *Imperial Russia*, *1689－1917*, p. 366.

② R. Pipes, *Russia under the Old Regime*, Scribner, 1974, p. 306.

③ G. A. Craig, *Europe*, *1815－1914*, Holt, Rinehart, and Winston, 1966, p. 386.

④ E. N. Anderson, P. R. Anderson, *Political Institutions and Social Change in Continental Europe in the Nineteenth Century*, pp. 221－222.

样的法律，在官僚机构的保护体制下也很难付诸实施。因此，1881 年法令对改革后的俄国司法制度产生了破坏性的影响。在紧急状态之下，司法体制处于瘫痪状态，行政机构对整个社会具有决定性的影响，上诉体制、司法独立等在紧急状态之下几乎被破坏殆尽。

第三节　地区长官制度的创立与俄国治安法院的命运

1866 年后，沙皇政府所采取的直接和间接的反改革措施部分地破坏了司法改革的基本原则，改革后的司法体制已因此受到较大的冲击。但这些措施未对改革后俄国的基层法院产生直接的影响。随着亚历山大三世政府反改革政策的全面展开，相对独立的基层法院——治安法院也成为沙皇政府反改革的针对目标。实际上，司法改革实施之后，地方行政机构与基层法院的关系一直比较紧张。大多数地方官员对不能完全控制治安法官的任命极为不满，治安法院逐渐被看作危险的革命因素，尤其是警察的权力还会受到治安法官的制约。这令政府中的保守派极为不满，他们将治安法院看作俄国的一个怪胎。① 随着俄国各地司法改革的引入，地方政府官员与司法机构的矛盾不断加剧。

1881 年后，俄国政治环境的极化使沙皇政府开始考虑如何更有效地控制基层法院。1885 年，负责起草地方管理制度改革方案的哈尔科夫委员会提出，为加强政府对俄国各地的管理，在俄国各地设立地区长官（Земский Начaлник）② 一职。这一委员会还提出要削弱地方自治机构

① D. M. Wallace, *Russia: On the Eve of War and Revolution*, pp. 79 - 83.
② 关于"Земский Начaлник"一词，国内学术界有几和不同的翻译。《俄国通史简编》的作者将其翻译为地方自治局长官。参见孙成木等主编《俄国通史简编》下册，人民出版社，1986 年，第 181 页。刘祖熙先生在《改革和革命——俄国现代化研究（1861—1917）》一书中将其译为警察区长官。参见刘祖熙《改革和革命——俄国现代化研究（1861—1917）》，第 198 页。杨烨等在《俄罗斯史》一书中将其翻译为地方自治局局长，也称地方长官。但其实，这一职务与地方自治毫无关系。参见〔美〕尼古拉·梁赞诺夫斯基、马克·斯坦伯格《俄罗斯史》，第 362 页。因此，笔者认为翻译为"地区长官"更为妥当一些。

及城市杜马的权力。① 该委员会的建议在亚历山大三世政府反改革的决策中发挥了重要作用。

1889 年 7 月 12 日，沙皇政府颁布法令正式创建了地区长官制度。按照这一法令的规定，废除治安法院，在全国建立地区长官制度，每个地区一般有好几位地区长官，每个地区长官下辖几个小行政区，即乡镇或村。地区长官由内务部根据省长、省首席贵族和县首席贵族的推荐任命。贵族、土地所有者、有较高教育水平者或在管理农民事务上有经验者都会被推荐。地区长官是内务部的官员，内务部大臣随时可以将他们免职。②

地区长官拥有监督、侦查和逮捕等权力，集司法与行政权于一身。地区长官可以监督农村公社，有权否定村社和乡会的各项决议，并强迫村社服从自己发布的命令。如果村社违反了法律或违背了地区长官的命令，地区长官有权在不经过正式审判的前提下将犯罪嫌疑人处以 72 小时以内的拘留或处以 6 卢布以下的罚款。地区长官还有权监督县和乡的官吏。如果某位官员违反了法律或不服从命令，地区长官可以处以警告、训斥、5 卢布以下的罚款或 7 天以内的拘留。对于那些严重违反纪律的官员，地区长官还可以暂时将其停职。③ 这样，一种新的、由地区长官组成的基层管理网络正式建立。实际上，地区长官制度是沙皇亚历山大三世为进一步加强对农民的控制、强化地方管理而采取的一项反改革措施。

从法律规定上来看，地区长官既负责地方行政事务，也负责司法事务。我们这里重点关注的是地区长官如何履行司法职能，以及地区长官的司法权如何影响了地方的司法管理。

1889 年法令废除了在俄国广受欢迎的治安法院，大大改变了地方司法管理体制。如前所述，1889 年以前，俄国乡村司法由乡法院和治安法

---

① *П. А. Зайончковский*, Российское Самодержавие в Конце Девятнадцатого Столетия: политическая реакция 80-х—начала 90-х годов, Москва: Изд-во Мысль, 1970, с. 217 – 233.

② ПСЗ, Собрание 3, Том 9, Но. 6196, Санкт-Петербург, 1891, с. 508.

③ ПСЗ, Собрание 3, Том 9, Но. 6196, Санкт-Петербург, 1891, с. 509 – 511.

院共同负责管理。但 1889 年法令改变了这种体制，改革不仅废除了治安法院，还在地方司法管理中废除了 1864 年司法改革所确立的司法与行政相分离的原则。

在地区长官制度之下，乡法院的审理范围进一步扩大。1889 年改革之后，乡法院的法官不再由直接选举产生，乡群众大会选出的候选人必须经过地区长官的批准才能正式上任，任期三年。乡法院不仅可以审理自己管辖范围内与农民有关的案件，还负责审理与非农民阶层有关的案件。乡法院所审理的案件从案值不超过 100 卢布提高到 300 卢布。过去，乡法院只审理与份地有关的案件，但改革后，乡法院审理的民事案件类型不受任何限制。关于刑事案件，乡法院审理的范围是那些罚款不超过 30 卢布（以前为 3 卢布）或拘禁不超过 30 天（此前是 7 天）的案件。[1]审理范围的扩大，尤其是乡法院有权处理非农民阶层的案件大大改变了作为等级法院的乡法院的本质。1889 年以前，乡法院是严格意义上的农民机构。1889 年后，乡法院仍然是等级机构，但应用到这些机构中的等级概念发生了变化，过去是农民等级，现在是所有的下层等级都属于乡法院的管辖范围。

按照 1889 年法令的规定，地区长官是乡法院的顶头上司。同时，该法令还创建了针对乡法院的一种新的上诉机构。上诉机构包括县地区长官会议和省司法事务法庭，省司法事务法庭其实是针对县地区长官会议裁定的撤诉上诉机构。县地区长官会议由县首席贵族、区法院驻县代表、地区长官及县里的城市法官组成。省司法事务法庭由副省长、两名正式任职的法官和区法院的检察官组成。省法院还可以邀请一名区法院的法官参与裁决。[2]从法院的组成来看，每个法院都是混合编制的，法院既有司法人员，也有行政人员，实际上都是那些不熟悉农民习惯法的人。地区长官和副省长在上诉案件的裁决中有决定性的影响。结果，乡法院按照习惯法审理案件，可二审法院遵循的是成文法，这导致案件很难做出公正的判决。上诉法院很难赢得农民的尊重，对于农民法律意识

---

① ПС3，Собрание 3，Том 9，Но. 6196，Санкт-Петербург，1891，с. 509 – 511.

② ПС3，Собрание 3，Том 9，Но. 6196，Санкт-Петербург，1891，с. 509 – 511.

的成长产生了消极影响。

地区长官还负责乡法院的纪律监督，每半年对乡法院考察一次，对不称职的法官可以免职，也可以对不听话的法官处以肉体惩罚。①

过去我们经常说地区长官取代了治安法官，这种说法并没有错，但有误导倾向。② 比如治安法官只负责司法事务，无权处理行政事务，因此从行政管理的角度看，两者根本无法进行比较。从司法事务上来看，认为地区长官代替了治安法官也不确切。根据 1889 年法令，以前治安法官的司法权分属于三类不同人员：地区长官、城市法官及区法院驻县代表。③ 从司法职能来看，地区长官只享有原来治安法官的部分权力。

地区长官是内务部正式批准任命的。按照法律的相关规定，地区长官应当是当地受过高等教育的贵族，或者曾担任过荣誉治安法官、治安法官或农民事务委员会的委员。如果在当地找不到合适的人选，那就降低任职资格，比如只受过高中教育的贵族，以及在政府机构或军队任职过的人都可以担任这一职务。有时候内务部大臣在任命地区长官时只考虑政治上的可靠性，而不论任职资格。④ 据苏联历史学家 A. A. 利伯尔曼的研究，1903 年，有 99.3% 的地区长官满足法律规定的任职标准，他们都是受过良好教育的贵族，都拥有财产。作者认为应该将俄国的省份分成中央及黑土地带和其他省份。在中央及黑土地带，满足地区长官任职条件的人较多，比如，圣彼得堡、库尔斯克和赫尔松省的地区长官绝大多数都是贵族。而非黑土地带的地区长官满足任职条件的较少，比如阿斯特拉罕、彼尔姆和维亚特卡等省。问题的关键是，在这些地区长官中，只有 38.5% 的人以前有过司法工作或农民事务工作的经历。1903 年供职的警察局长中，有 40% 的人从 1889 年以来就在这一职位上任职。⑤

按照 1889 年法令的规定，地区长官审理案值不超过 500 卢布的民事

---

① ПСЗ，Собрание 3，Том 9，Но. 6196，Санкт-Петербург，1891，с. 509 – 511.

② 孙成木等主编《俄国通史简编》（下册），第 181 页。

③ ПСЗ，Собрание 3，Том 9，Но. 6196，Санкт-Петербург，1891，с. 509 – 511.

④ Н. В. Давыдов，Н. Н. Полянский，Судебная Реформа，Том. II，с. 115.

⑤ А. А. Либерман，"Состав института земских начальниках," Вопоосы Истории，1976，No. 8，с. 201 – 204.

案件，以及关于租种可耕地、雇佣农业生产帮手、毁坏农地的案件及其他不低于 300 卢布的民事案件。下列案件不属于地区长官的管辖范围：那些需要材料证明与财产有关的案件；那些与政府财政利益相关的案件；那些隶属于乡法院审理的案件。① 地区长官审理的刑事案件包括《治安法官适用刑罚条例》中提到的案件，但下列案件除外：非法入室盗窃；放高利贷；违反国内消费税等。同样，处以 300 卢布以上罚款的刑事犯罪也不属于地区长官的管理范围。②

1889 年法令并未详细规定地区长官审理案件的诉讼程序。从理论上讲，他们审理案件也要遵循治安法院审理案件的程序。然而，地区长官多数是缺乏法学知识或司法实践的人，特别是那些以前的军官很难理解司法程序的复杂性，因此，地区长官通过行政手段来解决司法问题的现象并不少见。③ 从这个角度来讲，地区长官制度背离了司法改革所确立的司法与行政相分离的原则。

与地区长官不同的是，城市法官和区法院驻县代表在人事关系上隶属于司法部。以前担任过治安法官的人被任命为城市法官，区法院的助理检察官通常担任区法院驻县代表。

城市法官管辖的范围是县城或城镇各区，其审理范围主要是城市中发生的案值较低的民事案件。他们基本上按照治安法院的原则来审理案件。④

区法院驻县代表是 1889 年新创立的职位，他们有权审理下列案件：在县城发生的过去属于治安法院审理，但超出地区长官和城市法官审理范围的所有民事和刑事案件；所有与信托和财产继承有关的民事案件。那些授予头衔或不动产转让的案件不属于这些代表的审理范围。区法院负责监管区法院驻县代表。区法院也是受理区法院驻县代表所做裁定的上诉法院，参政院仍是受理针对这类代表所做裁定的最高撤诉法院。

---

① ПСЗ，Собрание 3，Том 9，Но. 6196，Санкт-Петербург，1891，с. 509 – 511.
② ПСЗ，Собрание 3，Том 9，Но. 6196，Санкт-Петербург，1891，с. 509 – 511.
③ Н. В. Давыдов，Н. Н. Полянский，Судебная Реформа，Том. II，с. 121 – 122.
④ Н. В. Давыдов，Н. Н. Полянский，Судебная Реформа，Том. II，с. 115，124.

司法部大臣可以将省司法事务法庭的裁定上诉到 1889 年后在参政院创建的第一和民事撤诉联合法院或第一和刑事撤诉联合法院。[①] 因此，由地区长官和城市法官审理的案件最终能不能向参政院提出撤诉上诉取决于司法部大臣本人。有趣的是，1889～1912 年，司法部大臣向参政院联合法庭提出撤诉上诉的案件数量稳步增加，这说明参政院对这些新创立的司法机构的监督日渐增强。实质上，城市法官、区法院驻县代表及省司法事务法庭的检察官都在抵制行政权力对司法事务的干预，内务部大臣将这些人污称为"司法部的间谍"[②]。

从地区长官的裁定可以提出上诉这一点上来看，地区长官制度的建立并不意味着乡村的司法管理完全脱离了 1864 年创建的司法体制。区法院驻县代表的裁定可以走正常的上诉和撤诉程序，地区长官和城市法官的裁定虽然不能走 1864 年创建的上诉程序，但司法部大臣有权向参政院联合法庭对这些裁定提出撤诉上诉。研究表明司法部大臣确实这样做了，这充分说明地区长官制度的创建并未彻底改变 1864 年后俄国的地方司法管理体制。区法院也没有完全变成市民和贵族的特权法院。

如前所述，地区长官集行政、司法权于一身，但从司法层面上来看，地区长官的权力与以前的治安法官相比大大减小了，他们的权力也比不上城市法官，因为城市法官没有类似于乡法院的基层机构。区法院驻县代表的审判范围要远大于地区长官。因此，地区长官在司法方面的重要性没有我们想象的那么大。参政院虽然不再直接监督基层法院的司法，但通过间接监督，参政院仍然对俄国基层的司法有影响。[③] 1912年，地区长官的司法权力被取消，治安法院在俄国各地重新得以建立。

1889 年法令的颁布可以看作帝俄晚期最后一次重要的司法反改革措施，尽管沙皇政府后来修订了与《民法》和《刑法》有关的内容，但这些改革多与法律的具体条款有关，并没有对 1864 年司法改革后的司法

---

① ПСЗ，Собрание 3，Том 9，Но. 6501，Санкт-Петербург，1891，с. 434.

② Н. В. Давыдов，Н. Н. Полянский，Судебная Реформа，Том. II，с. 122.

③ G. L. Yaney，*The Systematization of Russian Government：Social Evolution in the Domestic Administration of Imperial Russia*，Urbana：University of Illinois Press，1973，p. 390.

制度产生大的影响。随着 1905 年俄国新《刑法》的颁布，司法改革后创建的新司法制度再度开始发挥作用。在一些重大的案件中，陪审团的作用再次得以体现，比如 1913 年审判的 M. 贝里斯案件①，陪审团最后宣布 M. 贝里斯无罪释放。这一无罪宣判并未导致沙皇政府反改革的出现，检察官也没有像过去那样向参政院撤诉法院提出撤诉抗诉，这表明沙皇政府已经认可了 1864 年创建的新司法体制，1864 年司法改革经历了重大的反复之后在 20 世纪初得以继续发展。

小 结

关于司法领域的反改革，历来引起历史学家的关注，尽管学者就反改革到底在多大程度上影响了俄国司法的发展争论不已，但反改革的存在是不争的事实。

沙皇政府为什么要采取反改革的措施呢？多数历史学家认为，1866年针对亚历山大二世的谋杀是导致沙皇政府政策发生转变的原因。② 但这一点很难解释 1864 年之后司法反改革的全部原因。其实，司法反改革的主要原因与沙皇政府对司法新体制的认识密切相关。沙皇政府的高层官吏逐渐认识到，1864 年司法改革所创建的陪审团审判、司法独立和法官不能随意被免职等原则与专制制度的基本理念是不相容的。独立的司法对俄国政治文化中长期存在的专断权力是一种威胁，保守的政府官员开始想方设法变革新的司法制度。但改革并不是完全废除新的司法制度，而是通过直接和间接措施，沙皇政府大大加强了对司法机构的控制，最大化地利用了司法改革的成果。

司法反改革涉及 1864 年司法改革的方方面面，但总体上来说，反改

---

① 犹太人 M. 贝里斯 1913 年被控杀害了一位 13 岁名叫 A. 尤辛斯基的男孩。司法部大臣 И. Г. 谢格洛维托夫运用自己手中掌控的权力向法院施加压力，目的是判处 M. 贝里斯死刑。但持续 30 天的审判结果是，陪审团的 12 名成员——其中的七人是普通的农民——裁定 M. 贝里斯无罪。参见 S. Kucherov, *Courts, Lawyers and Trials under the Last Three Tsars*, pp. 243 – 268。

② B. Pares, *A History of Russia*, New York：Knopf, 1953, pp. 378 – 380。

革并不完全是沙皇政府有预谋的结果，而是在特殊情况下所采取的应急措施，因此反改革缺乏系统性、连贯性，有些政策来回反复。沙皇政府的目标是力图消除司法改革对专制权力的不利影响。毫无疑问，反改革的实施对改革后新的司法制度产生了极为不利的影响。在司法管理中，行政机构的权力也在扩大，改革者的目标未能完全实现，但反改革并未触及司法改革的核心——上诉体制，司法的专业化仍在发展。1881 年后，大多数政治案件转由有等级代表参加的省法院审理，但这些案件中涉及的被告都可以向参政院撤诉法院提出撤诉上诉。沙皇政府所采取的直接和间接的司法反改革措施，以及地区长官制度的建立都没能彻底废除新司法体制，参政院撤诉法院作为俄国最高法院的地位没有发生根本性的变化。即使在那些有非司法人员参与的法庭中，非司法人员在审理案件时也会求助于专业法官，专业法官主导司法的基本格局未发生动摇。①

还有一点需要强调的是，司法反改革主要针对的是刑事诉讼，民事诉讼未受到司法反改革的影响，仍在继续发展。因此，司法反改革并未摧垮 1864 年司法改革的根基，也未对司法改革产生根本性的影响。1905 年后，沙皇政府重新肯定了司法与行政相对分离的原则，也确认了法官相对独立和律师自治的原则，陪审团的权力部分地得以恢复。1864 年司法改革犹如希腊神庙，尽管后来有建筑师不断改建，但整体结构还在，司法改革的基本原则直到 1917 年革命时仍在广泛应用。

---

① S. Kucherov, *Courts, Lawyers and Trials under the Last Three Tsars*, pp. 86 – 87.

第七章

1864 年司法改革的影响

1864 年司法改革是在沙皇支持下由开明官僚推动的结果，改革为俄国创建了一套相对独立的法院体系，建立了自治的律师组织，用对抗式诉讼、陪审团审判取代了改革前的纠问式诉讼，审判公开成为法院审判的突出特点。可以说，1864 年司法改革在借鉴欧洲司法模式的基础上，结合俄国的历史文化传统创建了一种全新的司法制度。1866 年后，随着俄国政治环境的变化，司法制度成为保守派攻击的对象，从 19 世纪 60年代后期一直到 19 世纪末，沙皇政府通过各种反改革措施压缩了改革后俄国司法的发展空间，但直到 1917 年，司法改革的基本结构未发生根本性的改变。

关于 1864 年司法改革的影响，学术界评价不一。早在 1862 年沙皇亚历山大二世颁布司法改革基本原则时，人们就开始讨论司法改革可能带来的影响。1862 年，奥加辽夫在赫尔岑主编的《钟声》杂志上撰文指出，司法改革是对法国及英国模式的拙劣模仿，与俄罗斯精神格格不入。① 莫斯科大学舍维廖夫教授认为，司法改革在俄国根本无法贯彻。俄国人在大众场合会对自己的辩护律师说："你一直在撒谎，事实上我就是杀人犯！"②

虽然在司法改革实施之前，有人对司法改革能在俄国开花结果表示

---

① S. Kucherov, *Courts，Lawyers and Trials under the Last Three Tsars*, p. 97.

② *Николай Платонович Барсуков*, Жизнь и труды М. П. Погодина, Книга. 19, Тип. М. М. Стасюлевича, 1905. c. 475.

怀疑，但在司法改革实施过程中，改革还是赢得了人们的认可。M. H. 卡特科夫曾撰文指出："令人难以置信的是，在如此短的时间内，俄国竟发生了如此神奇的事情，无论是其基本思想还是具体细节，都与其历史上的制度完全不同，几年前这些制度还只是人们的梦想，现在不仅变成了现实，而且运转良好。"① 著名斯拉夫派作家 И. 阿克萨科夫于 1884 年在一家报纸上撰文阐述了司法改革的重要意义。他指出："当代的法官不受贿，人们不用送礼就能找法官办事，在法律面前，贫穷不再是罪恶，穷人、被压迫的人、富人、贵族等都是平等的，俄国人都熟悉这种情况，甚至最边远地区的农民也了解这些。俄国的年轻人在这种精神环境中成长。我们都在为这种制度，为这种把我们带出火坑的制度而欢呼雀跃。……仅仅二十年时间，新法庭已经成功地将我们对旧法庭不美好的记忆推到历史的故纸堆里去了。"② 1914 年，尼古拉二世时期的司法部大臣 И. Г. 谢格洛维托夫写道："对于我们国家的发展以及社会公共生活来说，1864 年司法改革的重要性不可低估，它是俄国历史上最伟大的立法之一，是我们时代的代表。"③ 受俄国新法院影响的大多数人都高度赞扬司法改革的重要意义，认为司法改革标志着俄国司法制度的全新开始，改革对俄国社会及经济生活都产生了重大影响。

苏联历史学家对司法改革的评价较为谨慎。苏联著名历史学家 M. H. 波克罗夫斯基认为，司法改革是 19 世纪 60 年代各种改革中最成功的一项，特别是改革还废除了法庭的惩罚。但改革所保护的只是资产阶级的利益，而且改革并不彻底，后来还遭到了阉割。④ 在苏联历史学家和法学家看来，改革的重要性并不如十月革命前的历史学家所评价的那么伟大，改革主要是为了维护资产阶级的利益。苏联解体之后，俄国历史学家又肯定了 1864 年司法改革的价值。

西方学者高度评价 1864 年司法改革的影响。法国学者勒鲁瓦－博

---

① S. Kucherov, *Courts, Lawyers and Trials under the Last Three Tsars*, p. 98.

② S. Kucherov, *Courts, Lawyers and Trials under the Last Three Tsars*, p. 99.

③ S. Kucherov, *Courts, Lawyers and Trials under the Last Three Tsars*, p. 100.

④ 〔苏〕米·尼·波克罗夫斯基：《俄国历史概要》（上册），贝璋衡等译，商务印书馆，1994，第 143～144 页。

留认为，亚历山大二世所有的改革中，司法改革是最重要的。改革对俄国的社会观念及普通人的生活都产生了重大影响，依照法治原则建立起来的法庭取代了专制与腐败的法院。① 美国历史学家尼古拉·梁赞诺夫斯基认为，司法改革是亚历山大二世改革中最成功的改革之一。改革几乎在一夜之间将世界上最差的司法制度变成了文明世界里最好的一种司法制度。② 理查德·S. 沃特曼认为，司法改革为俄国法治社会的建立创造了必要的先决条件。③ 但也有学者认为司法改革的影响有限，美国学者哈罗德·J·伯尔曼认为，直到 20 世纪初，沙皇不受节制的权力未发生大的变革，法律也没有明确界定臣民的权利和义务关系，行政权力仍然干预司法事务。④ 其实，哈罗德·J·伯尔曼更多关注的是司法反改革的影响，未能全面综合分析司法改革的实际影响。

总之，多数学者认为，司法改革为帝俄晚期社会的变革奠定了坚实的基础，虽然改革之后有反改革，但改革所释放出的能量无法阻止，司法改革的意义不可低估。

那么，1864 年司法改革给帝俄晚期社会带来了什么样的变革呢？

第一节 司法改革与帝俄晚期法制现代化的发展

1864 年司法改革之前，俄国奉行的是"法律至上"原则，法律被认为是完善的，因此，法官只是机械地应用法律，不能质疑法律，更不能解释法律。沙皇拥有颁布和解释法律的最高权力。受这种思想的影响，改革前法官在审理案件时，如果法律规定有遗漏或有解释不清楚的地方，案件的审理将暂时搁置，法官将这个问题最终提交国务会议讨论，然后法官根据国务会议讨论的结果，对案件做出裁决。这种解决司法问题的方式成为改革前俄国司法效率低下的一个重要原因，有些案件

---

① A. Leroy-Beaulieu, *The Empire of the Tsars and the Russians V2: The Institutions*, pp. 277 – 278.

② 〔美〕尼古拉·梁赞诺夫斯基、马克·斯坦伯格：《俄罗斯史》，第 347 页。

③ Richard S. Wortman, *The Development of a Russian Legal Consciousness*, p. 130.

④ H. J. Berman, *Justice in Russia: An Interpretation of Soviet Law*, pp. 150 – 152.

因为要等待国务会议的最终裁定而久拖不决。

但立法者制定的每一部法律不可能尽善尽美，法律都有缺陷，19 世纪中后期欧洲出现的利益法学派和社会法学派认为，法律一经颁布，就有了自己的生命力，因此，法官在司法实践中应该扮演积极的角色。①按照 19 世纪中期以来欧洲法学家的思想，法官有权解释法律，这种解释不是发现法律，而是进一步完善法律的应用。法国法学家 F. 惹尼认为，法律都有漏洞，法官通过解释法律来填补法律的漏洞。因此，法官可以按照一般的法律精神解释法律，也可以求助习惯法，还可以运用类比的方法完善法律的应用。②

欧洲法学家的思想影响了 1864 年司法改革。1864 年司法改革法令中，《民事诉讼法》第 9 条、第 10 条，《刑事诉讼法》第 12 条、第 13条都规定，法院对受理的每一份案件必须做出裁决。即使在法律不完备、模糊不清或有遗漏时，法官也要依据一般的法律精神做出裁决。

《民事诉讼法》第 9 条：司法机构有义务按照法律的确切含义对案件做出判决。但如果法律有不完整、模糊不清、遗漏或法律规定有矛盾之处，法官要根据一般的法律精神裁决案件。

《民事诉讼法》第 10 条：禁止以法律不完整、模糊不清、遗漏或有矛盾为由拒绝审理案件。违反这一规则就是不承认合理的审判。

《刑事诉讼法》第 12 条：所有的司法机构都有义务按照法律的准确含义裁定案件。但如果法律有不完整、模糊不清或有矛盾，法官必须根据法律的一般精神裁决案件。

《刑事诉讼法》第 13 条：禁止以法律不完整、模糊不清或有矛盾为由拒绝审理案件。违反这一规则就是不承认合理的审判。③

---

① 〔美〕E. 博登海默：《法理学——法哲学及其方法》，邓正来等译，华夏出版社，1987，第 137 页。

② J. Mayda, *François Gény and Modern Jurisprudence*, Baton Rouge：Louisiana State University Press，1978，pp. 39 - 41.

③ Устав гражданского судопроизводства，Но. 9，10，Устав уголовнаго судопроизводства，Но. 12，13，http：//civil. consultant. ru/reprint/books/115/70. html，http：//civil. consultant. ru/reprint/books/118/17. html，最后访问时间：2021 年 3 月 16 日。

这一法律规定与 1864 年之前俄国的司法实践形成了鲜明对比，1864 年之前，法官不能解释法律。而在新司法体制下，法官必须想方设法审理案件，法官有权解释法律。如果法官不审理案件，法官就是失职，要受到处罚。这样看来，过去被看作越权的行为，现在成了法官的权利和义务，过去看作合理的，现在却成了违规行为。这种在欧美法系普遍采用的司法解释成了 1864 年司法改革之后俄国普遍的司法实践。

1864 年司法改革开始实施之后，为了理解立法法规的正确含义，法官要采用俄国法学家 E. B. 瓦西科夫斯基所称的"文字上"的解释以及"真正的"解释。文字上的解释包括法规中文字的运用，句法及文字含义。如果对法律文本的研究无法解释法律的时候，那么法官转向"真正的"解释。要真正解释法律，法官首先要考虑这一模糊的法律规定与其他法律之间的关系。法官要考虑需要解释的法律是否与其他法律规定有矛盾。其次，法官要了解一般的法律原则。在法律规定比较模糊的情况下，法官有时候需要研讨，甚至要参考立法者当时立法的时代背景和心理因素。同时，法官要参考外国法律的相关规定，或者参考法学家的论著，然后进行对比，并得出相关结论。①

如果法律规定在某些方面有漏洞，法官必须要从一般的法律常识出发，堵上漏洞。在法律规定有矛盾或有冲突的时候，法官必须要有所取舍，推导出新的法律来。同样，如果一部法律中包含双重含义的词，比如同一个词既指占有者，也指拥有者，这种有双重含义的情况，法官或者采纳其最常用的含义，或者采取与相关法律一致的含义。②

根据以上研究，可以看出，俄国法官可以通过借鉴欧洲的司法实践，可以借助法学家的论述或习惯法的某些规定，用类比或反向推理的方法来解释法律，弥补法律中存在的缺陷。但法官的权力不是无限的，如果当事人或公诉人认为法官在解释法律时违反了一般的法律精神，或

---

① *Е. В. Васьковский*, Руководство к Толкованию и Применению Законов: для начинающих юристов, Москва: Издание Бр. Башмаковых, 1997, с. 52 – 60.

② *Е. В. Васьковский*, Руководство к Толкованию и Применению Законов: для начинающих юристов, с. 100 – 111.

者与其他的法律有严重的冲突，当事人或公诉人可以向参政院提出撤诉上诉或抗诉。参政院的职责之一就是防止法官滥用职权。

法官在裁决案件时有解释法律的权力，而参政院撤诉法院的裁定则具有普遍适用性，参政院撤诉法院的裁定不针对具体的裁决，对诉讼双方没有约束力，但对重审法院有约束力，也就是说，法官在解释法律时解决的是具体的问题，而参政院撤诉法院法官在裁定时解决的是一般性的问题。参政院撤诉法院的裁定类似于判例，不但对上诉案件具有约束力，而且对以后类似案件的审理具有约束力。最重要的是，与法官对法律的解释不同的是，按照法律的规定，参政院撤诉法院所有的裁定要定期公布，以作为以后法律应用的指导。①

此外，参政院撤诉法院还可以发布备忘录、通知或命令，对一些反映集中的法律问题做出说明。法官在判决案件时，必须遵守参政院颁布的撤诉裁定或其他正式的规定。参政院拥有对法官的纪律监督权，法官如不遵守判例或参政院的规定，参政院有权对其进行纪律处罚。

司法解释对俄国司法发展有什么样的影响呢？

对于这个问题要结合具体的案例来解释。司法解释或判例主要涉及两类问题，首先是与诉讼程序有关的问题，比如证据采纳规则、法律的适用等问题，参政院通常以通告的形式颁布这些裁定，来指导基层法院的日常工作。② 这类撤诉裁定在司法改革初期较为普遍。参政院撤诉裁定的普遍采用有助于司法审判的进一步规范化。

其次，大多数司法解释与具体的法律规定有密切的关系。比如关于契约，俄国《民法》第 1528 条规定，契约是在双方一致同意的情况下达成的协议。契约或者是关于财产的，或者是关于其他民事行为的；契约内容不能违反法律规定和公共伦理。③ 1915 年，И. М. 丘特留莫夫编撰的民法注解中，关于这一法律条文就有 23 页的注解，大多数是参政

---

① Устав гражданского судопроизводства, Ho. 815. Устав уголовнаго судопроизводства. Ho. 933, http://civil. consultant. ru/reprint/books/115/428. html # img429, http://civil. consultant. ru/reprint/books/118/366. html#img367，最后访问时间：2021 年 3 月 16 日。

② А. Ф. Кони, Отцы и Дети Судебной Реформы, с. 139.

③ И. М. Тютрюмов, Законы Гражданские, Том. 2, Петербург, 1915, с. 1415.

院民事撤诉法院所做的司法解释。[①] 司法解释的内容具体包括双方达成共识的实践，提出者和接受者的用词分别是什么，公共秩序的含义是什么。司法解释还对口头达成的协议以及因外部压力而强迫达成的协议做了具体规定。如同其他法律行为一样，如果一方凭借武力或其他因素迫使另一方签订契约，那么法律将不保护契约当事人的合法权利。随着帝俄晚期工业化的发展，司法解释有助于完善与契约有关的法律，法律成为保障经济及社会正常发展的一种有效手段，司法解释满足了经济和社会发展的需要。

司法解释的典型例子是有关夫妻分居的问题。按照俄国《民法》的相关规定，夫妻有义务生活在一起。未经丈夫同意，妻子无法取得通行证，不能以自己的名义签订契约，不能独立处理经济事务，不能以自己的名义申请贷款。妇女在法律上没有这些权利，所以一位女性不可能和自己的丈夫分开生活。[②] 在俄国，一位没有通行证的居民算不上法律意义上完整的人。19 世纪后期，俄国工业化、城市化的发展使一些妇女离开家庭走上工作岗位，有些女性由于工作关系不得不和丈夫分开居住，但法律的规定与俄国社会经济的发展极不适应。法院经常接到女性要求和自己丈夫分开居住的诉讼。在这种背景下，参政院撤诉法院 20 世纪初颁布相关裁定，允许女性和自己的丈夫分开居住。[③] 俄国的离婚案件必须经过东正教会，程序极为复杂，在这种状况下，参政院的撤诉裁定适应了社会发展的需求，重新界定了因工业化发展而带来的家庭关系的变化。

从 1864 年后俄国司法的实践来看，司法改革给俄国带来了一种从法国借鉴而来的法律技术。司法解释扩大了法律的应用范围，推动了俄国法律的进一步发展，对于帝俄晚期法制现代化的发展进程有着重要的意义。

---

① *И. М. Тютрюмов*，Законы Гражданские，Том. 2，с. 1415－1438.

② *Свод Законов Российской Империи*，Том. 10，Часть1，http://civil. consultant. ru/reprint/ books/211/387. html#img388，最后访问时间：2021 年 3 月 16 日。

③ W. G. Wagner，"Civil Law，Individual Rights and Judicial Activism in Late Imperial Russia，" in *Reforming Justice in Russia，1864－1996：Power，Culture，and the Limits of Legal Order*，pp. 21－36.

第一，司法解释进一步提升了俄国司法的管理水平。参政院以通告等形式规范基层法院的行为，有助于推动俄国司法的有序发展。司法管理水平的提高大大提高了案件审理的速度和效率，彻底改变了人们对司法的认识，人们日渐将司法作为解决争端的重要途径。

第二，司法解释有助于俄国法制的进一步完善。在俄国这样一个长期缺乏民法传统的国家，司法解释有助于法律本身的发展，并引入了可以应用这些法律的法律技术，比如在司法审判中引入专家证言，以及将最新的医学和侦查技术引入证据规则中。这些新的法律关系或者法律技术不需要国家重新立法，司法解释完全可以满足法律发展的需要。与有着较为完善的法律体系的欧洲国家相比，司法解释在俄国有着更重要的意义。

第三，司法解释有助于社会经济关系的进一步规范，为帝俄晚期的社会转型提供了司法保障。司法解释往往是对经济社会发展中出现的一系列问题的反映，比如家庭关系的变化、工伤赔偿问题、契约关系等都与俄国工业化、城市化的发展密切相关，司法解释适应了经济社会关系变化的需要，为俄国社会中的法治奠定了基础。遵循司法解释成了法治的一个基本要素。①

第四，司法解释对沙皇专制制度也是一种挑战。因为在专制体系之下，沙皇拥有全权，包括颁布法律的权力。但 1864 年之后，法官可以解释法律，参政院可以颁布具有法律效力的司法解释或判例，享有过去只有沙皇独享的立法权。同时，司法解释中对个人权利的维护也可以看作对沙皇权力的挑战。从这个角度上来讲，司法解释对于俄国社会民主化的发展有着重要意义。

总体来说，1864 年司法改革后建立的这种司法解释制度不仅解决了法律的问题，也进一步规范了经济与社会发展秩序，填补了法律空白，有助于俄国法制现代化的发展。

---

① H. J. Berman，"The Rule of Law and the Law-Based State，with Special Reference to the So-viet Union，" in D. D. Barry ed.，*Toward the "Rule of Law" in Russia? Political and Legal Reform in the Transition Period*，New York：M. E. Sharpe，1992，pp. 43 – 60.

第二节 司法改革与帝俄晚期法治国家的建设

随着 20 世纪七八十年代社会史研究的兴起，以及 20 世纪 90 年代文化史研究的推动，历史学家对俄国历史上政治与法律之间的关系产生了浓厚的兴趣。在沙皇专制制度下，俄国是否走上了法治国家的道路？帝俄晚期是否形成了一个公民社会？这些问题都成为历史学家关注的主题。但关于俄国是否走上法治国家的道路，学术界有着较大的争议。有学者指出，随着 1864 年司法改革的实施，公民公法的不断发展，国家管理机关的权力受到法律监控，俄国逐渐变成法制国家。① 鲍里斯·尼古拉耶维奇·米罗诺夫的《俄国社会史：个性、民主家庭、公民社会及法制国家的形成》一书的副标题就定为"个性、民主家庭、公民社会及法制国家的形成"。作者这里并没有使用"法治国家"一词。笔者认为，鲍里斯·尼古拉耶维奇·米罗诺夫认为帝俄晚期逐渐开始向法制化的方向发展，但俄国并没有因法制的不断完善而转变成一个真正的法治国家。德国学者 J. 巴博罗夫斯基认为，俄国 1864 年之后建立的陪审制和治安法院并未为俄国的法制带来真正的变革，到 20 世纪初，俄国也没有走上一条真正的法治国家之路。② 我们应该如何看待司法改革与帝俄晚期法治国家建设之间的关系呢？

法治思想最早出现在古希腊，亚里士多德综合研究各种政治体制之后，提出了"法律是最优良的统治者""法治应当优于一人之治"③ 的重要思想。到了近代，孟德斯鸠等都强调法治的理念及其实现形式。受 18 世纪以来启蒙思想的影响，欧洲普遍出现了依法进行治理的国家，形成了英国社会优位型的法治模式和德国国家优位型的法治模式。④ 社会

---

① 〔俄〕鲍里斯·尼古拉耶维奇·米罗诺夫：《俄国社会史：个性、民主家庭、公民社会及法制国家的形成》（下卷），第 310 页。

② Richard S. Wortman, "Russian Monarchy and the Rule of Law: New Considerations of the Court Reform of 1864," *Kritika*, Vol. 6, No. 1 (January 2005), p. 164.

③ 〔古希腊〕亚里士多德：《政治学》，吴寿彭译，商务印书馆，1997，第 167~171 页。

④ 马长山：《国家、市民社会与法治》，商务印书馆，2002，第 101 页。

优位型法治模式中法的统治（Rule of law）意味着国家和社会事务以及人的活动都必须接受理性、正义之法的统治，其核心在于保障市民的社会权利、个人自由并限制国家权力。英国的这种法治模式也影响了美国的政治实践，并逐渐形成了法治的一些基本要素，比如完备的法制、政治民主、权力制衡、司法独立、权利保障、保障人权、依法行政和程序正当等。而国家优位型模式下的法治国家（Rechtsstaat）指国家依法行政，即"依法律之方法，正确规定并确保国家作用之方向与界限，以及市民自由之领域"①。但与英美法治不同的是，德国的法治模式强调立法者居于优越地位，不受一般法律的约束，不管立法者是国王、独裁者，还是民选的立法机关。统治者的权力可以受到限制，但统治者随时可以根据自己的需要变更法律。由于在法治国家中，统治者可以利用手中的权力随时修改法律。因此，德国式的法治国家可能会是一个法制高度完备的国家，但并不一定是一个法治的国家。从其德文本意上来讲，法治国家指的是有法可依、依法治国的国家，或者说是一个有法制的国家。②德国式法治国家的目的是让一切权力，包括法院的司法权都要听从最高统治者的指挥。在德国式法治国家中，独立于行政机构的法院是国家与个人之间关系的协调者。作为三大独立权力之一的司法权在这类社会中有着特殊的意义，因为法院应用法律、解释法律，是法治的主要推动者，法庭的裁定几乎对于每个人都有约束力。照此看来，英国式法治国家与德国式法治国家的根本区别在于，法治强调一切行为必须既合法又合理，而法治国家强调合法，但不一定要求合理。

19 世纪上半期，大批俄国学生前往德国学习法律，这源于德国的法治国家理念在这个过程中开始在俄国传播。改革者无疑受到了法治国家理论的影响，并将法治国家的理念融入 1864 年司法改革法令中。他们力图在不触动沙皇专制权力的前提下，为俄国设计出一套较为完善的法制。

德国式法治国家的核心思想是国家权力应当受到约束，个人自由权

---

① 马长山：《国家、市民社会与法治》，第 105 页。

② 刘军宁：《从法治国到法治》，载刘军宁等编《经济民主与经济自由》，生活·读书·新知三联书店，1997，第 96 页。

利应受到保护，特别重要的是要保护公民个人的基本权利（如个人自由、良心自由、宗教自由、新闻自由、职业自由和经营自由以及财产权等）免遭国家的侵害，要求政府对议会负责，要求法律的统治即法治，要求通过独立的司法体制保障公民权利的实现。① 这就意味着国家是依法治理的，而不是靠集权来统治的。在这类国家中，个人权利是受法律保护的。从 20 世纪 90 年代以来俄罗斯学者对法治国家的论述来看，多数学者认为，法治国家的目的在于保障所有人的自由和平等，在于保障公民的基本权利。② 他们所阐述的理论核心是人及人基本权利的保障。

司法独立、权力分离以及法律如何保障个人基本权利和自由是法治国家的基本要素。关于司法相对独立，司法权与行政权的相对分离，前文已经提及，在此不再赘述。这里我们重点关注的是 1864 年司法改革与个人基本权利维护之间的关系。

19 世纪俄国法学家 И. Я. 弗尼茨基认为，司法改革对于个人解放、个人权利的维护有重要意义。他指出，1864 年司法改革带来了某些新变化，这都是 19 世纪 60 年代进入俄国人生活中的新精神影响的产物。这种新精神带来了包括个人主义在内的理念。这种理念不仅赋予司法改革的基本原则以合理的形式，还能够保障这种观念在俄国广泛传播。③

实际上，正如我们已经看到的，1864 年司法改革之前，纠问式诉讼模式和法定证据制度的实行使个人在司法上没有最基本的权利。个人不能为自己辩护，也不能聘请律师为自己辩护。法官不能根据自己的良知来审理案件，而必须按照法律条文的字面意思依照法定证据制度来裁定案件。法院的法官不是根据能力和知识素养，而是按照自己所属的阶层挑选的。在这种司法体制中，个人没有任何权利，法官也没有权利，不能解释法律，沙皇拥有绝对的司法权力。

1864 年司法改革改变了这种状况。审判公开，对抗式诉讼原则的采

---

① 邵建东：《德国"法治国家"理论与实践的经验及教训——兼及对"法治江苏"建设的启示》，《江海学刊》2005 年第 1 期，第 104 页。

② 〔俄〕B. B. 拉扎列夫主编《法与国家的一般理论》，王哲等译，法律出版社，1999，第 346 页。

③ S. Kucherov, *Courts, Lawyers and Trials under the Last Three Tsars*, p. 302.

用，陪审制的引入，律师制度的建立，法官不能被随意免职，司法与行政的相对分离等都标志着俄国司法的新发展。有学者甚至认为，1864 年司法改革法令是俄国的第一部宪章。①

除了这些一般性原则之外，改革法令还包含保障个人权利的具体规定。比如，《刑事诉讼法》对个人的人身保护有较明确的规定："除非有法律规定，否则不能逮捕任何人。""必须依法实施逮捕。""法官和检察官认为在自己管辖的范围内如果认为对某人的逮捕没有合法的依据的话，必须将犯罪嫌疑人立即释放。""犯罪嫌疑人必须拘押在法律规定的场所，不能在法律规定的地方以外拘押任何人。"② 这是防止政府机构滥施权力，随意逮捕人的法律规定，可以说这是俄国历史上第一次以法律条文的形式规定了应该保护个人的人身权利。

司法改革所创建的司法解释制度也有利于维护个人的基本权利。如前所述，改革后，俄国的家庭关系中，丈夫对妻子拥有绝对的权力。妻子必须和丈夫生活在一起，离开自己的丈夫就无法获得通行证等。从1870 年开始，俄国社会大众、媒体、教会及政府成员围绕着夫妻是否可以分开居住这个问题展开了激烈的讨论。这场讨论进一步扩展为如何构建新时代的家庭关系，如何界定法律的地位和在社会中扮演的角色等。③

虽然有人对法律在社会发展中的角色定位表示怀疑，但讨论中多数人认为，法律在保障个人权利与自由方面将起到关键性作用，在俄国，法律的发展就是限制等级特权。1896 年发表的一份有关婚姻伦理的小册子中这样说，在现有的法律之下，妻子似乎成了丈夫的奴隶。有位名叫 C. 阿尔卡玛科娃的人指出，教会和学校在很大程度上会改变奴隶的命运，但法律可以废除奴隶制。④ 1908 年，在全俄第一届妇女大会上，女

---

① *Н. В. Давыдов*, *Н. Н. Полянский*, Судебная Реформа, Том. II, с. 206.

② Устав уголовнаго судопроизводства, Но. 8 – 11, http://civil. consultant. ru/reprint/ books/118/17. html, 最后访问时间：2021 年 3 月 18 日。

③ W. G. Wagner, "The Trojan Mare: Women's Rights and Civil Rights in Late Imperial Russia," in O. Crisp, L. Edmondson eds., *Civil Rights in Imperial Russia*, Oxford University Press, 1989, pp. 65 – 84.

④ W. G. Wagner, "Civil Law, Individual Rights and Judicial Activism in Late Imperial Russia," p. 26.

权主义者 M. 布兰多娃指出："如果女性人身不是自由的，如果她无权为自己做主，甚至无权使自己独立的财产免受丈夫的剥夺，那么为了人类的正义，必须制定出完整的法律来限制丈夫的权力。为了达到这个目的，可以离婚就成了社会的迫切需求。"① 最终，在各方的努力之下，1914 年，沙皇政府依据参政院所做的司法解释，颁布法令允许妻子在未经丈夫同意的情况下可以领取通行证，法院也可以判定夫妻分开居住。

公众要求制定法律保障女性有离开丈夫单独居住的权利，实质上是保护已婚妇女作为独立个体的基本权利。支持改革的人认为，改革将妇女从家庭等级结构中解放了出来，也使她们不再受丈夫专权的压迫。司法改革所建立的司法解释制度不仅推动了法律本身的发展，也在保障个人基本权利方面起到了重要作用。

还有一些案例说明改革后的新法院在维护个人基本权利方面起到了重要作用。比如，1899 年，商人马特科夫在圣彼得堡某商场门口立了一些广告牌。警察和商场的商人联合会都要求他将牌子移走，他拒绝这样做，结果被圣彼得堡区法院判处拘留 7 天。在撤诉上诉中，马特科夫提出，警察无权命令他将广告牌移走，因为没有法律规定在商场门口不能挂广告牌。圣彼得堡法院的判决被参政院撤诉法院驳回。同年，参政院推翻了另一项法院的判决。这一案件中，两名社会俱乐部的成员因未允许当地政府官员参加俱乐部举办的舞会而被控有罪。这位官员声称，他有权以官方观察员的身份参加舞会。内务部批准的有关俱乐部的规则包含这项规定，地方官员有权参加俱乐部召开的会议。然而俱乐部成员指出，舞会不是会议，因而他们有权拒绝政府官员参加。参政院最后裁定，官员无权要求参加舞会，也不能据此指控俱乐部成员。②

无论是从法律规定上，还是从司法实践上来看，1864 年司法改革在保障个人基本权利方面起到了重要的作用。正如有学者指出的，在俄国

---

① W. G. Wagner, "Civil Law, Individual Rights and Judicial Activism in Late Imperial Russia," p. 26.

② B. L. Levin-Stankevich, "Cassation, Judicial Interpretation and the Develompent of Civil and Criminal Law in Russia, 1864 – 1917," pp. 292 – 293.

历史上，1864 年司法改革法令"首次明确界定了个人与国家的权利关系，改革所创建的法院就是为了保护个人的基本权利"①。司法改革为专制体制下个人权利的保护奠定了制度基础。

从权力分离、司法独立和保障人民基本权利等法治国家的基本要素来看，俄国似乎已经走上了法治国家的道路。但实际情况远非如此，司法改革带来的这些变化都是不稳定的，改革并没有触动沙皇的专制权力，行政干预司法的现象依然存在。直到 1905 年，沙皇仍然在专制权力上拒绝做出让步。

笔者认为，要理解司法改革与帝俄晚期法治国家建设之间的关系，必须要结合沙皇专制制度来考察。俄国缺乏封建的传统和罗马法的广泛实践，俄国历史上也没有出现像西欧国家那样发达的地方自治和阶层自治，没有出现议会、三级会议等这样一类组织。不管历史学家如何看待波雅尔杜马的发展，但没有一个组织、机构或阶层能脱离沙皇的权力而独立存在。俄国的领主在自己的领地之外并不享有司法或行政权力，兼具经济与社会两重性的农村公社和城市杜马的自治权力都没有超出村庄或社区的范围。在俄国，自彼得一世以来，沙皇拥有绝对的权力，臣民必须服从沙皇的绝对权威。虽然沙皇在决策中会向大臣委员会、国务会议等机构征询意见，但这些机构构不成对沙皇权力的威胁。从理论上来讲，沙皇的权力会受到这些机构的限制，这些机构也拥有建议立法及颁布法令的权力，但只有沙皇拥有最后的裁决权。俄国的沙皇要遵守法律，但他可以随时变更法律。一切似乎难以改变沙皇的专制权力，到 20 世纪初，沙皇的专制权力依然非常牢固。在俄国，限制沙皇权力缺乏法律或制度的基础。沙皇专制制度的变革只是人员的变化，而不是政治制度本身的真正变革。

1864 年司法改革虽然建立了陪审团审判，但 1871 年之后，沙皇政府颁布法令将政治案件的审判转交特别法庭及军事法庭审判，陪审团审判的权力受到了限制。律师制度建立之后，沙皇政府也想方设法限制律

---

① *Н. В. Давыдов*，*Н. Н. Полянский*，Судебная Реформа，Том. II，c. 13.

师自治组织的发展，私人律师制度的建立被誉为制衡宣誓律师的一种重要手段，尤其是 1881 年颁布的安全法令，允许内务部和省长在特殊情况下宣布该地区进入紧急状态，这一针对革命活动所采取的一种临时措施成了 19 世纪末 20 世纪初沙皇政府统治的一种常态，流放——这种非司法的手段成了沙皇政府在司法机构之外惩治罪犯的一种非常重要的手段。1906 年，沙皇政府颁布的《基本法》规定，沙皇享有立法权，并有权修改基本法。司法部大臣 И. Г. 谢格洛维托夫于 1914 年在杜马演讲时指出，与西方国家不同的是，沙皇拥有绝对权力始终是俄国法治的基础。① 帝俄晚期，不管是对陪审团的攻击，对律师自治的限制，还是 1881 年安全法令的颁布，这些都显示出沙皇专制权力仍然主宰着俄国政治和社会发展进程，司法独立在强大的沙皇专制制度面前显得十分脆弱。

1864 年司法改革法令规定，个人有权对侵害自己权利的官员提出法律诉讼，并要求赔偿自己的损失。但受理这类上诉的机构，比如参政院第一厅并不是司法改革后建立的司法机构，而是行政组织。这类机构的成员不是终身任职的法官，而是临时任职的行政人员。因此，司法改革之后，个人根本无法与行政机构相抗衡。在民告官的案件中，法律也缺乏保证个人基本权利的诉讼程序和相应的机构。更重要的是，即使有法院可以审理此类案件，但在得不到其上司同意的情况下，任何官员都不会受到法律的审判。② 正如 К. П. 波别多诺斯采夫所言，法庭不应该审理与政府官员职务活动有关的案件。法院审理此类案件将会导致行政与司法权的冲突，只会带来伤害。他认为，西方的制度不适合于俄国，俄国的经济和教育水平没有达到西方国家的水平。俄国地广人稀，所以必须集中权力，扩大行政机构的权力。③ К. П. 波别多诺斯采夫的观点代表

①　*Е. А. Правилова*，Законность и Права Личности：административная юстиция в России，вторая половина ХИХ в. -октябрь 1917 г.，Санкт-Пертбург：Изд-во СЗАГС，2000，с. 182.

②　*Е. А. Правилова*，Законность и Права Личности：административная юстиция в России，вторая половина ХИХ в. -октябрь 1917 г.，с. 55 – 58.

③　*Е. А. Правилова*，Законность и Права Личности：административная юстиция в России，вторая половина ХИХ в. -октябрь 1917 г.，с. 60 – 61.

了相当一部分俄国政府官员对该问题的看法。受这种根深蒂固观念的影响，扩大行政权力，限制独立的司法权力在所难免。在俄国，司法权根本无法与行政权相抗衡。

如果我们结合沙皇专制制度来分析司法改革与俄国法治国家建设之间的关系的话，俄国远没有建立起真正的法治国家，俄国的法治类似于德国国家优位型的法治模式。司法独立，法官不能随意被免职，法律保护个人基本权利等都受到沙皇专制制度的制约。俄国的法治在 1864 年司法改革的影响之下有了较大的发展，但沙皇的专制权力始终是无法消除的障碍。尽管 1864 年司法改革远没有为俄国建立一个完善的法治国家，但决不能因此忽视司法改革对于俄国法治国家建设的重要意义。1864 年司法改革中确立的对抗式诉讼模式，程序完善的上诉体制，保障个人权利的司法建制和司法解释，以及从事辩护的职业律师的出现等都为法治国家的建设奠定了基础。在一个专制国家之中，在一个缺乏维护人权的基本法律的国家，在一个行政权力仍然居于优越地位的国家，在一个行政权和立法权仍牢牢控制在沙皇一个人手中的国家，司法改革建立的全新司法体制对于俄国法制现代化的推进有着重要的意义。从这个角度上来看，1864 年司法改革的实施对于帝俄晚期法治国家的建设起到了一定的推动作用。

第三节　司法改革与帝俄晚期社会法律意识的转变

近年来，如何构建一个"法治国家"，如何"依法治国"成为媒体、学者和政府关注的焦点。然而，不论是法治社会的建立，还是依法治国理念的确立，都离不开社会主体参与者法律意识的培养。因此，如何培养社会成员的法律意识就成为许多国家走上法治道路的一个关键性影响因素。

什么是法律意识呢？对这个问题的认识，学术界有着诸多争论。西方学者十分注重对法律意识的研究，但多数人是从法律文化的角度来谈法律意识的。美国学者 L. M. 弗里德曼指出，在一个充分发达的法律制度中，文化因素指的是"共同制约法律制度并且决定法律制度在整个社会文化中地位的价值与观念。律师和法官有怎样的训练方式和习惯？民众对法律的想法如何？集团或个人是否愿意求助法院？人们向法官求助的目的何在？当他们求助于其他官员或仲裁人时又怀有怎样的目的？人们是否尊重法律、政府以及传统？阶级结构与法律制度的运用之间存在怎样的关系？取代正规的社会管理手段和在它之外还有哪些非正规方式？哪些人喜欢怎样的管理方式，为什么？"① 在 L. M. 弗里德曼看来，法律文化的核心是法律意识，也就是社会各阶层的人如何看待法律，法律在这个社会中所占的比重到底有多大。另一位美国学者伯尔曼则认为，法律和宗教一样，都属于信仰的范畴。法律如果不被信仰，就形同虚设。②在他看来，法律意识的核心在于对法律的尊重甚至膜拜。

Б. В. 拉扎列夫在总结以往俄国学者关于法律意识观点的基础上，指出："法律意识是社会、团体或个人相对独立的意识领域（与政治、道德、美学意识等并存），该领域以法律知识和对现行法律的客观评价的形式，以及通过扮有法律行为内在调节器角色的社会法律观点和目标的形式反映法律现实。在每一个国家都存在若干法律意识体系，因为社会各阶级、各居民阶层和团体各自对法的理解取决于其已有的经济和政治地位。法律意识的内容取决于它的观点性。法律意识首先确定，现行法律规范和其实施实践应是什么样的。法律意识将法律与现实存在的社会关系，居民各阶层、团体、阶级的利益及道德观点相关联。在法律意识之外，不仅法律规范，就连任何其他法律现象也无法产生和运作。立法者应指出事物的法律本质，找到合理的规则——'客观规则'。每个主体都在拟定自己对法和国家法律活动的态度。因此，将团体和个人的法律意识与社会法律意识一起论述是适宜的。"③ Б. В. 拉扎列夫在俄国学术界首次强调个人法律意识对司法发展的重要意义。

中国学者认为，法律意识是社会意识的一种特殊形式。法律意识与

---

① 〔美〕H. W. 埃尔曼：《比较法律文化》，贺卫方等译，生活·读书·新知三联书店，1990，第 20 页。

② 〔美〕伯尔曼：《法律与宗教》第二版，梁治平译，中国政法大学出版社，2003，第 20～30 页。

③ 〔俄〕Б. В. 拉扎列夫主编《法与国家的一般理论》，第 35 页。

政治意识、道德意识等有密切的联系，但它有自己的特殊性，有自己的内容和结构，它所反映的是法律现象，是人们关于法律现象的思想、观点和心理，例如，人们对法律的评价，依据法律对法官做出的判决是否公正的看法，对法律、依法办事原则的信任程度，等等。① 虽然中国学者在这个问题的认识上只是对西方或苏联学者观点的借鉴和吸收，但随着中国法治化进程的推进，对法律意识的认识也在不断丰富。

总结来看，中外学者从不同的角度诠释了法律意识的内涵，对于深化我们对法律意识的认识有重要的参考意义。笔者认为，法律意识是社会法律文化的重要组成部分，是社会意识的一种反映形式，它体现的是社会成员对法及法制的主观心理感受和认知。在法律意识的发展中，法官对法律的认知，社会其他成员对法律的尊重与否，法院能否成为人们解决争端优先选择的对象都影响一个国家法律意识的发展。法律意识的发展反过来影响司法的整体发展。因此，一个国家是否实现了法制现代化，不仅要看这个国家是否有完备的法律，还要看这个社会法律意识的发展程度。如果大多数人不信任法院，不尊重法律，那么有再完备的法律也只是纸上谈兵，没有真正的意义。

1864 年司法改革在多大程度上影响了人们的法律意识呢？要回答这个问题，我们必须从两个方面来考虑。一是司法改革后俄国的司法人员如何看待法律？他们对法律的态度直接影响法律的执行。二是占人口绝大多数的俄国农民如何看待法律，他们融入 1864 年创建的现代司法体制中了吗？以上问题将是我们接下来要讨论的重点。

一　法律话语权的转变与俄国司法人员的法律意识

语言是法律借以完成任务的手段，是法律权力得以运用、实现、发展或被推翻的根本机制。自 20 世纪 80 年代以来，以米歇尔·福柯为代表的一批学者开始探讨话语的问题，法律话语、法律语言学等相继成为语言学和法学研究的新主题。从社会发展的维度来看，研究一个时代的

---

① 参见沈宗灵主编《法理学》，高等教育出版社，1994，第 234～236 页。

法律话语有助于更好地了解社会发展的本质。虽然法律条文中没有阶级、种族、性别等方面的歧视和差异，但通过具体语境下法律语言的研究，我们才能了解法律权力运用的本质，才能了解法律在日常生活实践中是如何运作的。因此，法律语言对于研究司法改革对社会生活，尤其是对法律意识的作用有着十分重要的意义。

法国学者米歇尔·福柯的知识与权力理论中一个重要的概念就是话语的形成。米歇尔·福柯从四个方面阐述了话语的形成：对象的形成、陈述方式的形成、概念的形成和策略的形成。其核心可以归纳为：谁在说话？在什么地方说话？[①] 后来美国学者 P. 古德里奇在米歇尔·福柯理论的基础上，进一步界定了话语的形成：话语形成的物质基础；其自我阐述或者内部秩序；话语体系内部的关系以及其他话语及话语形成之间的关系，即话语间的关系。[②] 这些理论为研究 1864 年后俄国法律话语的转变提供了重要的参考。

1864 年司法改革彻底改变了俄国的法律话语体系，法律话语权从行政官员那里转移到法官等司法人员手中，话语形成的地点也从官僚机构的秘密场所转移到了公开的法院、大学、媒体甚至大街上。正是 1864 年司法改革为法律话语的转变开辟了空间。

1864 年司法改革之前，法律话语权是沙皇的特权，他既是立法者，也是立法的阐释者。正如我们所分析的，司法改革之前，法官只能按照法律规定的条文执行法律，但不能解释法律，也不能按照法律的常识来审理案件。法官和社会阶层中的其他人一样，只是沙皇权威性法律话语的听众。在这种体制下，法律的阐释、评论等都不存在。"君主那种不受法律约束的意志能够无须考虑法律——也就是不受解释的影响——而实现任何他认为是公正的事情。"[③] 同样，对沙皇话语权威的任何违背都

---

① 〔法〕米歇尔·福柯：《知识考古学》，谢强、马月译，生活·读书·新知三联书店，1998，第 70 页。

② P. Goodrich, *Legal Discourse*: *Studies in Linguistics*, *Rhetoric and Legal Analysis*, London: Palgrave Macmillan, 1987, pp. 144 – 145.

③ 〔德〕汉斯－格奥尔格·加达默尔：《真理与方法：哲学诠释学的基本特征》（上卷），洪汉鼎译，上海译文出版社，1999，第 423 页。

意味着对沙皇绝对权力的一种挑战。君主的法律话语权是与惩罚权紧密相连的。肉体惩罚，比如给犯人烙印记实际上是在罪犯的肉体上铭刻权威的话语权，流放则代表着君主有权让那些挑战自己权威的人消失。君主因此要对真理与正义负责，当然也要为谬误和不公正负责。与大革命之后法国的司法改革一样，俄国 1864 年司法改革也是为了"既增加效应又减少经济代价（通过使之脱离财产制度、买卖制度以及在获取官职和做出判决方面的腐败体制）和政治代价（通过使之脱离君主的专制权力）"①。俄国的改革者力图将审判权制度化，审判权力将不再受君权的直接影响。"审判权不应再取决于具有数不胜数的，相互脱节，有时相互矛盾的特权的君权，而应取决于具有连续效果的公共权力。"② 实际上，俄国的改革者力图在法律话语权上实现分权。

随着 1864 年司法改革的实施，一种新的司法体制随之建立。法律话语也发生了实质性的转变，一种独立于政府行政权力影响的法律话语体系正式建立。

最为重要的是，法官有了真正的法律话语权。如前所述，在新司法体制中，法官必须对受理的每一份案件做出裁决，即使在法律规定不清晰或者有遗漏的情况下，法官也要根据法律常识对案件做出裁决。法官有了司法解释权，法官对法律的阐释具有法律效力。这样，司法判决有赖于法官的专业素养，以及法官对真理与正义的追求。法官的话语权集中体现在法官向陪审团呈递的问题列表中，法官向陪审团提出的问题决定着被告的命运，实质上是法官在法院拥有刑事话语权。法官拥有话语权，公诉人和辩护律师也拥有一定的法律话语权，公诉人要根据自己的法律知识和内心判定确定案件是否应该提出公诉。律师在辩护过程中的辩护是对代表政府的公诉人法律话语权的一种制衡，律师成了新司法体制中不可或缺的人员。公诉人的起诉、律师的辩护和法官对问题的澄清等都是为了揭开案件的真相，是为了追求真理与正义。与 1864 年之前沙皇享有绝对的话语权相比，司法改革后俄国的专业司法人员都是法律

---

① 〔法〕米歇尔·福柯：《规训与惩罚：监狱的诞生》，第 90 页。
② 〔法〕米歇尔·福柯：《规训与惩罚：监狱的诞生》，第 90 页。

话语的表达者，都享有法律规定的话语权。

不仅专业司法人员拥有法律话语权，社会其他人士也拥有法律话语权。其中最为重要的是，公众通过参与陪审、参加陪审团而具有了阐释法律话语的权利。陪审员不是专业的法学人员，而是普通民众，他们根据自己的良知来裁定案件。当陪审员在面对残酷的刑罚时，他们往往从自己的良知出发为被告开脱。过去只有沙皇享有的减轻刑罚的权力，现在转移到了普通民众手中。

审判的公开也使普通民众可以通过阅读报纸、发表文章等形式了解并讨论法律问题，发表自己对法律的看法。司法改革实施之后，首都和各省的法院挤满了渴望了解新法院相关情况的人。每一次重大的案件审理都会引起人们的普遍关注。当时的报纸满篇都是有关法院的报告，甚至沙龙中的贵妇人都在谈论法院审理的案件，谈论参政院撤诉法院所做的司法解释。①

正是在这种法律语境之下，法律话语不再是司法改革前沙皇享有的霸权，而是在多元对话机制中形成的具有内在说服力的一种体系。法庭的审判最终达成了一种共识，法官、公诉人、律师和陪审员在最终的对话中形成对案件较为一致的看法。因有陪审团的参与，这种共识有着广泛的影响。与专制话语不同的是，具有内在说服力的话语因为得到了大众的认可，与人们自己的思想产生互动，因而在社会发展中起着重要的作用。俄国学者 M. 巴赫金指出，在我们的意识中，有内在说服力的话语，总是半自己半他人的话语。它的创造力就在于能唤起独立的思想和独立的新的话语，在于从内部组织我们的话语，而不落到孤立和静止的状态中。与其说我们阐释这种话语，不如说它是自由地进一步发挥，适应新的材料、新的环境，与新的语境相互映照阐发。不仅如此，它还与具有内在说服力的其他话语，紧张地相互作用、相互斗争。我们的思想观念形成过程，正是形诸话语的不同思想观点、角度、派别和评价在我们意识中紧张争斗、夺取统治地位的过程。② 因此，在司法领域中，对

① Г. А. Джаншиев, Эпоха Великих Реформ: историческия справки, с. 477.

② 〔苏〕M. 巴赫金:《小说理论》，白春仁、晓河译，河北教育出版社，1998，第 132～133 页。

供词、申诉、契约、各种文书和其他类型的他人语言，给予相应的表现形态，进行分析和解释，最后还有阐释法律，这一切都起着重大的作用。① 从这一角度来分析，司法改革后建立的新法院不仅是一所伦理学院，也是法律教育和意识形态交锋的场所。

总结来看，司法改革后，随着审判公开、司法独立和辩诉制度等的实行，司法人员和社会大众共享的法律话语权代替了过去由沙皇独享的法律话语霸权。这种转变使司法人员在社会中的重要性进一步凸显，他们不仅要应用法律，还要阐释法律。话语权的转变进一步要求法官要有扎实的专业知识、良知和正义感。

司法改革后的司法人员多数是法律专业的毕业生，他们进入司法机构首先不是将自己看作沙皇的臣子，而是司法从业人员，他们的目标就是维护公平与正义，以及司法的发展。他们把执行法律看作自己的光荣使命，为了神圣的事业而甘愿做出牺牲。正如 A. Ф. 科尼所讲的，新法院的第一批法官信心百倍，对未来有着清晰的认识，无论从哪个方面来讲，他们都将新司法体制看作一种杰作。他们不怕牺牲，毫不畏惧地将自己的青春奉献给了这一职业。② 律师也为能从事司法辩护，能为维护个人权利而感到骄傲。正如 20 世纪初俄国学者弗尼茨基所总结的，"由于律师在帮助那些被压迫的，以及那些无辜的人，辩护因而成了司法活动中最高尚的职业。司法辩护可以激发人身上一切优秀的因素。这也说明为什么有那么多的知识分子选择律师职业，并为之献身"③。司法人员认同自己的法律职业，并将此作为自己毕生的追求。这种职业荣誉感有助于他们职业意识的发展，有助于他们养成尊重法律的习惯，也有助于他们更好地履行法律赋予的神圣使命。作为法律执行者的法律意识的增强对于推进司法公正，提高司法管理水平，扩大社会其他成员对法律的尊重及对法院的认可都有着重要的意义。

同时，法律话语权的转变也有助于民众法律意识的培养。大众通过

---

① 〔苏〕M. 巴赫金：《小说理论》，第 137 页。

② S. Kucherov, *Courts, Lawyers and Trials under the Last Three Tsars*, p. 95.

③ S. Kucherov, *Courts, Lawyers and Trials under the Last Three Tsars*, p. 312.

参与陪审，参加法院审判的旁听，参加媒体的讨论，广泛阅读有关法院审理案件的报告，扩展了法律知识，也提高了对法制的认知。司法改革后的新法院就像普法的学校，对俄国民众法律意识的提升有很大帮助。

二 俄国民众法律意识的缓慢转变

长期以来，俄国法制史的研究主要集中在法律制度的演变和法律思想的发展上，很少有学者研究司法改革如何影响了民众的日常生活。但要研究司法改革的广泛影响，必须注重民众法律意识的转变，民众法律意识的发展有助于法治国家的建设。改革者也充分意识到了这个问题，他们将乡法院、治安法院和有陪审团审判的法院看作培养民众法律意识的重要场所。在这里，公开审理案件就是对民众进行普法教育。那么改革者的愿望能否实现？司法改革是否促进了民众法律意识的转变呢？

按照改革者的设想，治安法院设立的目的是通过审理小型的民事和刑事案件来普及法律知识。① 为了赢得民众的信任，治安法院的诉讼程序非常简单，当事人可以提出口头诉讼，参与诉讼的任何人都是平等的。最重要的是，选举产生的治安法官享有自由裁量权，其在无法通过调节促使双方达成和解的情况下，可以结合成文法和习惯法对案件做出裁决。正如 20 世纪初有学者指出的，治安法官不仅是执行法律的法官，他们还承担着向已经持有自己正义观的民众进行普法的工作。因此，治安法官必须有智慧，有常识，尊重民众，还要熟悉当地的习俗，更要有司法实践的经验。因为对于治安法官来说，他们就是要在司法实践中赢得当地居民的信任，调解民众之间的法律关系，向民众灌输一种法律的观念。② 正是由于治安法官平易近人，治安法院审理案件简单快捷，它很快就赢得了人们的尊重和认可。著名法学家 A. Ф. 科尼曾说，治安法官立即在民众中赢得了支持。司法改革初期，治安法官这个名字听起来就像人们已经很熟悉一样。治安法院的设立给人们的日常生活带来了全

---

① J. Neuberger, "Popular Legal Culture," in *Reforming Justice in Russia, 1864–1996: Power, Culture, and the Limits of Legal Order*, p. 232.

② *И. В. Гессен*, Судебная Реформа, с. 73.

新的变革，因而赢得了人们的普遍尊重。① 1901 年，一家经常批评政府司法机构的报纸发表社论指出，治安法院自诞生之日起，就赢得了人们的普遍认可，从中可以看出这是一种向所有人都开放的法庭。②

治安法院审理案件数量的增加也可以看作人们认可法院的一个例证。司法改革实施之初，治安法院审理案件数量的增加远远超出了改革者的预计。据统计，1867 年，治安法院审理的民事案件达 237176 份，刑事案件达 147651 份，平均每个治安法院审理案件 939 份。在圣彼得堡 28 个治安法院中，仅 1867 年上半年审理的案件数量就达 56144 份，平均每个法院审理的案件达 2000 多份。③ 到 1891 年，圣彼得堡治安法官年均审理的案件数量达 3500 份，1901 年时已经达到 4300 份。20 世纪初，越来越多的工人通过治安法院来调解劳资纠纷问题。④ 甚至有人指出，20 世纪初，治安法院审理案件数量的增长率远远超过了人口的增长率。⑤ 治安法院审理的案件类型也是五花八门，有房东控告房客未支付租金的，妻子因家庭暴力而控告丈夫的，也有邻里之间、商业合作伙伴之间的纠纷案件。有一个母亲甚至要求治安法院判决禁止她儿子喝酒，有的母亲在法院控告自己女儿行为不检点。有的人因受到了侮辱而到治安法院要求对方道歉或者赔偿，比如一位面包师因顾客在其他顾客面前诋毁她的名声而起诉这位顾客，有一位妇女因邻居骂她是"荡妇"而起诉她的邻居。⑥ 审理案件类型的广泛性也说明了治安法院的影响力。治安法院广受欢迎说明这类法院满足了民众的司法需要，也表明多数人认可了治安法院及法院对案件的判决。

无论是法官、媒体对治安法院的赞扬，还是治安法院审理案件数量的增加，都表明民众的法律意识有了一定程度的发展。因 1891 年地区长官制度建立之后，治安法院只在城市以城市法官的形式存在，所以治安法院

---

① *А. Ф. Кони*, *Собрание Сочинений*, Том. IV, с. 253.
② J. Neuberger, "Popular Legal Culture," p. 234.
③ J. Neuberger, "Popular Legal Culture," p. 244.
④ J. Neuberger, "Popular Legal Culture," p. 240.
⑤ J. Neuberger, "Popular Legal Culture," p. 240
⑥ J. Neuberger, "Popular Legal Culture," p. 239.

主要是推动了城市中民众法律意识的发展。人们对法院的信任，对法律的尊重成了帝俄晚期城市民众法律意识发展的重要表现。正如 20 世纪初有历史学家指出的，在圣彼得堡出现了一种文化意识、一种自尊和一种法律意识。① 治安法院因而成了"普及法律知识，强调尊重人权的学校"②。人们一离开治安法院就聚在一起讨论他们听到的每一项内容、证据的可信性、判决的理由及判决的结果等。这种讨论也有助于传播法律观念。

至于俄国农民，历史学家往往认为，俄国农民并未受到司法改革的影响，农民继续在村社中坚持自己的习惯法。司法改革并未将俄国农民变成尊重法律的公民。比如美国学者 M. 列文认为，同世界上其他地区的农民一样，俄国农民仍坚持习惯法，他们缺乏抽象的理性，也没有发展出一套可以遵守的司法体制。③ 按照这种观点，俄国农民是落后的，是停滞不前的。但通过对 1861 年后俄国乡法院的历史来看，农民并不完全是封闭的、落后的，农民在司法改革的影响下逐渐开始接受法律、认可法律，并将诉诸法律作为自己解决争端的一种可供选择的方式。

之所以说农民的法律意识在发展，主要是因为帝俄晚期乡法院裁决案件的数量在上升，乡法院成为农民解决争端可供选择的机构。据统计，在基辅戈罗霍夫斯基区，1870 年乡法院审理的案件数量为 852 份，1877 年已经增加到 1541 份。在普吉里斯基区，乡法院审理案件的数量从 1872 年的 713 份上升到 1876 年的 1116 份。在科斯特罗马省的比斯敏斯卡娅乡法院，1862 年到 1895 年审理案件的总数为 1562 份，其中 1862 ~ 1870 年为 37 份，1871 ~ 1880 年为 204 份，1881 ~ 1890 年为 618 份，1891 ~ 1895 年为 703 份。1895 ~ 1897 年，内务部统计资料显示，在俄国的 13 个司法区，乡法院审理案件的数量相当大：1895 年为 34526 份，1896 年为 35043 份，1897 年为 34683 份。④ 1905 年，莫斯科地区的统计资料显示，乡法

---

① J. Neuberger, "Popular Legal Culture," p. 239.

② J. Neuberger, "Popular Legal Culture," p. 234.

③ M. Levin, *The Making of the Soviet System: Essays in the Social History of Interwar Russia*, New York: Methuen, 1985, p. 72.

④ C. Frierson, " 'I must Always Answer to the Law…' Rules and Response at the Reformed *Volost'* Court," *The Slavonic and East European Review*, Vol. 75, No. 2 (Summer 1997), p. 328.

院每年审理案件的数量达 47761 份，平均每个法院达 484 份。① 这说明乡法院在农村中有着广泛的影响力。

此外，乡法院审理的案件类型也反映出法律对农民来说是可取的解决争端的方式。通过对 20 世纪初莫斯科、圣彼得堡及诺夫哥罗德省乡法院审理案件的记录的研究发现，农民通常去乡法院解决三类问题。第一类是侮辱案件，也是乡法院审理最多的一种案件。不管是辱骂，还是情节较轻的带有侮辱性的殴打，或者两者兼而有之的情况，农民都会将另一方告到乡法院。农民认为在受到侮辱的情况下，花费时间和金钱去维护自己的尊严都是值得的。② 第二类是案值较小的民事案件，主要包括偿还债务、支付工钱、偿付租金、树种错地方、毁坏农具或烧掉别人家的柴火堆而要求赔偿、在别人的地界上倒垃圾等。第三类案件与财产分配有关，包括土地和动产的分配。其中也包括与财产继承和分家有关的案件。③ 有些农村妇女在遇到家庭矛盾或冲突时也会去求助乡法院，甚至关于小鸡失踪或者家禽被盗的案件，妇女也会请求乡法院处理。④ 这也是农民法律意识发展的一个表现。从乡法院审理案件的类型中我们可以看出，乡法院审理的大多数案件是与农民密切相关的事情。像果树种植、倒垃圾这类事情在村社大会上，或者村长都可以处理，政府也没有强行要求农民必须将这类争端上诉到乡法院。但帝俄晚期乡法院的实践表明，农民还是将这类案件上诉到乡法院。农民到乡法院打官司既要花钱，还要花时间，但农民仍然将乡法院作为解决争端的一种渠道。

---

① J. Burbank, "Legal Culture, Citizenship, and Peasant Jurisprudence: Perspectives from the Early Twentieth Century," in *Reforming Justice in Russia, 1864 – 1996: Power, Culture, and the Limits of Legal Order*, p. 95.

② J. Burbank, "Legal Culture, Citizenship, and Peasant Jurisprudence: Perspectives from the Early Twentieth Century," in *Reforming Justice in Russia, 1864 – 1996: Power, Culture, and the Limits of Legal Order*, p. 95.

③ J. Burbank, "Legal Culture, Citizenship, and Peasant Jurisprudence: Perspectives from the Early Twentieth Century," in *Reforming Justice in Russia, 1864 – 1996: Power, Culture, and the Limits of Legal Order*, p. 96.

④ B. B. Farnsworh, "The Litigious Daughter-in-Law: Family Relations in Rural Russia in the Second Half of the Nineteenth Century," *Slavic Review*, Vol. 45, No. 1 (January 1986), p. 51.

无论是从乡法院审理的案件数量来看，还是从案件类型来看，乡法院成为维护乡村公平与正义的一个重要机构，农民求助于乡法院来解决争端有助于在农民中间培养一种法律意识。到 20 世纪初期，无论是在农村，还是在城市，民众的法律意识都在缓慢转变。

虽然司法改革推动了民众法律意识的发展，但这种转变是相当缓慢的。在民众中间尤其是农民中间，还存在通过自己认为合理合法的方式解决争端的渠道。可以这么说，在司法改革的影响之下，人们很有可能会选择法律的方式解决问题，但法律并不一定是人们解决所有争端的首选渠道。比如，在工人阶级中，他们仍经常用拳头和酒瓶来解决矛盾。我们已经分析了治安法院所具有的广泛影响力，但没有证据表明法律在人们的观念中已经根深蒂固。

帝俄晚期农村中普遍存在的纵火案件进一步说明了习惯法在农民的日常行为中有着深刻的影响，也说明要让已经习惯了通过习惯法解决争端的俄国农民接受并认可成文法是多么困难。因为农民诉诸纵火来解决争端时，实际上已经将正式的法律程序排除在外了。农村地区频发的纵火案也说明农村地区法律意识不足。在农民的思想中，法律的渠道并不是一种最优先选择的解决问题的方式，纵火深深植根于农村的习俗中。

据报道，每年的 4～9 月是库尔斯克省纵火案件的高发季节。在农民的家里，在地主的地产上，几乎每天都会发生纵火案件。比如，1870 年 5 月 8 日，萨马多诺夫卡村纵火案中，有 25 处农民的房屋被烧毁，损失达 4275 卢布；5 月 17 日，在米哈伊诺波利村，纵火导致地主地产上一处新粮仓和打谷机被毁，损失达 3000 卢布；5 月 23 日，在谢金吉诺村，4 处农民的房子被毁，价值 1550 卢布；7 月 6 日，霍霍罗沃村有 11 处农民的房子被毁，还有谷仓，价值 5870 卢布；7 月 13 日，在阿法拉希耶夫斯卡村，农民 16 处房屋被烧成了灰烬，损失 3305 卢布。[①] 这些只是报告给省长办公厅的资料，实际的纵火案件远不止这些。根据内务部中央统计委员会的

---

① C. A. Frierson, "Of Red Roosters, Revenge, and the Search for Justice: Rural Arson in European Russia in the Late Imperial Era," in *Reforming Justice in Russia*, *1864–1996: Power, Culture, and the Limits of Legal Order*, p. 109.

统计资料，1860～1910 年，农村地区发生的 2121839 件失火案中，将近12% 是纵火案件。① 当然，实际数字远不止 12%。因为一般的纵火案件农民绝不会向官府报告，官方的统计只是依据他们所了解的情况做出的分析。这些数字充分说明，纵火是农村地区普遍存在的一个问题。

那么，农民为什么要纵火呢？这主要与酗酒和报复有关系，其中报复所占的比重最大。这里有一个发生在斯摩棱斯克省佩列奇地区一个村庄的典型案件。1879 年 9 月 8 日，该村发生了一起纵火案，其原因是这样的：集市开市和宗教节日结束之后，酒馆重新开张，有几个农民喝醉了。两个名叫 C. 费德罗夫和 C. 西蒙洛夫的农民因打架被抓起来了，关在乡政府的仓库里醒酒。在那里他们还在争斗，并威胁说，如果不把他们放出去，他们就要放火。村社长者和当地警察都没有注意他们所说的话，因为他们将这两人搜了身，火柴也被搜出来拿走了。但仓库 15 分钟后还是起火了，乡政府办公室被烧成了灰烬，还殃及村小学。② 这是一起典型的酗酒后纵火案，但大多数纵火案因报复而起。

这里有一个案件很有典型性。一位名叫伊凡·德列辛的盗马贼到了勃列尼赫村。当他要实施盗窃时，农民逮住了他并将他送到了警察局；他被判有罪并被拘留了一段时间。村民抓住伊凡·德列辛后首先求助于正式的司法机构来保护他们。但伊凡·德列辛被释放后又一次来他们村子实施盗窃，村民发现之后将他打个半死。在被村民殴打的过程中，他一直叫嚷：你们记住，我会给你们好看的！此后的一个晚上，他和他弟弟放火烧了这个村子里的两间房子。整个村庄最后都烧起来了。农民抓住他弟弟后，将他绑起来，然后放火烧了伊凡兄弟所有的房子和家产。地方官员要求让政府出面来处理这件事情，农民回答说，他们已经堵死了这条路。③ 农民在这里其实是通过自助的方式来解决问题，自助成了

---

① C. A. Frierson, "Of Red Roosters, Revenge, and the Search for Justice: Rural Arson in European Russia in the Late Imperial Era," p. 110.

② C. A. Frierson, "Of Red Roosters, Revenge, and the Search for Justice: Rural Arson in European Russia in the Late Imperial Era," p. 110

③ C. A. Frierson, "Of Red Roosters, Revenge, and the Search for Justice: Rural Arson in European Russia in the Late Imperial Era," p. 116.

他们阻止纵火者再次伤害他们的有效方式。农民拒绝让政府机构来处理这个事情。这个案件也反映了农民解决争端时以牙还牙的心态。因为伊凡兄弟给他们造成了极大的损失，受害者要狠狠地惩罚他们：烧掉他们的财产，然后给他们教训。农民认为，他们烧掉了我们的财产，现在也把他们的财产烧掉。① 然后农民将那些烤焦的鸡鸭鹅塞到纵火者嘴里，大喊着，正是你们烤焦了我们的家禽，你们就把它吃了吧！村社的孩子们将那些烧焦的木棍扔向纵火者！② 这个案件也说明农民喜欢用这种报复的方式来惩罚那些来自村子外面的罪犯。这些案件充分说明农民的法律意识淡薄、法制观念不强，农民还是喜欢用自己认为最有效的方式来解决他们所面临的问题。

当然，不是农民没有求助过司法机构，关键是司法机构的解决方式并未阻止伊凡兄弟再次来他们村子偷盗，政府机构或者警察无法保障他们财产的安全。这里需要强调的是，有些情节较重的纵火案已经超出了乡法院和治安法院的审理范围，多数由有陪审团参与的区法院来审理。但通常情况下，陪审团将这些纵火者宣判无罪。原因有以下几个方面：①因为《刑法》规定，所有的纵火，包括森林纵火，或者针对住宅和非住宅的纵火，对罪犯的惩罚是流放到西伯利亚。陪审团认为这样的惩罚过于严重，他们不愿意判处纵火者有罪。②多数来自农民阶层的陪审员将纵火看作处理问题的一种合法方式，因为他们生活的农村，在他们看来，纵火是很正常的。③陪审员担心纵火者或其家人报复也是无罪宣判的影响因素。由于担心报复，所以农民陪审员也会宣布纵火者无罪。对纵火案的无罪宣判率甚至达到了 50%，被释放后的纵火者还有可能返回村庄实施犯罪。③

---

① C. A. Frierson, "Of Red Roosters, Revenge, and the Search for Justice: Rural Arson in European Russia in the Late Imperial Era," p. 116
② C. A. Frierson, "Of Red Roosters, Revenge, and the Search for Justice: Rural Arson in European Russia in the Late Imperial Era," p. 117.
③ C. A. Frierson, "Of Red Roosters, Revenge, and the Search for Justice: Rural Arson in European Russia in the Late Imperial Era," p. 124.

农民对政府或司法机构能够保护他们免受纵火者或其亲戚的侵扰没有信心。在这种情况下，他们就没必要选择法律作为解决问题的途径。再者说，诉讼费也是相当高的。农民对法律诉讼中体现的抽象原则不感兴趣；他们关心的是如何保障他们村庄的安全和家庭的安全。他们对纵火很熟悉；他们知道纵火者不会留下什么证据，要提出正式的诉讼将会有多难。农民是短视的，但也是现实的，现实的考虑使他们在解决纵火这类问题时不会优先选择法律的方式。尽管司法改革在农村也产生了广泛的影响力，但农民仍然将纵火看作解决争端的一种有效方式。关键是，纵火不是特例，而是农村中普遍存在的现象。纵火案件的频发说明了提高农民的法制观念相当有难度。

从俄国民众法律意识的缓慢转变中，我们可以看出，法律意识的发展由主动融入和被动发展两个方面组成。主动融入就是农民放弃自己处理问题的方式，渐渐在解决问题时优先选择法律的途径，但这个过程很漫长，除非农民脱离自己生活的环境，他们转变成产业工人或商人，或者他们本身经济的发展会促进他们自身法律意识的转变。另一种是政府通过有效的途径加快农民法律观念的转变。这就需要政府提供能有效保护农民的方式，让农民看到法律的解决渠道比他们自己选择的解决方式更有效。但在纵火案中，司法机构没能给农民提供这样的帮助。当他们觉得法律的解决方式不划算的时候，他们就会选择自己的方式。农民在解决争端时也会失去对法院的信任，这反而会延缓农民法律意识的发展。因此，民众法律意识的发展离不开司法的进一步发展和完善。

从以上分析来看，司法改革确实推动了俄国社会法律意识的发展，对提高司法人员和民众的法制观念有着重要的意义。但这种发展并不如我们想象的那么完美，在农民的日常生活实践中，正式的法律途径和非正式的通过习俗来解决问题的途径交互影响着农民的法制观念。法律意识也是历史累积的产物，也不会因为一次改革而有彻底的转变，但变革肯定已经发生，只不过需要一个漫长的过程。从某种程度上来说，直到20 世纪 90 年代俄罗斯进行司法改革时，如何提高俄国民众的法律意识仍然是俄国司法界和政府关注的主题。

小　结

总体来看，1864 年司法改革为俄国法制现代化创造了制度环境，为俄国法治国家的建设奠定了基础，为俄国民众法律意识的转变创造了良好的条件，因此，司法改革对帝俄晚期社会的发展产生了重要影响，对于俄国法制现代化的推进、经济发展和社会进步起到了非常重要的作用。但这些发展都是初步的，司法改革远没有实现改革者当初制定的目标。尽管如此，在一个专制权力有着决定性影响的社会中，司法的发展对于制衡行政权力有着不容否定的作用。司法改革仍是亚历山大二世大改革中最成功的一项改革。

1864 年司法改革不仅推动了帝俄晚期经济与社会的转型，还对 20 世纪俄罗斯的司法实践产生了重要影响。

1917 年十月革命后，以列宁为代表的多数布尔什维克认为，未来的俄国社会不能再用资本主义的一套法律制度来进行管理，因此，新政府必须推翻帝俄晚期建立起来的一整套制度体系，在民主集中制和工农联盟的基础上重建社会主义的制度体系。正是在这样一种理念的主导下，1864 年司法改革后建立起来的司法体制成为 20 世纪二三十年代苏联政府批判和攻击的对象，苏联政府在批评的基础上建设社会主义的法制。列宁、斯大林在社会主义法制建设上的理想是实现法律面前人人平等，建立能体现新制度优越性的法制模式，通过社会主义法制的建设来进一步巩固苏维埃国家。列宁明确指出，要"根据法制来管理国家"[1]，"假使我们拒绝用法令指明道路，那我们就会是社会主义的叛徒"[2]。正是在这种主导思想下，新生的苏维埃政权确立了审判员选举制、人民陪审员制度和公开辩论制等诉讼原则和司法制度。如果按照这些原则和制度来发展苏联法制的话，苏联的法制将会更加民主、更加完备，但苏联法制

---

[1]　《列宁全集》第 10 卷，人民出版社，1958，第 353 页。
[2]　《列宁全集》第 29 卷，人民出版社，1956，第 180 页。

的实际运作状况并非如此。

1864 年司法改革所建立起来的司法相对独立在苏联时期已经被推翻，法官也不再是终身任职制，这样一来，苏联的司法实践中根本无法实现独立的司法权，权大于法、政治权力干涉司法事务等是苏联体制中普遍存在的现象。同时，各地方法院的财政主要来自地方财政，而不是中央政府，这就使法官对地方官员有较强的依赖性，也使他们必须与地方官员保持密切的合作。到斯大林统治时期，虽然 1936 年苏联宪法宣布了司法独立的原则，但司法独立在政治高压下几乎已经没有多少生存的空间。因此，1864 年司法改革对苏联法制建设的影响相当有限，法制现代化、民主化的发展水平在整个苏联时期仍然较低。

戈尔巴乔夫上台之后，在公开性的氛围中开始了苏联体制的全面改革，伴随着苏联政治、经济和社会等方面的深刻变化，苏联法学界开始思考如何变革苏联法制的问题。一些激进的学者建议恢复俄国 1864 年司法改革时实行过的一些制度，比如陪审制。① 这些思想虽然因苏联解体最终没能在司法改革中付诸实践，但却为 20 世纪 90 年代俄罗斯的司法改革提供了思考的路径。

苏联解体之后，俄罗斯推翻了苏联时期建立起来的司法制度体系，开始重建司法制度。俄罗斯当代的司法改革确立了司法相对独立、法官独立，完善了检察制度，推动了律师自治制度的发展，建立了陪审制，健全了诉讼体系等原则和制度，这些原则和制度的引入大大推动了俄罗斯司法的现代转型。仔细看来，当代俄罗斯司法体制中，无论是法官独立、司法权与行政权的相对分离，还是律师自治、陪审制的建立都摆脱不了 1864 年司法改革的影子。正如 1991 年 10 月当时的苏联最高苏维埃通过的"司法改革的构想"序言中指出的，"通过提出新的俄罗斯司法权的变革方式，重审辩论原则……俄罗斯将恢复 1864

---

①   Gordon B. Smith, *Reforming the Russian Legal System*, Cambridge：Cambridge University Press，1996，p. 147.

年司法改革法令所建立起来的法律文化"①。这样，1864 年司法改革所
建立起来的原则和制度在苏联解体之后又重新开始发展。从这个角度上
来讲，1864 年司法改革对当代俄罗斯司法的发展提供了可借鉴的模式和
可吸取的教训。

---

① S. J. Reynolds, "Drawing upon the Past: Jury Trials in Modern Russia," in *Reforming Justice in Russia*, *1864 – 1996: Power*, *Culture*, *and the Limits of Legal Order*, p. 378.

结语

现代化视野中的俄国 1864 年司法改革

在新航路的开辟、文艺复兴和宗教改革的推动下，欧洲特别是西欧国家率先开始了从农业文明向现代工业文明的转变，现代化成为西欧国家发展的普遍特征。现代化因而成为世界近现代历史发展的一条主要线索。但关于什么是现代化，不同的学者从不同的角度出发，得出了不同的认识。美国学者 C·E·布莱克认为，"如果一定要下定义的话，那么'现代化'可以定义为：反映着人控制环境的知识亘古未有的增长，伴随着科学革命的发生，从历史上发展而来的各种体制适应迅速变化的各种功能的过程"①。中国学者罗荣渠认为，从广义而言，现代化是指传统的农业社会向现代工业社会的全球性的大转变，它涉及经济、政治、文化和思想各个领域的变动；从狭义而言，它是落后国家采用高效率途径赶上先进工业国并带动广泛的社会改革的过程。② 钱乘旦则认为，现代化是人类社会的一次转型，是文明方式的一次转换；现代化用工业生产力取代农业生产力，在此基础上引发了社会的整体变动，从而实现从农业文明向工业文明的转变；现代化是新文明取代旧文明的历史过程，在这个过程中实现了社会的全方位变革。③ 虽然关于现代化的认识有所不同，但他们都认为，经济的现代化、社会的进步必然伴随着制度（如法

---

① 〔美〕C·E·布莱克：《现代化的动力》，段小光译，四川人民出版社，1988，第 11 页。
② 罗荣渠：《现代化新论——世界与中国的现代化进程》，北京大学出版社，1993，第 16 ~ 17 页。
③ 钱乘旦、杨豫、陈晓律：《世界现代化进程》，南京大学出版社，1997，第 1 ~ 3 页。

制）现代化的发展，而且现代化是一种由传统社会向现代化社会转变的历史进程。综观世界历史的发展，现代化的历史转变通常是以改革或者革命的方式来完成的。改革是在现有的制度框架下通过政策的调整和制度的调适来实现变革。而革命往往是暴力的，是通过一种剧烈的变革实现社会的变迁。不管一个国家选择改革还是革命的方式，都与这个国家的历史传统、所面临的客观环境有密切的关系。改革与革命都是实现社会变革的重要方式，只不过在不同的历史发展阶段所实现的目标有所不同。

在俄国历史的发展进程中，相对落后的经济发展水平、防御的天然无屏障感、难以有效管理边境地区、上层与下层文化之间存在的巨大鸿沟都成为历代沙皇在改革中面临的突出问题，也成为影响俄国发展道路选择的关键要素。这些问题的累积最终导致了一种威胁国家安全和稳定的系统危机。统治者在面对国家实力迅速下降的危机时，总能进行规模较为宏大的改革。沙皇彼得一世、叶卡捷琳娜二世和亚历山大二世都进行了规模较大的改革，在历史上产生了广泛的影响力。改革因而在俄国历史上有着特别重要的地位，成为俄国历史发展的一大传统。但俄国的改革往往是在外部严重危机的压力下启动的，是统治者自上发动的结果。改革缺乏广泛的社会认同，改革甚至在政府上层都没有达成共识，所以改革在启动之后，往往会遭到来自政府内部的强烈抵制，改革接着就是反改革甚至倒退。历史就这样在改革—反改革—改革之间徘徊。这样的来回折腾逐渐耗尽了改革的能量和潜力，新老问题的累积为革命的发生创造了条件。

俄国历史上的改革似乎呈现出一种循环发展的模式。尽管改革中出现了各种问题，改革甚至还因为反改革的制约而孕育了革命，但改革还是为俄国社会的变革、俄国向现代社会的转型奠定了基础。那么我们如何从俄国现代化整体发展的维度来评价俄国1864年司法改革呢？

人们在评价司法改革时，经常会问到这样的问题，改革是否推动了俄国法制现代化的真正发展。如果从短时段的角度来看的话，司法改革是俄国法制的一大进步，标志着俄国法制现代化的真正开始。司法相对独立、公开辩诉、审判公开、陪审制和律师制度等的引入和实施使俄国这样一个专制国家有了保护人民基本权利的司法体制。改革代表着俄国自由主义法制理念的初步胜利。

如果将司法改革同亚历山大二世所推行的农奴制度的废除和地方自治改革相比，司法改革产生的影响要更为深远一些。农奴制废除后，巨额的赎金和沉重的税赋使帝俄晚期农村中的矛盾日趋激烈，这个问题直到 20 世纪初斯托雷平改革时沙皇政府才开始着手解决。地方自治改革的实施推动了俄国地方政治民主化的发展，但致力于维护旧体制的沙皇政府拒绝了自由主义者要建立全俄代表机构——杜马的要求。这决定了地方自治改革的悲剧命运。比较而言，司法改革至少从制度层面上，建立了从中央到地方完善的司法体系，建立了保障人民基本权利的上诉体制，完善了监督司法的管理体制。从短时段来看，司法改革标志着俄国似乎已经融入现代欧洲文明国家之列。尤其是司法独立原则的引入和实施意味着俄国政治的专制基础正在发生动摇。司法独立、权力分离的必然结果是法官的独立。在法官可以被随意免职的体制之下，公正很难实现。但新的法律保证了法官的独立，法官不能随意被免职，除非法官有刑事犯罪。至少在司法改革实施的初期，亚历山大二世遵守了这一原则。① 一旦沙皇接受了司法独立、权力分离，那么他也就自愿地放弃了自己通过行政命令来控制司法的权力，这本身是沙皇专制权力中最有力的武器。从这个角度来看，司法改革间接地削弱了沙皇的专制权力。如果俄国沿着改革者以这些原则为基础设定的制度发展的话，那么将会走向一个社会更加民主、法制更加完备的社会。

不过，对改革的评价不仅要看其制度设计，更要将其置于历史整体发展的维度中看待其作用和影响。

如果我们将司法改革置于俄国现代化整体发展中来评价时，短时段的评价显然不够。从俄国历史发展的长时段来看，改革远没有实现改革家建立法治国家的目标。改革者对改革所面临的强大阻力缺乏充分的认

---

① A. Kornilov, *Modern Russian History from the Age of Catherine the Great to the End of the Nineteenth Century*, Vol. 2, New York: Alfred A. Knopf, 1952, p. 184.

识。改革者只关注具体问题，而忽略了从整体上来看待改革所面临的阻力。殊不知牵一发而动全身。改革的全面展开必然会触及政治改革，但改革者的最终目标却是维护沙皇的权力。改革导致了一种悖论。正如俄国学者 L. G. 扎哈罗娃指出的，改革者的目标往往是乌托邦式的。[①] 帝俄晚期的司法就在这种理想与现实的矛盾中曲折发展。

那为什么沙皇赞同的司法改革遭遇了反改革呢？法国学者勒鲁瓦－博留的观点很有说服力。他认为，亚历山大二世的司法改革对于专制的沙皇俄国来说是如此新颖，如此独立，如此具有自由主义精神，因而改革后的司法制度不可能长期完整地保留法律赋予的权利。[②] 沙皇政府后来虽然没有将 1864 年司法改革的原则和制度全部废除掉，但政府开始想方设法控制司法改革，削弱司法改革所产生的影响，目的是将司法改革统一到沙皇专制制度的轨道上来。对亚历山大二世来说，他可以允许媒体自由，允许地方自治，允许大学自治，允许司法独立，但这些改革都是为了扩大俄国社会各阶层对沙皇的效忠，稳固沙皇政府的统治基础。一旦改革后的这些机构或人员背离了沙皇的理念框架，那么改革不可避免会走向反改革。亚历山大二世之所以接受司法改革，因为在他看来，自己能够掌握司法改革的航向。正如美国学者 A. 里耶伯指出的，亚历山大二世给他的臣民计算出了自由发展的空间。在沙皇看来，他的臣民知道如何很好地运用这种自由。在沙皇的眼里，自由的扩展意味着民众将更好地为他服务、为他效忠。[③]

这只是沙皇的一厢情愿，改革一旦进入实施阶段，所迸发出的能量超出了沙皇的控制范围。专制的沙皇政府与新制度之间的对抗在所难免。沙皇希望新法院能够更好地维护政府的利益。但受过法学专业教育，致力于发展 1864 年诸原则的司法官员认为他们应该更好地执行法

---

① L. G. Zakharova, "From Reform 'from Above' to Revolution 'from Below'," in T. Taranovski ed., *Reform in Modern Russian History: Progress or Cycles?* Cambridge: Cambridge University Press, 1995, p. 124.

② L. G. Zakharova, "From Reform 'from Above' to Revolution 'from Below'," p. 365.

③ A. J. Rieber, "Alexander II: A Revisionist View," *The Journal of Modern History*, Vol. 43, No. 1 (January 1971), p. 54.

律，维护司法独立，追求司法公正。从事司法工作因而成了一项荣耀高贵的职业。正如 A. Ф. 科尼所指出的，从事司法工作就像是一种号召，像是初恋，在人的心里留下了永久的回忆。① 在政治案件的审理中，沙皇专制制度与司法机构之间的冲突表现得最为突出。沙皇政府想严惩政治犯，但法院考虑的是如何实现司法正义。

俄国律师协会可以说具有浓厚的自由主义色彩。绝大多数律师将自己看作个人权利的维护者，他们的辩护实质上是对专制权力的一种抵制。但正是律师的这种职业特性使律师协会成为沙皇政府打压的对象。法官、检察官和司法侦查员也难免受到专制权力的干涉。法官虽不能被免职，但可以被调离工作岗位。沙皇政府通过人事任免、调动权控制了法官、检察官和司法侦查员，司法独立、权力分离的原则日渐受到冲击。

司法改革本身体现了对警察权力的控制与约束。但随着 19 世纪 80 年代一系列反改革法令的实施，警察的权力不仅得到了恢复，还有所发展。司法改革的目标并没有实现，正如著名法学家、圣彼得堡科学院院士 M. 科瓦列夫斯基所指出的，无论何时，只要一个人的房子会被一群名叫宪兵的政治间谍搜查，……那么保护个人的法律地位，维护个人的安全，实现社会的法治都是不可能的。② 因此，只有彻底改变警察的权力，1864 年司法改革维护个人权利的目标才能实现。然而，要改革警察制度，必须彻底改革俄国的行政体制。对沙皇政府来说，这无异于自杀。

沙皇政府一直将农奴制度和官僚制度作为自己统治的基础。1861 年改革废除了农奴制度，但官僚制度完整地保留了下来。地方自治体系和独立的司法体系一直挑战着俄国政府的专制权力。1864 年司法改革所设定的一系列原则旨在扩展公民的个人自由和政治自由，这就要求政治和社会民主化的进一步发展，但沙皇政府在政治民主上拒绝做出让步。在

---

① S. Kucherov, *Courts, Lawyers and Trials under the Last Three Tsars*, p. 312.

② M. Kovalevsky, *Russian Political Institutions*, Chicago: The University of Chicago Press, 1902, p. 239.

这种情况下，沙皇政府能做的就是破坏司法改革中不利于沙皇专制权力的原则，加强对司法改革的控制。行政权力不断挤压相对独立的司法体系的发展空间。因此，当致力于维护专制权力的沙皇政府拒绝进行政治体制改革时，司法改革也不可能真正深入下去。其实，一个国家体制间的构造是相互交织的，很难找到一种完全脱离价值观念和意识形态的纯技术的司法改革。如果改革者厘不清部分与部分之间、部分与整体之间的关系的话，所实施的许多改革必将是盲目的、相互冲突的。俄国这种体制内的矛盾从改革一开始就存在，改革虽然在不断进行，但最终因无法调和不同利益之间的关系而很难取得突破性的进展。

　　总结来看，1864 年司法改革为俄国创设了一系列崭新的法治原则和司法制度，改革在吸收英、法、德等国法学理论和司法实践的基础上，较为成功地引入了司法独立、权力分离、审判公开、辩诉制度、陪审制和律师制度等，但沙皇政府引入这些原则和制度的目的是进一步维护沙皇的专制权力。一旦改革后的原则和制度威胁到沙皇政府的利益，政府就开始了反改革。反改革并不是要彻底推翻司法改革的成果，而是进一步加强对司法机构的控制。改革与反改革的博弈导致改革的部分成果遭到了严重的破坏。20 世纪初，虽然沙皇政府又恢复了司法改革的部分内容，但 1864 年司法改革设计者们的目标并没有实现，俄国也未能像欧洲其他国家一样，走上一条真正的法治国家之路。沙皇政府致力于维护旧体制这一点就决定了司法改革也不可能实现俄国社会的真正变革。正如有学者所总结的，"令俄国人感到痛苦的是，他们在经历了如此伟大的变革之后仍然未能实现彻底的变革。在政府那里，在人民中间，仍然保留着传统的思想，旧有的习惯。虽然改革已经发生，但这些都没有触及他们的灵魂，都没能到达人们灵魂的深处。人民是如此，统治者更是如此"[1]。

---

[1]　A. Leroy-Beaulieu, *The Empire of the Tsars and the Russians V2: The Institutions*, p. 382.

参考文献

一　史料

［1］ Устав гражданскогосудопроизводства （1864）, http：//civil. consult-
ant. ru/reprint/books/115/.

［2］ Устав уголовнаго судопроизводства （1864）, http：//civil. consult-
ant. ru/reprint/books/118/.

［3］ Учреждения судебных установлений （1864）, http：//civil. consult-
ant. ru/reprint/books/121/ .

［4］ Устав о наказаниях, налагаемых мировыми судьями （1864）, ht-
tp：//civil. consultant. ru/reprint/books/331/ .

［5］ Свод законов Российской Империи. Том. Х, http：//civil. consultant.
ru/reprint/books/211/19. html.

［6］ Полное Собрание Законов Российской Империи （ПСЗ）, Собраниеl,
2, 3, Санкт-Пертбург, 1830 – 1916.

二　著作

（一）俄文部分

［1］ *А. Ф. Кони*, На Жизненном Пути, Том. 1, Моска, 1912.

［2］ *А. Ф. Кони*, Избранные Произведения, Москва, 1956.

［3］ *А. Ф. Кони*, Избранные Произведения, Том. I, Москва, 1959.

［4］ *А. Ф. Кони*, Собрание Сочинений: в Восьми Томах, Том. I, II, Москва, 1966.

［5］ *А. Ф. Кони*, Собрание Сочинений, Том. IV. V, Москва, 1968.

［6］ *А. Ф. Кони*, Отцы и Дети Судебной Реформы, Москва, 2003.

［7］ *Г. А. Джаншиев*, Эпоха Великих Реформ: историческия справки, Москва, 1905.

［8］ *И. В. Гессен*, Судебная Реформа, Москва, 1905.

［9］ *М. Н. Гернет*, История Русской Адвокатуры, Москва, 1916.

［10］ *Н. В. Давыдов*, *Н. Н. Полянский*, Судебная Реформа, Том. I, II, Москва, 1915.

［11］ *И. М. Тютрюмов*, Законы Гражданские, Том. II, Петербург, 1915.

［12］ *М. Ф. Владимирскаго-Буданова*, Обзор Истории Русскаго Права, Киев, 1907.

［13］ *Н. Н. Ефремова*, Министерство Юстиции Российской Империи, 1802 – 1917 гг: историко-правовое исследование, Москва, 1983.

［14］ *Б. В. Виленский*, Судебная Реформа и Контрреформа в России, Москва, 1969.

［15］ *Б. В. Виленский*, *О. И. Чистяков*, Российское Законодательство X-XX веков. Т. 8: Судебная Реформа, Москва, 1991.

［16］ *Н. К. Шильдер*, Император Николаи Первый: его жизнь и царствование, Чарли, 1997.

［17］ *Л. А. Плеханова*, Реформы Александр II, Москва, 1998.

［18］ *М. Н. Гернет*, *И. В. Гессен*, История Русской Адвокатуры, 1864 – 1914, Том. I, II, III, Москва, 1914 – 1916.

［19］ *И. А. Емельянова*, Историко-правовая Наука России XIX в: ист-ория русского права: методологические и историографические очерки, Казан, 1988.

［20］ *С. М. Казанцев*, Суд Присяжных в России: громкие уголовные процессы 1864 – 1917 гг., Лениздат, 1991.

［21］ *П. А. Зайончковский*，Российское Самодержавие в Конце Девятна-дцатого Столетия：политическая реакция 80-х — начала 90-х годов，Москва，1970.

［22］ *И. П. Белоконский*，Дань Времени. Часть 2. В Годы Бесправия：Воспоминания，Москва，1930.

［23］ *М. Г. Коротких*，Самодержавие и Судебная Реформа 1864 года в России，Вестник，1989.

［24］ *Е. А. Правилова*，Законность и Права Личности：административ-ная юстиция в России，вторая половина ХИХ в. -октябрь 1917 г，Санкт-Пертбург，2000.

［25］ *С. М. Казанцев*，История Царской Прокуратуры，Санкт-Перт-бург，1993.

［26］ *С. В. Боботов*，*Н. Ф. Чистяков*，Суд Присяжных：история и совр-еменность，Москва，1992.

［27］ *Е. В. Васьковский*，Руководство к Толкованию и Применению Зак-онов：для начинающих юристов，Москва，1997.

［28］ *Е. А. Скрипилев*，Развитие Русского Права во Второй половине XIX-начале XX Века，Москва，1997.

（二） 英文部分

［1］ A. G. Mazour，*The First Russian Revolution*，1825：*The Decembrist Movement*，*Its origins*，*Development*，*and Significance*，Stanford University Press，1961.

［2］ A. Kornilov，*Modern Russian History from the Age of Catherine the Great to the End of the Nineteenth Century*，Vol. 2，Alfred A. Knopf，1952.

［3］ A. Leroy-Beaulieu，*The Empire of the Tsars and the Russians V2：The Institutions*，Kessinger Publishing，2006.

［4］ B. Dmytryshyn ed. ，*Imperial Russia*，*A Source Book*，*1700 – 1917*，Dryden Press，1990.

［5］ B. Eklof，J. Bushnell，L. Zakharova eds. ，*Russia's Great Reforms*，

1855 – 1881, Indiana University Press, 1994.

[6] B. Pares, *A History of Russia*, Knopf, 1953.

[7] D. D. Barry ed. , *Toward the "Rule of Law" in Russia? Political and Legal Reform in the Transition Period*, M. E. Sharpe, 1992.

[8] D. H. Kaiser, *The Growth of the Law in Medieval Russia*, Princeton University Press, 1980.

[9] D. Lieven ed. , *The Cambridge History of Russia*, *Volume II*, *Imperial Russia*, *1689 – 1917*, Cambridge University Press, 2006.

[10] D. M. Wallace, *Russia*, Kessinger Publishing, 2004.

[11] D. M. Wallace, *Russia: On the Eve of War and Revolution*, Princeton University Press, 1984.

[12] E. N. Anderson, P. R. Anderson, *Political Institutions and Social Change in Continental Europe in the Nineteenth Century*, University of California Press, 1967.

[13] G. A. Craig, *Europe*, *1815 – 1914*, Holt, Rinehart, and Winston, 1966.

[14] G. Hosking, *Russia: People and Empire*, *1552 – 1917*, Harvard University Press, 2001.

[15] G. B. Smith, *Reforming the Russian Legal System*, Cambridge University Press, 1996.

[16] G. P. Fedotov, *The Russian Religious Mind*, Vol. I, Harvard University Press, 1946.

[17] G. Vernadsky, *A Source Book for Russian History from Early Times to 1917*, Vol. II, Yale University Press, 1972.

[18] G. L. Yaney, *The Systematization of Russian Government: Social Evolution in the Domestic Administration of Imperial Russia*, University of Illinois Press, 1973.

[19] H. D. Balzer ed. , *Russia's Missing Middle Class: The Professions in Russian History*, M. E. Sharpe Inc. , 1996.

[20] H. J. Berman, *Justice in Russia: An Interpretation of Soviet Law*,

Havard University Press, 1950.

[21] H. Spencer, *Social Statics or the Conditions Essential to Human Happiness Specified, and the First of Them Developed*, Nabu Press, 2009.

[22] J. Bergman, *Vera Zasulich: A Biography*, Stanford University Press, 1983.

[23] J. Blum, *Lord and Peasant in Russia from the Ninth to the Nineteenth Century*, Cambridge University Press, 1967.

[24] J. Burbank, *Russian Peasants Go to Court: Legal Culture in the Countryside, 1905 – 1917*, Indiana University Press, 2004.

[25] J. L. Wieczynski et al. eds. , *The Modern Encyclopedia of Russian and Soviet History*, XIX, Academic International Press, 1981.

[26] J. Mayda, *François Gény and Modern Jurisprudence*, Louisiana State University Press, 1978.

[27] J. M. Donovan, *Juries and the Transformation of Criminal Justice in France in the Nineteenth & Twentieth Centuries*, University of North Carolina Press, 2010.

[28] J. Merryman, *The Civil Law Tradition: An Introduction to the Legal Systems of Western Europe and Latin America*, Stanford University Press, 1969.

[29] J. Ram, *A Treatise on Facts as Subjects of Inquiry by a Jury*, Baker, 2009.

[30] J. S. Curtiss, *Essays in Russian and Soviet History*, Columbia University Press, 1965.

[31] J. T. Flynn, *The University Reform of Alexander I, 1802 – 1835*, America Press, 1988.

[32] K. F. Taylor, *In the Theater of Criminal Justice: The Palais De Justice in Second Empire Paris*, Princeton University Press, 1993.

[33] L. Schapiro, *Nationalism and Rationalism in Russian Nineteenth-Century Political Thought*, Yale University Press, 1967.

［34］ M. A. Lesser, *The Historical Development of the Jury System*, Kessinger Publishing LLC, 2008.

［35］ M. Kovalevsky, *Russian Political Institutions*, The University of Chicago Press, 1902.

［36］ M. Levin, *The Making of the Soviet System*: *Essays in the Social History of Interwar Russia*, Methuen, 1985.

［37］ M. Prawdin, *The Unmentionable Nechaev*: *A Key to Bolshevism*, Allen and Unwin, 1963.

［38］ M. Raeff, *Michael Speransky*: *Statesman of Imperial Russia*, *1772 – 1839*, Springer, 1957.

［39］ M. T. Florinsky, *Russia*: *A History and an Interpretation*. Vol. I, Macmillan Company, 1967.

［40］ O. Crisp, L. Edmondson eds. , *Civil Rights in Imperial Russia*, Oxford University Press, 1989.

［41］ P. Goodrich, *Legal Discourse*: *Studies in Linguistics*, *Rhetoric and Legal Analysis*, Patgrave Macmillan, 1987.

［42］ P. H. Solomon Jr. eds. , *Reforming Justice in Russia*, *1864 – 1996*: *Power*, *Culture*, *and the Limits of Legal Order*, M. E. Sharpe Inc. , 1997.

［43］ R. Chambers, *The Book of Days*: *A Miscellany of Popular Antiquities*, Part I, Kessinger Publishing, 2004.

［44］ R. David, H. De Vries, *The French Legal System*, Oceana Pubns, 1958.

［45］ R. Pipes, *Russia under the Old Regime*, Scribner, 1974.

［46］ Richard S. Wortman, *The Development of a Russian Legal Consciousness*, Kessinger Publishing, 1976.

［47］ S. Kucherov, *Courts*, *Lawyers and Trials under the Last Three Tsars*, Greenwood Press, 1974.

［48］ T. Taranovski, *Reform in Modern Russian History*: *Progress or Cycles?* Cambridge University Press, 1995.

［49］ W. B. Lincoln, *In the Vanguard of Reform*: *Russia's Enlightened Bu-*

reaucrats, *1825 – 1861*, Northern Illinois University Press, 1982.

[50] W. B. Lincoln, *The Great Reforms*: *Autocracy*, *Bureaucracy*, *and the Politics of Change* in Imperial Russia, Northern Illinois University Press, 1990.

[51] W. E. Mosse, *Alexander II and the Modernization of Russia*, Collier Books, 1962.

[52] W. G. Wagner, *Marriage*, *Property*, *and Law in Late Imperial Russia*, Clarendon Press, 1996.

[53] W. M. Pinter, D. K. Rowney, *Russian Officialdom*: *The Bureaucratization of Russian Society from the Seventeenth to the Twentieth Century*, The University of North Carolina Press, 1980.

（三） 中文部分

[1] 〔美〕C·E·布莱克:《现代化的动力》, 段小光译, 四川人民出版社, 1988。

[2] 〔美〕E. 博登海默:《法理学——法哲学及其方法》, 邓正来等译, 华夏出版社, 1987。

[3] 〔美〕H.W. 埃尔曼:《比较法律文化》, 贺卫方等译, 生活·读书·新知三联书店, 1990。

[4] 〔苏〕M. 巴赫金:《小说理论》, 白春仁、晓河译, 河北教育出版社, 1998。

[5] 〔俄〕鲍里斯·尼古拉耶维奇·米罗诺夫:《俄国社会史: 个性、民主家庭、公民社会及法制国家的形成》上、下卷, 张广翔等译, 山东大学出版社, 2006。

[6] 〔美〕彼得·布劳、马歇尔·梅耶:《现代社会中的科层制》, 马戎等译, 学林出版社, 2001。

[7] 〔美〕波斯纳:《法理学问题》, 苏力译, 中国政法大学出版社, 1994。

[8] 〔美〕伯纳德·施瓦茨:《美国法律史》, 王军等译, 中国政法大学出版社, 1990。

[9] 曹维安:《俄国史新论——影响俄国历史发展的基本问题》, 中国社

会科学出版社，2002。

[10] 陈业宏、唐鸣：《中外司法制度比较》，商务印书馆，2000。

[11] 崔卓兰主编《律师制度》，吉林大学出版社，2001。

[12] 〔法〕卡斯东·斯特法尼、乔治·勒瓦索、贝尔纳·布洛克：《法国刑事诉讼法精义》（上册），罗结珍译，中国政法大学出版社，1999。

[13] 〔法〕米歇尔·福柯：《规训与惩罚：监狱的诞生》，刘北成、杨远婴译，生活·读书·新知三联书店，2003。

[14] 〔法〕米歇尔·福柯：《知识考古学》，谢强、马月译，生活·读书·新知三联书店，1998。

[15] 〔法〕托克维尔：《论美国的民主》上卷，董果良译，商务印书馆，1995。

[16] 〔古希腊〕亚里士多德：《政治学》，吴寿彭译，商务印书馆，1997。

[17] 〔俄〕果戈理：《死魂灵》，陈殿兴等译，湖南人民出版社，1987。

[18] 〔俄〕《果戈理选集》第二卷，满涛译，人民文学出版社，1984。

[19] 〔美〕哈罗德·J·伯尔曼：《法律与革命——西方法律传统的形成》，贺卫方等译，中国大百科全书出版社，1993。

[20] 〔美〕伯尔曼：《法律与宗教》第二版，梁治平译，中国政法大学出版社，2003。

[21] 〔美〕哈罗德·伯曼编《美国法律讲话》，陈若桓译，生活·读书·新知三联书店，1988。

[22] 〔德〕汉斯-格奥尔格·加达默尔：《真理与方法：哲学诠释学的基本特征》上卷，洪汉鼎译，上海译文出版社，1999。

[23] 何勤华主编《法国法律发达史》，法律出版社，2001。

[24] 何勤华主编《英国法律发达史》，法律出版社，1999。

[25] 〔英〕赫伯特·斯宾塞：《国家权力与个人自由》，谭小勤等译，华夏出版社，1999。

[26] 〔俄〕赫尔岑：《往事与随想》上册，项星耀译，人民文学出版社，1993。

[27] 蒋耀祖：《中美司法制度比较》，商务印书馆，1979。

［28］〔英〕边沁：《政府片论》，沈叔平等译，商务印书馆，1995。

［29］〔苏〕Б. Б. 卡芬加乌兹、Н. И. 巴甫连科主编《彼得一世的改革》上册，郭奇格等译，商务印书馆，1997。

［30］〔德〕克劳思·罗科信：《刑事诉讼法》，吴丽琪译，法律出版社，2003。

［31］〔俄〕B. B. 拉扎列夫主编《法与国家的一般理论》，王哲等译，法律出版社，1999。

［32］刘军宁等编《经济民主与经济自由》，生活·读书·新知三联书店，1997。

［33］刘祖熙：《改革和革命——俄国现代化研究（1861—1917)》，北京大学出版社，2001。

［34］罗荣渠：《现代化新论——世界与中国的现代化进程》，北京大学出版社，1993。

［35］马长山：《国家、市民社会与法治》，商务印书馆，2002。

［36］〔苏〕米·尼·波克罗夫斯基：《俄国历史概要》（上册），贝璋衡等译，商务印书馆，1994。

［37］〔美〕尼古拉·梁赞诺夫斯基、马克·斯坦伯格：《俄罗斯史》，杨烨、卿文辉主译，上海人民出版社，2007。

［38］〔苏〕涅奇金娜主编《苏联史》第二卷第二分册，生活·读书·新知三联书店，1959。

［39］钱乘旦、杨豫、陈晓律：《世界现代化进程》，南京大学出版社，1997。

［40］〔美〕琼·雅各比：《美国检察官研究》，周叶谦等译，中国检察出版社，1990。

［41］〔俄〕谢德林：《波谢洪尼耶遗风》，斯庸译，上海译文出版社，1981。

［42］邵丽英：《改良的命运：俄国地方自治改革史》，社会科学文献出版社，2000。

［43］沈宗灵主编《法理学》，高等教育出版社，1994。

［44］施鹏鹏：《陪审制研究》，中国人民大学出版社，2008。

［45］石毅主编《中外律师制度综观》，群众出版社，2000。

［46］世界著名法典汉译丛书编委会编《十二铜表法》，法律出版社，2000。

［47］司莉：《律师职业属性论》，中国政法大学出版社，2006。

［48］宋世杰等：《外国刑事诉讼法比较研究》，中国法制出版社，2006。

［49］孙成木等主编《俄国通史简编》上、下册，人民出版社，1986。

［50］陶惠芬：《俄国近代改革史》，中国社会科学出版社，2007。

［51］屠茂芹：《残酷的天才——陀思妥耶夫斯基》，太白文艺出版社，1998。

［52］〔俄〕瓦·奥·克柳切夫斯基：《俄国史教程》第五卷，刘祖熙等译，商务印书馆，2009。

［53］〔俄〕瓦·奥·克柳切夫斯基：《俄国史教程》第一卷，张草纫等译，商务印书馆，1992。

［54］王钺：《罗斯法典译注》，兰州大学出版社，1987。

［55］王云龙：《现代化的特殊性道路：沙皇俄国最后 60 年社会转型历程解析》，商务印书馆，2004。

［56］谢佑平：《社会秩序与律师职业——律师角色的社会定位》，法律出版社，1998。

［57］姚海：《近代俄国立宪运动的源流》，四川大学出版社，1996。

［58］姚海：《俄罗斯文化》，上海社会科学院出版社，2005。

［59］〔意〕恩里科·菲利：《犯罪社会学》，郭建安译，中国人民公安大学出版社，2004。

［60］〔意〕切萨雷·贝卡里亚：《论犯罪与刑罚》，黄风译，中国法制出版社，2002。

［61］〔意〕朱塞佩·格罗索：《罗马法史》，黄风译，中国政法大学出版社，1994。

［62］应克复等：《西方民主史》，中国社会科学出版社，1997。

［63］〔德〕哈贝马斯：《公共领域的结构转型》，曹卫东等译，学林出

版社，1999。

［64］〔美〕约翰·麦·赞恩：《法律的故事》，刘昕等译，江苏人民出版社，1998。

［65］〔英〕约翰·密尔：《论自由》，程崇华译，商务印书馆，1982。

［66］〔苏〕札伊翁契可夫斯基：《俄国农奴制度的废除》，叔明译，三联书店，1957。

［67］张广翔：《18—19 世纪俄国城市化研究》，吉林人民出版社，2006。

［68］张建华：《俄国史》，人民出版社，2004。

［69］张建华：《俄国现代化道路研究》，北京师范大学出版社，2002。

［70］张建华：《俄国知识分子思想史导论》，商务印书馆，2008。

［71］张建华：《红色风暴的起源——彼得大帝和他的帝国》，中国城市出版社，2002。

［72］张千帆：《西方宪政体系》（上册·美国宪法），中国政法大学出版社，2000。

［73］张寿民：《俄罗斯法律发达史》，法律出版社，2000。

［74］《列宁全集》第 22 卷，人民出版社，1990。

［75］《马克思恩格斯全集》第 6 卷，人民出版社，1961。

［76］《马克思恩格斯全集》第 8 卷，人民出版社，1965。

三　论文

（一）俄文部分

［1］ *И. Д. Ковальченко*，"Некоторые вопросы методологии истории," Новая и Новейшая История，1991，№5.

［2］ *В. В. Согрин*，"Российская история конца XX столетия в контксте всеобщей истории теретическое осмысление," Новая и Новейшая История，1999，№1.

［3］ *А. В. Павловкая*，"Александр Ⅱ：как реформатор в Англо-Американской историографии," Вестн. Моск. ун-та. Сер. 8. Ист-ория，1994，№6.

［4］ *А. А. Либерман*， "Состав института земских началниках，" Вопо-
осы Истории，1976，№8.

（二） 英文部分

［1］ A. J. Rieber， "Alexander II: A Revisionist View，" *The Journal of Mod-
ern History*，Vol. 43，No. 1 （January 1971）.

［2］ A. J. Violette， "Judicial Reforms in the Russian Navy during the 'Era of
Great Reforms': The Reform Act of 1867 and the Abolition of Corporal
Punishment，" *The Slavonic and East European Review*，Vol. 56，No. 4
（Winter 1978）.

［3］ B. B. Farnsworh， "The Litigious Daughter-in-Law: Family Relations in
Rural Russia in the Second Half of the Nineteenth Century，" *Slavic Re-
view*，Vol. 45，No. 1，1986.

［4］ B. L. Levin-Stankevich， "Cassation, Judicial Interpretation and the De-
velompent of Civil and Criminal Law in Russia，1864 – 1917，" State U-
niversity of New York，Unpublished Doctor Paper，1984.

［5］ C. C. Wilson， "Basic Principles of 1862: The Judicial System: A Trans-
lation and Commentary，" Unpublished Master Paper，University of Min-
nesota，1997.

［6］ C. Frierson， " 'I must Always Answer to the Law…' Rules and Re-
sponse at the Reformed *Volost'* Court，" *The Slavonic and East European
Review*，Vol. 75，No. 2，1997.

［7］ D. Christian， "The Political Ideals of Michael Speransky，" *The Slavonic
and East European Review*，Vol. 54，No. 2 （Summer 1976）.

［8］ D. W. Edwards， "Count Joseph Marie de Maistre and Russian Educational
Policy，1803 – 1828，" *Slavic Review*，Vol. 36，No. 1 （January 1977）.

［9］ G. N. Bhat， "The Moralization of Guilt in Late Imperial Russian Trial by
Jury: The Early Reform Era，" *Law and History Review*，Vol. 15，No. 1
（Spring 1997）.

［10］ G. N. Bhat， "Trial by Jury in the Reign of Alexander II，" Unpublished

Dissertation Paper, University of California at Berkeley, 1995.

[11] I. A. Hourwich, "The Russian Judiciary," *Political Science Quarterly*, Vol. 7, No. 4 (1892).

[12] J. Burbank, "An Imperial Rights Regime: Law and Citizenship in the Russian Empire," *Kritika: Explorations in Russian and Eurasian History*, Vol. 7, No. 3 (Fall 2006).

[13] J. Burbank, "A Question of Dignity: Peasant Legal Culture in Late Imperial Russia," *Continuity and Change*, Vol. 10, No. 3 (Fall 1995).

[14] J. Burbank, "Discipline and Punishment in the Moscow Bar Association," *The Russian Review*, Vol. 54, No. 1 (Spring 1995).

[15] J. LeDonne, "The Provincial and Local Police under Catherine the Great, 1775 – 1796," *Canadian-american Slavic Studies*, Vol. IV, No. 3 (Fall 1970).

[16] J. W. Atwell, "The Russian Jury," *The Slavonic and East European Review*, Vol. 53, No. 130 (January 1975).

[17] J. W. Garner, "Criminal Procedure in France," *Yale Law Journal*, Vol. 25, 1916.

[18] M. Raeff, "The Well-Ordered Police State and the Development of Modernity in Seventeenth-and Eighteenth-Century Europe," *The American Historical Review*, Vol. 80, No. 5 (May 1975).

[19] M. Szeftel, "Personal Inviolability in the Legislation of the Russian Absolute Monarchy," *American Slavic and East European Review*, Vol. 17, No. 1 (January 1958).

[20] Richard S. Wortman, "Russian Monarchy and the Rule of Law: New Considerations of the Court Reform of 1864," *Kritika*, Vol. 6, No. 1 (January 2005).

[21] S. Kucherov, "Indigenous and Foreign Influence on the Early Russian Legal Heritage," *Slavic Review*, Vol. 31, No. 2 (Summer 1972).

[22] S. Kucherov, "The Case of Vera Zasulich," *The Russian Review*, Vol. 11,

No. 2 （Summer 1952）.

［23］ S. Kucherov，"The Legal Profession in Pre-and Post-Revolutionary Russia," *The American Journal of Comparative Law*，Vol. 5，No. 3 （Summer 1956）.

［24］ S. Kutscheroff，"Administration of Justice under Nicholas I of Russia," The *American Slavic and East European Review*，Vol. 7，No. 2 （Summer 1948）.

［25］ W. B. Lincoln，"The Circle of the Grand Duchness Yelena Pavlovna, 1847 – 1861," *The Slavonic and East Europe Review*，Vol. 49，No. 2 （Summer 1970）.

［26］ W. G. Wagner，"Tsarist Legal Policies at the End of the Nineteenth Century：A Study in Inconsistencies," *The Slavonic and East European Review*，Vol. 14，No. 3 （July 1976）.

（三） 中文部分

［1］ 安德烈·尼古拉耶维奇·梅杜舍夫斯基：《比较视角下的俄国专制制度》，张广翔译，《北方论丛》2009 年第 3 期。

［2］ 安德烈·尼古拉耶维奇·梅杜舍夫斯基：《18—20 世纪俄国的国家与现代化》，张广翔译，《史学集刊》2008 年第 1 期。

［3］ 曹维安：《评亚历山大二世的俄国大改革》，《兰州大学学报》2000 年第 5 期。

［4］ 陈卫东、张月满：《对抗式诉讼模式研究》，《中国法学》2009 年第 5 期。

［5］ 范纯：《论俄罗斯的司法改革》，《俄罗斯中亚东欧研究》2007 年第 2 期。

［6］ 宫艳丽：《近代早期英国律师阶层的兴起及律师参政》，《学习与探索》2005 年第 6 期。

［7］ 郭响宏：《十九世纪早期俄国官僚制度与官僚阶层问题述论》，《陕西教育学院学报》2006 年第 2 期。

［8］ 何家弘：《对法定证据制度的再认识与证据采信标准的规范化》，

《中国法学》2005 年第 3 期。

[9] 金自宁：《作为中介的官僚和官僚制——从一种特殊的视角考察》，《政治与法律》1998 年第 3 期。

[10] 李桂英：《论亲王康斯坦丁·尼古拉耶维奇在 1861 年改革中的作用》，《长春大学学报》2009 年第 7 期。

[11] 李红海：《亨利二世改革与英国普通法》，《中外法学》1996 年第 6 期。

[12] 李秋月：《浅谈西方国家的陪审制度》，《当代法学》2002 年第 2 期。

[13] 李鍷澂：《法国律师制度》，（台湾）《法学丛刊》2002 年第 2 期。

[14] 邵建东：《德国"法治国家"理论与实践的经验及教训——兼及对"法治江苏"建设的启示》，《江海学刊》2005 年第 1 期。

[15] 徐云霞：《叶卡捷琳娜二世的政治思想》，《河南大学学报》（哲学社会科学版）1990 年第 1 期。

[16] 张广翔：《俄国 1861 年改革新论》，《社会科学战线》1996 年第 4 期。

[17] 张广翔：《德国学者关于俄国 1861 年改革研究述评》，《世界历史》2000 年第 4 期。

[18] 张广翔、刘文山：《19 世纪俄国官吏研究》，《史学集刊》2001 年第 1 期。

[19] 张广翔：《19 世纪下半期—20 世纪初俄国的立宪主义》，《吉林大学社会科学学报》2003 年第 6 期。

[20] 张广翔：《亚历山大二世改革与俄国现代化》，《吉林大学社会科学学报》2000 年第 1 期。

图书在版编目（CIP）数据

俄国 1864 年司法改革研究／郭响宏著. –– 北京：
社会科学文献出版社，2022.8
（陕西师范大学区域国别研究丛书）
ISBN 978 – 7 – 5228 – 0193 – 3

Ⅰ.①俄…　Ⅱ.①郭…　Ⅲ.①司法制度 – 体制改革 –
法制史 – 研究 – 俄国 – 1864　Ⅳ.①D951.29

中国版本图书馆 CIP 数据核字（2022）第 099385 号

陕西师范大学区域国别研究丛书
俄国 1864 年司法改革研究

著　　者／郭响宏

出 版 人／王利民
责任编辑／李明伟
文稿编辑／李帅磊
责任印制／王京美

出　　版／社会科学文献出版社·国别区域分社（C10）59367078
　　　　　　地址：北京市北三环中路甲 29 号院华龙大厦　邮编：100029
　　　　　　网址：www. ssap. com. cn
发　　行／社会科学文献出版社（010）59367028
印　　装／三河市尚艺印装有限公司

规　　格／开　本：787mm × 1092mm　1/16
　　　　　　印　张：18.25　字　数：270 千字
版　　次／2022 年 8 月第 1 版　2022 年 8 月第 1 次印刷
书　　号／ISBN 978 – 7 – 5228 – 0193 – 3
定　　价／118.00 元

读者服务电话：4008918866